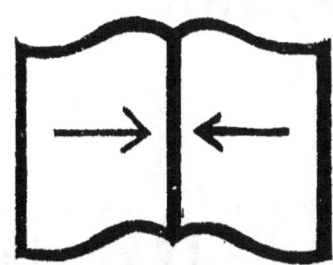

RELIURE SERREE
Absence de marges
intérieures

VALABLE POUR TOUT OU PARTIE
DU DOCUMENT REPRODUIT

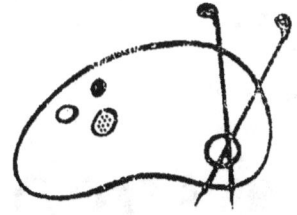

Début d'une série de documents
en couleur

BONS AUTEURS A **1** FRANC LE VOLUME

ERNEST CAPENDU

MARCOF-LE-MALOUIN

PARIS

A. DEGORCE-CADOT, ÉDITEUR

9, RUE DE VERNEUIL, 9

A l'étranger 1 fr. 25 et par poste

EN VENTE A LA MÊME LIBRAIRIE

ŒUVRES DE CH.-PAUL DE KOCK

AVEC UNE GRAVURE HORS TEXTE

ÉDITION A 2 FRANCS LE VOLUME

L'Amoureux transi	1 vol.	Le Petit Bonhomme du coin	1 vol.
Une Gaillarde	2 »	Mon ami Piffard	1 »
La Fille aux trois jupons	1 »	Les Demoiselles de Magasin	2 »
La Dame aux trois corsets	1 »	Une Drôle de maison	1 »
Ce Monsieur	1 »	Mme de Montflanquin	2 »
La Jolie Fille du faubourg	1 »	Maison Perdaillon et Cie	1 »
Les Femmes, le Jeu et le Vin	1 »	Le Riche Cramoisan	1 »
Cerisette	2 »	La Bouquetière du Château-d'Eau	2 »
Le Sentier aux Prunes	1 »	La Famille Braillard	2 »
M. Cherami	1 »	Friquette	1 »
M. Choublanc	1 »	La Baronne Blaguiskoff	1 »
L'Ane à M. Martin	1 »	Un Jeune Homme mystérieux	1 »
Une Femme à trois visages	2 »	La Petite Lise	1 »
La Grappe de groseille	1 »	La Grande Ville	1 »
La Mariée de Fontenay-aux-Roses	1 »	La Famille Gogo	2 »
L'Amant de la Lune	3 »	Le Concierge de la rue du Bac	1 »
Papa Beau-Père	1 »	Les nouveaux Troubadours	1 »
La Demoiselle du cinquième	2 »	Un petit-fils de Cartouche	2 »
Carotin	1 »	Sans-Cravate	2 »
La Prairie aux coquelicots	2 »	Taquinet le Bossu	1 »
Un Mari dont on se moque	1 »	L'Amour qui passe et l'Amour qui vient	1 »
Les Compagnons de la Truffe	2 »	Madame Saint-Lambert	1 »
Les Petits Ruisseaux	1 »	Benjamin Godichon	1 »
Le Professeur Ficheclaque	1 »	Paul et son Chien	1 »
Les Etuvistes	2 »	Les époux Chamoureau	1 »
L'Homme aux trois culottes	1 »	Le Millionnaire	1 »
Madame Pantalon	1 »	Le petit Isidore	1 »
Madame Tapin	1 »	Flon, Flon, Flon Larifondaine	1 »
		Un Monsieur très-tourmenté	1 »

Il a été tiré, de chaque ouvrage, cent exemplaires sur très-beau papier de Hollande, gravure sur chine, à 5 francs le volume

F. Aureau. — Imprimerie de Lagny.

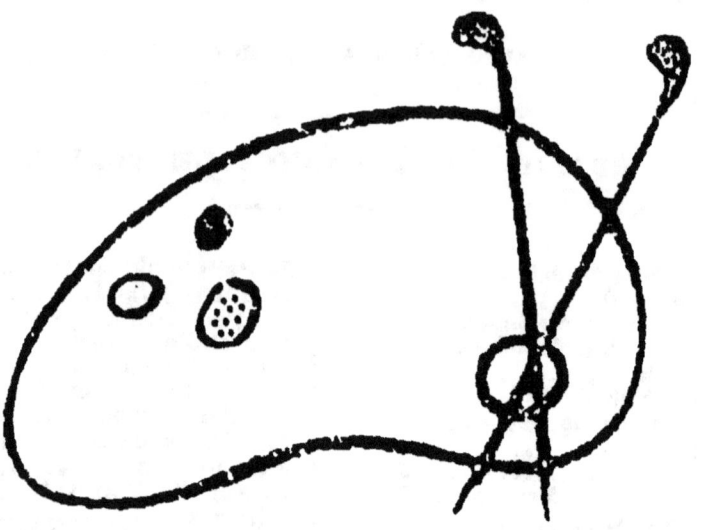

Fin d'une série de documents
en couleur

MARCOF-LE-MALOUIN

LIBRAIRIE DEGORCE-CADOT

COLLECTION DES BONS AUTEURS
à 1 fr. le volume
Étranger et par Poste, *franco*, 1 fr. 25

GUSTAVE AIMARD
Le Lion du Désert...... 1 vol.

ÉLIE BERTHET
Le Nid de Cigognes..... 1 vol.
Les Mystères de la famille 1 vol.
L'Étang de Précigny..... 1 vol.
Le Garde-Chasse........ 1 vol.
Le Roi des Ménétriers... 1 vol.

CHAMPFLEURY
La Succession Le Camus. 1 vol.

ERNEST CAPENDU
Marcof-le-Malouin....... 1 vol.
Le Marquis de Loc-Ronan 1 vol.

CHARLES DESLYS
La Jarretière rose...... 1 vol.
L'Aveugle de Bagnolet.. 1 vol.
Simples Récits......... 1 vol.

ARMAND DURANTIN
Mariage de Prêtre....... 1 vol.
Un Jésuite de robe courte 1 vol.

Marquis DE FOUDRAS
Les Deux Couronnes.... 1 vol.
Soudards et Lovelaces... 1 vol.
Tristan de Beauregard.. 1 vol.
Les Gentilshommes chasseurs................ 1 vol.

DE GONDRECOURT
Médine................ 2 vol.

HENRY DE KOCK
Les Amoureux de Pierrefonds.................. 1 vol.
Les Mystères du Village. 2 vol.

Ninie Guignon.......... 1 vol.
Une Coquine........... 1 vol.
La Fée aux Amourettes.. 1 vol.
Ma Petite Cousine...... 1 vol.
Marianne.............. 1 vol.
Les Quatre baisers..... 1 vol.
Je me tuerai demain.... 1 vol.
Mᵐᵉ Croquemitaine...... 1 vol.
Qui est le Papa ?...... 1 vol.

ALEX. DE LAVERGNE
Le Comte de Mansfeld... 1 vol.
La Recherche de l'inconnue............... 1 vol.

XAVIER DE MONTÉPIN
La Sirène............. 1 vol.
Les Amours d'un fou.... 1 vol.
La Perle du Palais-Royal. 1 vol.
Sœur Suzanne.......... 2 vol.
Les Viveurs d'autrefois.. 1 vol.
Les Valets de Cœur..... 1 vol.
Un Drame en famille.... 1 vol.
La Duchesse de la Tour-du-Pic.............. 1 vol.
Mam'zelle Mélie........ 1 vol.
Amour de grande dame. 1 vol.
L'Agent de police...... 1 vol.
La Traite des Blanches.. 1 vol.

LOUIS NOIR
Jean Chacal........... 1 vol.

B.-H. RÉVOIL
Chasses et Pêches de l'autre monde......... 1 vol.

ADRIEN ROBERT
Léandres et Isabelles... 1 vol.

À partir d'Octobre 1879, la Collection s'augmentera mensuellement de deux ou trois volumes d'Auteurs choisis

F. Aureau. — Imp. de Lagny

ERNEST CAPENDU

MARCOF

LE MALOUIN

PARIS
A. DEGORCE-CADOT, ÉDITEUR
9, RUE DE VERNEUIL, 9

Tous droits réservés

PREMIÈRE PARTIE

LES PROMIS DE FOUESNAN.

I

LE JEAN-LOUIS.

Dans les derniers jours de juin 1791, au moment où le soleil couchant dorait de ses rayonnements splendides la surface moutonneuse de l'Océan, embrasant l'occident des flots d'une lumière pourpre, comparable, par l'éclat, à des métaux en fusion, un petit lougre, fin de carène, élancé de mâture, marchant sous sa misaine, ses basses voiles, ses huniers et ses focs, filait gaiement sur la lame, par une belle brise du sud-ouest. L'atmosphère, lourde et épaisse, chargée d'électricité, se rafraîchissait peu à peu, car le vent augmentant progressivement d'intensité, menaçait de se changer en rafale. Les vagues, roulant plus précipitées sous l'action de la bourrasque naissante, déferlaient avec force sur les bordages du frêle bâtiment qui, insoucieux de l'orage, ne diminuait ni sa voilure ni la rapidité de sa marche. Il courait, serrant le vent au plus près, bondissant sur l'Océan comme un enfant qui se joue sur le sein maternel.

Son équipage, composé de quelques hommes, les uns fumant accoudés sur le bastingage, les autres accroupis avec nonchalance sur le pont, semblait lui-même n'avoir aucune préoccupation des nuages plombés et couleur de cuivre qui s'amoncelaient au sud et s'emparaient du firmaient avec une vélocité incroyable pour tous ceux qui n'ont pas assisté à ce sublime spectacle de la nature que l'on nomme une tempête.

Ce lougre, baptisé sous le nom de *Jean-Louis*, parti la veille au soir de l'île de Groix, avait mis le cap sur Penmarckh. Quelques ballots de marchandises entassés au pied du grand mât et solidement amarrés contre le roulis, expliquaient suffisamment son voyage. Cependant ce petit navire, qu'à son aspect il était impossible de ne pas prendre tout d'abord pour l'un de ces paisibles et inoffensifs caboteurs faisant le commerce des côtes, offrait à l'œil exercé du marin un problème difficile à résoudre. En dépit de son extérieur innocent, il avait dans toutes ses allures quelque chose du bâtiment de guerre. Sa mâture, coquettement inclinée en arrière, s'élevait haute et fière vers les nuages qu'elle semblait braver. Son gréement, soigné et admirablement entretenu, dénotait de la part de celui qui commandait *le Jean-Louis* des connaissances maritimes peu communes.

On sentait qu'à un moment donné, le lougre pouvait en un clin d'œil se couvrir de toile, prendre chasse ou la donner, suivant la circonstance. Peut-être même les ballots qui couvraient son pont, sans l'encombrer toutefois, n'étaient-ils là que pour faire prendre le change aux curieux.

Au moment où nous rencontrons *le Jean-Louis*, rien pourtant ne décelait des intentions guerrières, il se contentait de filer gaiement sous la brise fraîchissante, s'inclinant sous la vague et bondissant comme un cheval de steeple-chase, par-dessus les barrières humides qui voulaient s'opposer à son passage. Les matelots insouciants regardaient d'un œil calme approcher la tempête.

A l'arrière du petit bâtiment, le dos appuyé contre la muraille du couronnement, se tenait debout, une main passée dans la ceinture qui lui serrait le corps, un homme de taille moyenne, aux épaules larges et carrées, aux bras musculeux, aux longs cheveux tombant sur le cou, et dont le costume indiquait au premier coup d'œil le marin de la vieille Bretagne.

Depuis trois quarts d'heure environ que la brise se carabinait de plus en plus, ce personnage n'avait pas fait un seul mouvement. Ses yeux vifs et pénétrants étaient fixés sur le ciel. De temps à autre une sorte de rayonnement intérieur illuminait sa physionomie.

— Avant une heure d'ici, nous aurons un vrai temps de damnés ! murmura-t-il en faisant un mouvement brusque.

Un petit mousse, accroupi au pied du mât d'artimon, se releva vivement.

— Pierre ! lui dit le commandant.

— Maître, fit l'enfant en s'avançant avec timidité.

— Va te poster dans les hautes vergues. Tu me signaleras la terre.

Le mousse, sans répondre, s'élança dans les enfléchures, et avec la rapidité et l'agilité d'un singe, il se mit en devoir de gagner la première hune de misaine.

— Amarre-toi solidement, lui cria son chef.

Puis, marchant à grands pas sur le pont, le personnage s'approcha d'un vieux matelot à la figure basanée, aux cheveux grisonnants, qui regardait froidement l'horizon.

— Bervic, lui demanda-t-il après un moment de silence, que penses-tu du grain qui se prépare ?

— Je pense qu'avant dix minutes nous en verrons le commencement, répondit le matelot.

— Crois-tu qu'il dure ?

— Dieu seul le sait.

— Eh bien ! en ce cas, fais fermer les écoutilles et nettoyer les dallots.

« Bien, continua le patron du *Jean-Louis* en voyant ses ordres exécutés. Alerte, enfants ! Carguez les huniers et amenez les focs !

— C'est pas mal, mais c'est pas encore ça, murmura Bervic resté seul à côté du commandant auquel il servait de contre-maître et de second.

— Qu'est-ce que tu dis, vieux caïman ?

— Je dis que, pendant qu'on y est, autant carguer la misaine ; le lougre est assez jeune pour marcher à sec, et si nous laissons prise au vent, il ne se passera pas cinq minutes avant que la voilure ne s'en aille à tous les grands diables d'enfer...

— Tu te trompes, vieux gabier, répondit le commandant, si la brise est forte, ma misaine est plus forte encore. Envoie prendre deux ris, amarre deux écoutes et tiens bon la barre. Tu gouverneras jusqu'en vue de terre. Va ! je réponds de tout. Marcof n'a jamais culé devant la tempête, et le *Jean-Louis* obéit mieux qu'une jeune fille.

— C'est tenter Dieu ! grommela le vieux marin, qui néanmoins s'empressa d'obéir à son chef.

La tempête éclatait alors dans toute sa fureur. Les rayons du soleil, entièrement masqués par des nuées livides, n'éclairaient plus que faiblement l'horizon. Cinq heures sonnaient à peine aux clochers de la côte voisine, et la nuit semblait avoir déjà jeté sur la terre son manteau de deuil. Des vagues gigantesques, courtes et rapides comme elles le sont toujours dans ces parages hérissés de brisants et de rochers, s'élançaient avec furie les unes contre les autres, par suite du ressac que la proximité de la terre rendait terrible. La rafale passant sur la mer échevelée, comme un vol de djinns fantastiques, tordait les vergues et sifflait dans les agrès du navire.

Le petit lougre bondissait, emporté par le tourbillon; mais néanmoins il tenait ferme, et gouvernait bien. Presque à sec de voiles, ne marchant plus que sous sa misaine, obéissant comme un enfant aux impulsions de la main savante qui tenait la barre, il présentait sans cesse son avant aux plus fortes lames, tout en évitant avec soin de se laisser emporter par les courants multipliés qui offrent tant de périls aux navires longeant les côtes de la Cornouaille.

Personne à bord n'ignorait les dangers que courait *le Jean-Louis*. Mais, soit confiance dans la bonne construction du lougre, soit certitude de l'infaillibilité de leur chef, soit indifférence de la mort imminente, les matelots, rudement ballotés par le tangage, n'avaient rien perdu de leur attitude calme et passive, presque semblable à l'allure fataliste des musulmans fumeurs d'opium. Le patron lui-même sifflait gaiement entre ses dents en regardant d'un œil presque ironique la fureur croissante des flots. On eût dit que cet homme éprouvait une sorte de joie intérieure à lutter ainsi contre les éléments, lui, si faible, contre eux si forts!...

Au moment où il passait devant l'écoutille qui servait de communication avec l'entre-pont du navire, deux têtes jeunes et souriantes apparurent au sommet de l'escalier, et deux nouveaux personnages firent leur entrée sur l'arrière du *Jean-Louis*.

Le premier qui se présenta était un grand et beau jeune homme de vingt-quatre à vingt-cinq ans, aux yeux bleus et aux cheveux blonds. Il portait avec grâce le costume simple et élégant des habitants de Roscof. Des braies blanches, une veste de même couleur en fine toile, serrée à la taille par une large ceinture de serge rouge, et laissant apercevoir le grand gilet vert à manches bleues, commun à presque tous les Bretons. Un chapeau aux larges bords, tout entouré de chenilles de couleurs vives et bariolées, lui couvrait la tête. Ses jambes se dessinaient fines et nerveuses sous de longues guêtres de toile blanche. Il portait à la main le penbas traditionnel.

Dès qu'il eut atteint le pont, sur lequel il se maintint en équilibre, malgré les rudes mouvements d'un tangage énergique, il se retourna et offrit la main à une jeune fille qui venait derrière lui.

Cette charmante créature, âgée de dix-huit ans tout au plus, offrait dans sa personne le type poétique et accompli des belles pennerès de la Bretagne. Le contraste de ses grands yeux noirs, pleins de vivacité et presque de passion, avec ses blonds cheveux aux reflets soyeux et cendrés, présentait tout d'abord un aspect d'une originalité séduisante, tandis que l'ovale parfait de la figure, la petite bouche fine et carminée, le nez droit aux narines mobiles et la peau d'une blancheur mate et rosée, constituaient un ensemble d'une saisissante beauté. Une large bande de toile dûment empesée, relevée de chaque côté de la tête par deux épingles d'or, formait la coiffure de cette gracieuse tête. Le corsage de la robe, en étoffe de laine bleue, tout chamarré de velours noir et de broderies de couleur jonquille, dessinait une taille ronde et cambrée et une poitrine élégante et riche de promesses presque réalisées. Les manches, en mousseline blanche à mille plis, s'ajustaient à la robe par deux larges poignets de velours entourant la naissance du bras. La jupe bleue retombait sur une seconde jupe orange, laquelle, à son tour, laissait apercevoir un troisième jupon de laine noire. Des bas de coton cerise, à broderie noire, modelaient à ravir une fine et délicieuse jambe de Diane chasseresse. Le petit pied de cette belle fille était enfermé dans un simple soulier de cuir bien ciré, orné d'une boucle d'or. D'énormes anneaux d'oreilles et une chaîne de cou à laquelle pendait une petite croix d'or, complétaient ce costume pittoresque.

En s'élançant légère sur le pont du lougre, la jeune Bretonne déplia une sorte de manteau à capuchon à fond gris rayé de vert, qu'elle se jeta gracieusement sur les épaules. Précaution d'autant moins inutile, que les vagues qui déferlaient contre le bordage du *Jean-Louis* retombaient en pluie fine sur le pont du navire, qu'elles balayaient même quelquefois dans toute sa largeur.

— Ah ! ah ! les promis, vous avez donc assez du tête-à-tête ? demanda en souriant le patron du lougre, dès qu'il eut vu les deux jeunes gens s'avancer vers lui.

Il avait formulé cette question en français. Jusqu'alors, pour causer avec Bervic et pour donner des ordres à son équipage, il avait employé le dialecte breton.

— Dame! monsieur Marcof, répondit la jeune fille, depuis que vous avez fait fermer les panneaux, l'air commence à manquer là-dedans...

— Si j'ai fait fermer les panneaux, ma belle petite Yvonne, c'est que, sans cela, les lames auraient fort bien pu troubler votre conversation.

— Sainte Marie! quel changement de temps! s'écria le jeune homme en jetant autour de lui un regard plein d'étonnement et presque d'épouvante.

— Ah çà! mon gars, fit Marcof en souriant, il paraît que quand tu es en train de gazouiller des chansons d'amour, le bon Dieu peut déchaîner toutes ses colères et tous ses tonnerres sans que tu y prêtes seulement attention! Voici près d'une heure que nous dansons sur des vagues diaboliques, et, ce qui m'étonne le plus, c'est que tu sois là, debout devant moi, au lieu de t'affaler dans ton hamac...

— Et pourquoi souffrirais-je, Marcof, quand Yvonne ne souffre pas ?...

— C'est qu'Yvonne est fille de matelot ; c'est qu'elle a le pied et le cœur marins, et qu'elle serait capable de tenir la barre si elle en avait la force. N'est-ce pas, ma fille ? continua Marcof en se retournant vers Yvonne.

— Sans doute, répondit-elle ; vous savez bien que je n'ai pas quitté mon père tant qu'il a navigué...

— Je sais que tu es une brave Bretonne, et que la sainte Vierge qui te protége portera bonheur au *Jean-Louis*. Ah ! Jahoua, mon gars, tu auras là une sainte et honnête femme ; et si tu ne te montrais pas digne de ton bonheur, ce serait un rude compte à régler entre toi et tous les marins de Penmarkh, moi en tête ! Vois-tu, Yvonne, c'est notre enfant à tous ! Quand un navire vire au cabestan pour venir à pic sur son ancre, il faut qu'elle soit là, il faut qu'elle prie au milieu de l'équipage qui va partir ! Un *Pater* d'Yvonne, c'est une recommandation pour le paradis.

— J'aime Yvonne de toute mon âme et de tout mon cœur, répondit Jahoua avec simplicité, et la preuve que je l'aime, c'est que je suis son promis.

— Je sais bien, mon gars ; mais, vois-tu, dans tout cet amour-là, il y a quelque chose qui me met vent dessous vent dedans, c'est...

Marcof s'arrêta brusquement, comme si la crainte d'entamer un sujet pénible ou embarrassant lui eût fermé la bouche. Jahoua lui-même fit un signe d'impatience, et Yvonne, dont son fiancé tenait les deux mains, se recula vivement en rougissant et en baissant la tête. A coup sûr, les paroles du patron avaient éveillé dans leurs âmes un triste souvenir.

— Tonnerre! s'écria Marcof après un moment de silence, voilà la rafale qui redouble. La barre à bâbord, Bervic! Vieux caïman, tu ne gouvernes plus! continua-t-il en breton en s'adressant au marin chargé de la direction du lougre.

La tempête, en effet, prenait des proportions formidables. Un coup de tonnerre effrayant succéda si rapidement à l'éclair qui le précédait qu'Yvonne, épouvantée, se laissa tomber à genoux. Marcof saisit lui-même la barre du gouvernail.

— Largue les focs et les huniers! commanda-t-il d'une voix brusque et saccadée.

A cet ordre inattendu de livrer de la toile au vent dans cette infernale tourmente, les marins, stupéfaits, demeurèrent immobiles.

— Tonnerre d'enfer!... chacun à son poste! hurla Marcof d'une voix tellement impérieuse que ses hommes bondirent en avant.

Quelques secondes plus tard, *le Jean-Louis*, chargé de toiles, filait sur les vagues, tellement penché à tribord que ses basses vergues plongeaient entièrement dans l'Océan.

— Yvonne, reprit plus doucement Marcof en s'adressant à la jeune fille, je suis fâché que ton père t'ait conduite à bord...

— Et pourquoi cela, Marcof?

— Parce que le temps est rude, ma fille, et que, s'il arrivait malheur au *Jean-Louis*, le vieil Yvon ne s'en relèverait pas...

— Est-ce que vous craignez pour le lougre? demanda Jahoua.

— Il est entre les mains de Dieu, mon gars. Je fais ce que je puis, mais la tempête est dure et les rochers de Penmarckh sont bien près.

— Sainte Vierge! protégez-nous! murmura la jeune fille.

— Ne craignez rien, ma douce Yvonne, dit Jahoua en s'approchant d'elle; le bon Dieu voit notre amour et il nous sauvera. Si nous nous trouvons embarqués à bord du *Jean-Louis*, n'allions-nous pas faire un pèlerinage à la Vierge de l'Ile de Groix pour qu'elle bénisse notre union? Dieu nous éprouve, mais il ne veut pas nous punir..... nous ne l'avons pas mérité...

— Vous avez raison, Pierre, ayons confiance.

— En attendant, ma fille, reprit Marcof, va me chercher ce bout de grelin qui est là roulé au pied du mât de misaine. Là, c'est bien! Maintenant amarre-le solidement autour de ta taille; aide-la, Jahoua. Bon, ça y est; approche, continua le marin en passant à son tour son bras droit dans le reste de la corde à laquelle Yvonne avait fait un nœud coulant. Va! ne crains rien, si nous sombrons en mer ou si nous nous brisons sur les côtes, je te sauverai.

— Non, non, s'écria impétueusement Jahoua; si quelqu'un doit sauver Yvonne en cas de péril, c'est à moi que ce droit appartient...

— Toi, mon gars, occupe-toi de tes affaires, et laisse-moi arranger les miennes à ma guise. Yvon m'a confié sa fille, à moi, entends-tu, et je dois la lui ramener ou mourir avec elle.

— S'il y a du danger, Marcof, laissez-moi et sauvez-vous!... s'écria Yvonne.

— Terre! cria tout à coup une voix aiguë partie du haut de la mâture.

— Voilà le péril qui approche, murmura vivement

Marcof à voix basse. Silence tous deux et laissez-moi.

En ce moment, un éclair qui déchira les nues illumina l'horizon, et malgré la nuit déjà sombre on put distinguer les falaises s'élevant comme de gigantesques masses noires, par le tribord du *Jean-Louis*. La rafale poussait le navire à la côte avec une effroyable rapidité.

— Marcof! dit le vieux Bervic en s'approchant vivement de son chef, au nom de Dieu! fais carguer la toile ou nous sommes perdus.

— Silence... s'écria durement Marcof; à ton poste! Prends ta hache, et, sur ta vie, fends la tête au premier qui hésiterait à obéir.

Le matelot gagna l'avant du navire sans répondre un seul mot, mais en pensant à part lui que son chef était devenu fou.

II

LA BAIE DES TRÉPASSÉS.

De toutes les côtes de la vieille Bretagne, celle qui offre l'aspect le plus sauvage, le plus sinistre, le plus désolé, est sans contredit la *Torche de la tête du cheval*, en breton Penmarckh. Là, rien ne manque pour frapper d'horreur le regard du voyageur éperdu. Un chaos presque fantastique, des amoncellements étranges de rochers granitiques qu'on croirait foudroyés, encombrent le rivage. La tradition prétend qu'à cette place s'élevait jadis une cité vaste et florissante submergée en une seule nuit par une mer en fureur. Mais de cette cité, il ne reste pas même le nom! Des falaises à pic, des blocs écrasés les uns sur les autres par quelque cataclysme épouvantable, pas un arbre, pas d'autre verdure que celle des algues marines poussant aux crevasses des brisants, un promontoire étroit, vacillant sans cesse sous les coups de mer et formé lui-même de quartiers de rocs entassés pêle-mêle dans l'Océan par les convulsions de quelque Titan agonisant ; voilà quel est l'aspect de Penmarckh, même par un temps calme et par une mer tranquille.

Mais lorsque le vent du sud vient chasser le flot sur les côtes, lorsque le ciel s'assombrit, lorsque la tempête éclate, il est impossible à l'imagination de rêver un spectacle plus grandiose, plus émouvant, plus terrible, que ne l'offre cette partie des côtes de la Cornouaille. On dirait alors que les vagues et que les rochers, que le démon des eaux et celui de la terre se livrent un de ces combats formidables dont l'issue doit être l'anéantissement des deux adversaires. L'Océan, furieux, bondit écumant hors de son lit, et vient saisir corps à corps ces falaises hérissées qui tremblent sur leur base. Sa grande voix mugit si haut qu'on l'entend à plus de cinq lieues dans l'intérieur des terres, et que les habitants de Quimper même frémissent à ce bruit redoutable. La langue humaine n'offre pas d'expressions capables de dépeindre ce bouleversement et ce chaos. Ce bruit infernal possède, pour qui l'entend de près, les propriétés étranges de la fascination. Il attire comme un gouffre. Cent rochers, aux pointes aiguës, semés de tous côtés dans la mer, obstruent le passage et s'élèvent comme une première et insuffisante barrière contre la fureur du flot qui les heurte et les ébranle.

En franchissant cette sorte de fortification naturelle, en suivant la falaise dans la direction d'Audierne, après avoir doublé à demi la pointe de Penmarckh, on découvre une crique étroite offrant un fond suffisant aux navires d'un médiocre tirant d'eau. Cette crique, refuge momentané de quelques barques de pêche, est le plus souvent déserte.

Les rocs qui encombrent sa passe présentent de tels dangers au navigateur, qu'il est rare de voir s'y aventurer d'autres marins que ceux qui sont originaires du pays.

Néanmoins, c'est au milieu du bruit assourdissant, c'est en passant entre ces écueils perfides, par une nuit sombre et par un vent de tempête, que *le Jean-Louis* doit gagner ce douteux port de salut.

Le lougre avançait avec la rapidité d'une flèche lancée par une main vigoureuse. Marcof, toujours attaché à Yvonne, tenait la barre du gouvernail.

— Tonnerre! murmura-t-il brusquement en interrogeant l'horizon; tous ces gars de Penmarckh sont donc devenus idiots! Pas un feu sur les côtes!

— Un feu à l'arrière! cria le mousse toujours amarré au sommet du mât, et semblant répondre ainsi à l'exclamation du marin.

— Impossible! fit Marcof, nous n'avons pas doublé la baie, j'en suis sûr!

— Un feu à l'avant! dit Bervic.

— Un feu par la hanche de tribord! s'écria un autre matelot.

— Un feu par le bossoir de bâbord! ajouta un troisième.

— Tonnerre! rugit Marcof en frappant du pied avec fureur. Tous les diables de l'enfer ont-ils donc allumé des feux sur les falaises!

On distinguait alors, perçant la nuit sombre et la brume épaisse, des clartés rougeâtres dont la quantité augmentait à chaque instant, et qui semblaient autant de météores allumés par la tempête.

— Que Satan nous vienne en aide! murmura le marin.

— Ne blasphémez pas, Marcof! s'écria vivement Yvonne. La tourmente nous a fait oublier que c'était aujourd'hui le jour de la Saint-Jean. Ce que nous voyons, ce sont les feux de joie.

— Damnés feux de joie, qui nous indiquent aussi bien les récifs que la baie.

— Marcof! entendez-vous? fit tout à coup Jahoua.

— Et que veux-tu que j'entende, si ce n'est les hurlements du ressac?

— Quoi? écoutez!

— Ciel! murmura Yvonne après avoir prêté l'oreille, ce sont les âmes de la *baie des Trépassés* qui demandent des prières!...

Marcof, lui aussi, avait sans doute reconnu un bruit nouveau se mêlant à l'assourdissant tapage de la tempête déchaînée, car il porta vivement un sifflet d'argent à ses lèvres et il en tira un son aigu. Bervic accourut. Le patron délia la corde qui l'attachait à Yvonne, et remettant la barre du gouvernail entre les mains du matelot :

— Gouverne droit, dit-il, évite les courants, toujours à bâbord, et toi, ma fille, continua-t-il en se retournant vers Yvonne, demeure au pied du mât. Sur ton salut, ne bouge pas!... Que je te retrouve là au moment du danger! Seulement, appelle le ciel à notre aide! Sans lui, nous sommes perdus!

La jolie Bretonne se prosterna, et ôtant la petite croix d'or qu'elle portait à son cou, elle la baisa pieusement et commença une ardente prière. Jahoua, agenouillé à côté d'elle, joignit ses prières aux siennes.

Marcof s'était élancé dans la mâture. A cheval sur une vergue, balancé au-dessus de l'abîme, il tira de sa poche une petite lunette de nuit et interrogea de nouveau l'horizon. Malgré le puissant secours de cette lunette, il fallait l'œil profond et exercé du marin, cet œil habitué à percer la brume et à sonder les ténèbres, pour distinguer autre chose que le ciel et l'eau. A peine la masse des nuages, paraissant plus sombre sur la droite du lougre, indiquait-elle l'approche de la terre.

— Ces feux nous perdront ! murmura Marcof. *Le Jean-Louis* a doublé Penmarckh, et il court sur la baie des Trépassés.

Cette baie des Trépassés, dont le nom seul suffisait pour jeter l'épouvante dans l'âme des marins et des pêcheurs, était une petite anse abrupte et sauvage, vers laquelle un courant invincible emportait les navires imprudents qui s'engageaient dans ses eaux. Elle avait été le théâtre de si nombreux naufrages, on avait recueilli tant de cadavres sur sa plage rocheuse, que son appellation sinistre était trop pleinement justifiée. La légende, et qui dit *légende* en Bretagne, dit article de foi, la légende racontait que lorsque la nuit était orageuse, lorsque la vague déferlait rudement sur la côte, on entendait des clameurs s'élever dans la baie au-dessus de chaque lame. Ces clameurs étaient poussées par les âmes en peine qui, faute de messes, de prières et de sépultures chrétiennes, étaient impitoyablement repoussées du paradis, et erraient désolées sur cette partie des côtes de la Cornouaille. Un navire eût mieux aimé courir à une perte certaine sur les rochers de Penmarckh que de chercher un refuge dans cette crique de désolation.

En constatant la direction prise par son lougre, Marcof ne put retenir un mouvement de colère et de désespoir. A peine eut-il reconnu les côtes que, s'abandonnant à un cordage, il se laissa glisser du haut de la mâture.

— Aux bras et aux boulines ! commanda-t-il en tombant comme une avalanche sur le pont, et en reprenant son poste à la barre. Pare à virer ! Hardi, les gars ! Notre-Dame de Groix ne nous abandonnera pas ! Allons, Jahoua ! tu es jeune et vigoureux, va donner un coup de main à mes hommes.

La manœuvre était difficile. Il s'agissait de virer sous le vent. Une rafale plus forte, une vague plus monstrueuse prenant le navire par le travers opposé, au moment de son abattée, pouvait le faire engager. Or, un navire engagé, c'est-à-dire couché littéralement sur la mer et ne gouvernant plus, se relève rarement. Il devient le jouet des flots, qui le déchirent pièce à pièce, sans qu'il puisse leur opposer la moindre résistance.

Le Jean-Louis, néanmoins, grâce à l'habileté de son patron et à l'agilité de son équipage, sortit victorieux de cette dangereuse entreprise. Le péril n'avait fait que changer de nature, sans diminuer en rien d'imminence et d'intensité. Il ne s'agissait pas de tenir contre le vent debout et de gagner sur lui, chose matériellement impossible ; il fallait courir des bordées sur les côtes, en essayant de reprendre peu à peu la haute mer. Malheureusement, la marée, la tempête et le vent du sud se réunissaient pour pousser le lougre à la côte. En virant de bord, il s'était bien éloigné de la baie des Trépassés ; mais il s'approchait de plus en plus des roches de Penmarck. Déjà la Torche, le plus avancé des brisants, se détachait comme un point noir et sinistre sur les vagues.

Marcof avait fait carguer ses huniers, sa misaine, ses basses voiles. *Le Jean-Louis* gouvernait sous ses focs. Des fanaux avaient été hissés à ses mâts et à ses hautes vergues.

Yvonne priait toujours. Jahoua avait repris sa place auprès d'elle. L'équipage, morne et silencieux, s'attendait à chaque instant à voir le petit bâtiment se briser sur quelque rocher sous-marin.

— Jette le loch ! ordonna Marcof en s'adressant à Bervic.

Celui-ci s'éloigna, et, au bout de quelques minutes, revint près du patron.

— Eh bien?

— Nous culons de trois brasses par minute, répondit le vieux Breton avec cette résignation subite et ce calme absolu du marin qui se trouve en face de la mort sans moyen de l'éviter.

— A combien sommes-nous de la Torche?

— A trente brasses environ.

— Alors nous avons dix minutes! murmura froidement Marcof. Tu entends, Yvonne? Prie, ma fille, mais prie en breton; le bon Dieu n'entend peut-être plus le français !..

Un silence d'agonie régnait à bord. La tempête seule mugissait.

La voix de la jeune fille s'éleva pure et touchante, implorant la miséricorde du Dieu des tempêtes. Tous les matelots s'agenouillèrent.

— Va Doué sicourit a hanom, commença Yvonne dans le sauvage et poétique dialecte de la Cornouaille ; va vatimant a zo kes bian ag ar mor a zo ker brus (1) !

— Amen ! répondit pieusement l'équipage en se relevant.

— Un canot à bâbord ! cria brusquement Bervic.

Tous les matelots, oubliant le péril qui les menaçait pour contempler celui, plus terrible encore, qu'affrontait une frêle barque sur ces flots en courroux, tous les mate-

---

(1) « Mon Dieu, protégez-moi, mon navire est si petit et votre mer si grande. »

lots, disons-nous, se tournèrent vers la direction indiquée.

Un spectacle saisissant s'offrit à leurs regards. Tantôt lancée au sommet des vagues, tantôt glissant rapidement dans les profondeurs de l'abîme, une chaloupe s'avançait vers le lougre, et le lougre, par suite de son mouvement rétrograde, s'avançait également vers elle. Un seul homme était dans cette barque. Courbé sur les avirons, il nageait vigoureusement, coupant les lames avec une habileté et une hardiesse véritablement féeriques.

— Ce ne peut-être qu'un démon ! grommela Bervic à l'oreille de Marcof.

— Homme ou démon, fais-lui jeter un bout d'amarre s'il veut venir à bord, répondit le marin, car, à coup sûr, c'est un vrai matelot !

En ce moment, une vague monstrueuse, refoulée par la falaise, revenait en mugissant vers la pleine mer. Le canot bondit au sommet de cette vague, puis, disparaissant sous un nuage d'écume, il fut lancé avec une force irrésistible contre les parois du lougre.

Un cri d'horreur retentit à bord. La barque venait d'être broyée entre la vague et le bordage. Les débris, lancés au loin, avaient déjà disparu.

— Un homme à la mer ! répétèrent les matelots.

Mais avant qu'on ait eu le temps de couper le câble qui retenait la bouée de sauvetage, un homme cramponné à un grelin extérieur escaladait le bastingage et s'élançait sur le pont.

— Keinec ! s'écrièrent les marins.

— Keinec ! fit vivement Marcof avec un brusque mouvement de joie.

— Keinec ! répéta faiblement Yvonne en reculant de quelques pas et en cachant son doux visage dans ses petites mains.

Jahoua seul était demeuré impassible. Relevant la tête et s'appuyant sur son pen-bas, il lança un regard de défi au nouveau venu. Celui-ci, jeune et vigoureux, ruisselant d'eau de toute part, ne daigna pas même laisser tomber un coup d'œil sur les deux promis. Il se dirigea vers Marcof et il lui tendit la main.

— J'ai reconnu ton lougre à ses fanaux, dit-il lentement; tu étais en péril, je suis venu.

— Merci, matelot; c'est Dieu qui t'envoie! répondit Marcof. Tu connais la côte. Prends la barre, gouverne et commande !

— Un moment; j'ai mes conditions à faire, murmura Keinec. Une fois à terre, jure-moi, si j'ai fait entrer *le Jean-Louis* dans la crique, jure-moi de m'accorder ce que je te demanderai.

— Ce n'est rien contre le salut de mon âme ?

— Non.

— Eh bien ! je le jure ! Ce que tu me demanderas je te l'accorderai.

Keinec prit le commandement du lougre. Avec une intrépidité sans bornes et une sûreté de coup d'œil infaillible, il fit courir une nouvelle bordée au bâtiment, et il s'avança droit vers la passe de Penmarckh.

Malgré la violence du vent, malgré les vagues, *le Jean-Louis*, gouverné par une main ferme et audacieuse, s'engagea dans un véritable dédale de récifs et de brisants. Peu à peu on put distinguer les hautes falaises derrière lesquelles s'élevait une lune rougeâtre toute maculée de larges taches noires et livides.

Bientôt la population du pays, échelonnée sur le promontoire et sur la grève, fut à même de lancer à bord un cordage que l'on amarra solidement au cabestan. *Le Jean-Louis!* était sauvé !

Keinec, impassible, n'avait pas prononcé une parole depuis le peu de mots qu'il avait échangés avec Marcof. Soit hasard, soit intention arrêtée, il n'avait pas une seule fois non plus laissé tomber ses regards sur Yvonne et sur Jahoua. La jeune fille, appuyée contre le bastingage, semblait absorbée par une rêverie profonde. Jaoua, lui, serrait convulsivement son pen-bas dans sa main crispée.

Dès que les pêcheurs de la côte eurent halé le lougre vers la terre, Bervic s'approcha de Marcof, et se penchant vers lui :

— Avez-vous remarqué que Keinec a une tache rouge entre les deux sourcils ? demanda-t-il à voix basse.

— Non ! répondit Marcof.

— Eh bien, regardez-y ! Vrai comme je suis un bon chrétien, il ne se passera pas vingt-quatre heures avant que le gars n'ait répandu du sang !

— Pauvre Yvonne ! murmura Marcof.

Il ne put achever sa pensée. Le navire abordait. Jahoua, saisissant Yvonne et l'enlevant dans ses bras, s'élança à terre d'un seul bond.

Au moment où le couple passait devant Keinec, celui-ci fit un mouvement : ses traits se décomposèrent, et il porta vivement la main à sa ceinture, de laquelle il tira un couteau tout ouvert. Peut-être allait-il s'élancer, lorsque la main puissante de Marcof s'appesantit sur son épaule. Keinec tressaillit.

— C'est toi ! fit-il d'une voix sombre.

— Oui, mon gars, c'est moi qui viens te rappeler tes paroles ; si je ne me trompe, nous avons à causer...

Les deux hommes ouvrirent l'écoutille et s'engouffrèrent dans l'entrepont. Arrivés à la chambre du commandant, Marcof entra le premier. Keinec le suivit.

— Tu boiras bien un verre de gui-arden (eau-de-vie)? demanda Marcof en s'asseyant.

Keinec, sans répondre, attira à lui une longue caisse placée contre une des parois de la cabine.

— C'est dans ce coffre que tu mets tes mousquets et tes carabines? demanda-t-il brusquement.

— Oui.

— Ne m'as-tu pas promis de me donner la première chose que je te demanderais après avoir sauvé *le Jean-Louis*?

— Sans doute. Que veux-tu?

— Ton meilleur fusil, de la poudre et des balles,

— Keinec! dit lentement Marcof, je vais te donner ce que tu demandes; mais Bervic a raison, tu as une tache rouge entre les yeux, tu vas faire un malheur!...

Keinec, sans répondre, frappa du pied avec impatience. Marcof ouvrit la caisse.

III

KEINEC.

Marcof, reculant de quelques pas, laissa Keinec choisir en liberté une arme à sa convenance. Le jeune homme prit une carabine à canon d'acier fondu, courte, légère, et admirablement proportionnée.

— Voici douze balles de calibre, dit Marcof, et un moule pour en fondre de nouvelles. Décroche cette poire à poudre placée à la tête de mon hamac. Elle contient une livre et demie. Tu vois que je tiens religieusement ma parole?

— C'est vrai! Tu ne me dois plus rien.

— Ne veux-tu donc pas de mon amitié?

— Est-elle franche?

— Ne suis-je pas aussi bon Breton que toi, Keinec?

— Si, Marcof. Pardonne-moi et soyons amis. Tu sais bien que je ne demande pas mieux...

— Et moi, tu sais aussi que je t'aime comme mon matelot, et que j'estime comme il convient ton courage et ton brave cœur! C'est pour cela, vois-tu, mon gars, c'est pour cela que je suis fâché de ce que tu vas faire!...

— Et que vais-je donc faire?

— Tu vas tuer Yvonne et Jahoua.

— Si je voulais la mort de ceux dont tu parles, je n'aurais eu qu'à rester à terre, et, à cette heure, ils rouleraient noyés sous les vagues.

— Oui! mais c'est la main de Dieu et non la tienne qui les aurait frappés! Tu n'aurais pas assisté au spectacle de leur agonie; tu n'aurais pas répandu toi-même ce sang dont ta haine est avide et dont ton amour est jaloux!.....

— Tais-toi, Marcof, tais-toi!... murmura Keinec.

— Est-ce que je ne dis pas la vérité?... Ai-je raison?...

— C'est possible!

— Tu vois bien que, maintenant qu'ils sont à terre, maintenant qu'ils n'ont plus rien à craindre de la tempête, tu vois bien que c'est toi qui les tueras!

— Que t'importe.

— J'aime Yvonne comme si elle était ma fille!...

— C'est un malheur, Marcof, mais il faut qu'Yvonne meure; il le faut!... Elle a trahi ses serments! elle est parjure! elle sera punie! répliqua Keinec d'une voix sombre et résolue.

Marcof se leva et fit quelques pas dans la cabine, puis, revenant brusquement à son interlocuteur :

— Keinec, dit-il, je te répète que j'aime Yvonne comme ma fille. Si tu dois la tuer, ne reparais jamais devant moi, jamais, tu m'entends? Si, au contraire, tu pardonnes, eh bien! ta place est marquée dans cette cabine, et je te la garderai jusqu'au jour où tu voudras venir la prendre.

— Si tu aimes Yvonne comme tu le dis, murmura Keinec, pourquoi ne m'empêches-tu pas d'accomplir mon projet?

— Parce qu'il faudrait te tuer toi-même.

— Tue-moi donc! tue-moi, Marcof! au moins je ne souffrirai plus.

Marcof, ému par l'accent déchirant avec lequel le jeune homme avait prononcé ces mots, lui prit la main dans les siennes.

— Ami, lui dit-il d'une voix plus douce, ne te rappelles-tu pas que c'est en voulant sauver le navire que je commandais et qui a failli périr sur les côtes, que ton pauvre père est mort? Toi-même ne viens-tu pas de te dévouer pour mon lougre? Va, pour ne pas te voir souffrir, je donnerais dix ans de ma vie, et c'est pour t'éviter un désespoir sans fin, un remords éternel, que je te supplie encore de ne pas aller à terre!

Keinec courba la tête et ne répondit pas. Ses traits expressifs reflétaient le combat qui se livrait dans son âme. Enfin, s'arrachant pour ainsi dire aux pensées qui le torturaient, il fit un brusque mouvement, serra les mains de Marcof, leva ses yeux vers le ciel, et s'élança au dehors en emportant sa carabine.

— Il va la tuer! s'écria Marcof en brisant d'un coup de poing une petite table qui se trouvait à sa portée.

Marcof sortit de sa cabine, poussa la porte avec violence et s'élança sur le pont de son navire. Keinec n'y était plus. Quelques marins, étendus çà et là, sommeillaient paisiblement, se remettant de leurs fatigues de la soirée.

La falaise, descendant à pic dans la mer, avait permis au lougre de venir s'amarrer bord à bord avec elle. Une planche, posée d'un côté sur le rocher et de l'autre sur le bastingage de l'arrière, établissait la communication entre *le Jean-Louis* et la terre ferme. Marcof se dirigea de ce côté. Au moment où il allait poser le pied sur le pont-volant, un homme s'avança venant de l'extrémité opposée. Le marin se recula et livra passage.

— Jocelyn! fit-il vivement en reconnaissant le nouveau venu. — Vous avez à me parler?

— De la part de monseigneur.

— Est-ce qu'il désire me voir?

— Cette nuit même.

— Il a donc appris mon arrivée?

— Oui; un domestique à cheval attendait à Penmarckh pendant l'orage, et avait ordre de revenir au château dès l'entrée du *Jean-Louis* dans la crique. — Vous viendrez n'est-ce pas?

—Sans doute, Jocelyn; aussitôt que les feux de la Saint-Jean seront éteints, je me rendrai au château de Loc-Ronan.

Jocelyn traversa la planche et disparut dans les ténèbres. Marcof réveilla Bervic, lui donna quelques ordres, puis, passant une paire de pistolets dans sa large ceinture, il descendit à terre et s'enfonça dans un étroit sentier qui longeait le pied des falaises.

§

Dès qu'Yvonne et Jahoua eurent senti le rocher immobile sous leurs pieds, le jeune Breton poussa un soupir de satisfaction. Glissant son bras autour de la taille de sa fiancée, il entraîna rapidement la jeune fille vers l'intérieur du village. Ils firent ainsi deux cents pas environ sans échanger une parole. Jahoua, le premier, rompit le silence.

— Yvonne! fit-il d'une voix lente.

— Jahoua! répondit la jeune fille en levant sur son promis ses grands yeux expressifs tout chargés de langueur.

— Chère Yvonne! je sens votre bras trembler sous le mien. Les coups de mer vous ont mouillée; avez-vous froid?

— Non, Jahoua, mais je me sens faible.

— Voulez-vous que nous nous arrêtions un moment?

— Oh! non, dit vivement la jolie Bretonne; marchons plus vite, au contraire.

Un court silence régna de nouveau.

— Ma chère âme! reprit le jeune homme, vous semblez triste et soucieuse. Est-ce que vous ne m'aimez plus?

— Si fait, je vous aime toujours, Jahoua, répondit Yvonne avec un adorable accent de sincérité.

— La présence de Keinec vous a fait mal? avouez-le...

— Oh! oui.

— Vous avez eu peur, peut-être?

— Oh! oui, répéta Yvonne pour la seconde fois.

— Craignez-vous donc Keinec?

— Je ne le devrais pas; car, lui ne m'a jamais fait mal; bien au contraire, il m'a toujours prodigué les soins affectueux d'un frère; mais, depuis qu'il est revenu au pays, depuis que nous sommes promis, Jahoua, je ne m'explique pas pourquoi, le nom seul de Keinec me fait trembler.

— N'y pensez pas !

— Quand je le vois, sa vue me donne un coup dans le cœur !

— Vous avez tort de vous troubler ainsi. Il ne nous a pas seulement regardés, lui !

— Keinec n'a rien à se reprocher envers moi, tandis que moi, j'ai repris la parole que je lui avais donnée...

— Puisque vous ne l'aimiez pas.

— Mais il m'aime, lui !

— Eh bien ! qu'il vienne me trouver, nous réglerons la chose ensemble !...

— Ne dites pas cela, Jahoua, s'écria vivement la jeune fille.

— Calmez-vous, chère Yvonne ! je ferai ce que vous voudrez. Mais ne vous occupez plus de Keinec, par grâce ! Songez plutôt à votre père, que la tempête aura si fort tourmenté ! Quelle sera sa joie en vous revoyant saine et sauve ! Dans une demi-heure nous serons près de lui. Tenez ! voici ma jument grise qui nous attend...

Les deux jeunes gens, en effet, étaient arrivés devant la porte d'une sorte de grange située au milieu du village. Un paysan bas-breton tenait les rênes d'une belle bête des Pointes de la Coquille, achetée à la dernière foire de la Martyre.

Jahoua aida Yvonne à monter sur une grosse pierre. Lui-même s'élança sur le cheval, et, contraignant l'animal à s'approcher de la pierre, il prit Yvonne en croupe. La jolie Bretonne passa ses bras autour de la taille de son fiancé, et tous les deux gagnèrent rapidement la campagne. Ils se dirigeaient vers le petit village de Fouesnan, qu'habitait le père d'Yvonne.

IV

LE CHEMIN DES PIERRES-NOIRES.

La fureur de la tempête arrivait à son déclin. La nuit était sombre encore, mais les nuages, déchirés par la rafale, permettaient de temps à autre d'apercevoir un coin du ciel bleu éclairé par le scintillement de quelques étoiles. Les feux de la Saint-Jean, allumés sur tous les points de la campagne, formaient une illumination pittoresque.

En sortant de Penmarckh, les deux jeunes gens s'engagèrent dans un sentier encaissé et bordé d'un rideau d'ajoncs entremêlés de chênes séculaires. Ce sentier se nommait le chemin des Pierres-Noires. Il devait cette dénomination à des vestiges de monuments druidiques noircis par le temps, qui s'élevaient à une petite distance de Penmarckh, et auxquels il conduisait.

Au moment où Jahoua et Yvonne, bâtissant projets sur projets, négligeaient le présent pour ne songer qu'à l'avenir, un homme, traversant la campagne en ligne droite, gagnait rapidement le chemin creux. Cet homme était Keinec, qui, son fusil en bandoulière, son pen-bas à la main, courait sur les roches avec l'agilité d'un chamois. En quelques minutes, il eut atteint la crête du talus qui bordait le sentier. Là, il se coucha à plat-ventre. Écartant sans bruit et avec des précautions infinies les branches épineuses des ajoncs, il prêta l'oreille d'abord, puis ensuite il avança lentement la tête. Il entendit les sabots de la jument grise de Jahoua résonner sur les pierres du chemin, et il vit venir de loin, à travers l'ombre, les deux amoureux. Alors se relevant d'un bond, prenant ses sabots à la main, il courut parallèlement au sentier jusqu'à un endroit où celui-ci décrivait un coude pour s'enfoncer dans les terres. Les ajoncs, plus épais, formaient un rideau impénétrable. Keinec les élagua avec son couteau. Cela fait, il planta en terre une petite fourche, et appuyant sur cette fourche le canon de sa carabine, il attendit :

Yvonne et Jahoua riaient en causant. A mesure qu'ils avançaient dans le pays, les feux allumés pour la Saint-Jean devenaient de plus en plus distincts. Les montagnes et la plaine offraient le coup d'œil féerique d'une splendide illumination.

— Voyez-vous, ma belle Yvonne ? Notre-Dame de Groix a eu pitié de nous ; elle nous a sauvés de la tempête. Elle a calmé l'orage pour que nous puissions achever la route sans danger.

— La première fois que nous retournerons à Groix, il faudra faire présent à Notre-Dame d'une pièce de toile fine pour son autel, répondit la jeune fille.

— Nous la lui porterons ensemble aussitôt après notre mariage.

— Ah ! prenez donc garde ! votre jument vient de butter !

— C'est qu'elle a glissé sur une roche. Mais voilà que nous atteignons le coude du sentier, et de l'autre côté, la chaussée est meilleure.

Les deux jeunes gens approchaient en effet de l'endroit où Keinec se tenait embusqué. La crosse de la carabine solidement appuyée sur son épaule, le doigt sur la détente, dans une immobilité absolue, Keinec était prêt à faire feu.

Les voyageurs s'avançaient en lui faisant face. Mais la jument grise allait à petits pas ; elle s'arrêtait parfois, et Jahoua ne songeait guère à lui faire hâter sa marche.

De la main gauche, le malheureux Keinec labourait sa poitrine que déchiraient ses ongles crispés. Enfin le moment favorable arriva. Keinec voulut presser la détente, mais sa main demeura inerte, un nuage passa sur ses yeux. Sa tête s'inclina lentement sur sa poitrine. Puis, par une réaction puissante, il revint à lui soudainement. Mais les deux jeunes gens étaient passés, et c'était maintenant Yvonne qu'il allait frapper la première. Deux fois Keinec la coucha en joue. Deux fois sa main tremblante releva son arme inutile.

— Oh! je suis un lâche! murmura-t-il avec rage.

Et Keinec se relevant et prenant sa course, bondit sur la falaise pour devancer de nouveau les deux promis. Les pauvres jeunes gens continuaient gaiement leur route, ignorant que la mort fût si près d'eux, menaçante, presque inévitable.

Au moment où Keinec franchissait légèrement un petit ravin, il se heurta contre un homme qui se dressa subitement devant lui. En même temps il sentit une main de fer lui saisir le poignet et le clouer sur place, sans qu'il lui fût possible de faire un pas en avant.

— Ne vois-tu pas, Keinec, dit une voix lente, que tu ne dois pas les tuer?

— Ian Carfor! s'écria Keinec.

— Tu es jeune, Yvonne l'est aussi; l'avenir est grand, et Yvonne n'est pas encore la femme de Jahoua!...

— Elle le sera dans sept jours!

— En sept jours, Dieu a créé le monde et s'est reposé! Crois-tu qu'il ne puisse en sept jours délier un mariage?

— Que dis-tu, Carfor?

— Rien ce soir; mais, si tu le veux, demain je parlerai...

— A quelle heure?

— A minuit.

— Où cela?

— A la baie des Trépassés.

— J'y serai.

— Tu m'apporteras un bouc noir et deux poules blanches, ton fusil, tes balles et ta poudre.

— Ensuite?

— J'interrogerai les astres, et tu connaîtras la volonté de Dieu.

Ian Carfor s'éloigna dans la direction des pierres druidiques auxquelles aboutissait le chemin creux.

Keinec, appuyé sur son fusil, le regarda jusqu'au moment où il disparut dans les ténèbres. Quand il l'eut complétement perdu de vue, il désarma sa carabine, il la jeta sur son épaule, il s'avança jusqu'au bord du chemin et il se laissa glisser le long du talus.

Une fois sur la chaussée, il se dirigea vers le village en murmurant à voix basse :

— Il faut que je la revoie encore !

En ce moment, Yvonne et Jahoua atteignaient Fouesnan, dont la population tout entière dansait joyeusement autour d'un immense brasier.

V

LA SAINT-JEAN.

La fête de la Saint-Jean, le 24 juin de chaque année, est une des solennités les plus remarquables et les plus religieusement célébrées de la Bretagne. La veille, on voit des troupes de petits garçons et de petites filles, la plupart couverts de haillons et de mauvaises peaux de moutons dont la clavée a rongé la laine, parcourir pieds nus les routes et les chemins creux. Une assiette à la main, ils s'en vont quêter de porte en porte. Ce sont les pauvres qui, n'ayant pu économiser assez pour faire l'acquisition d'une fascine d'ajoncs, envoient leurs gars et leurs fillottes mendier chez les paysans plus riches de quoi acheter les quelques branches destinées à illuminer un feu en l'honneur de *monsieur saint Jean*.

Aussi, lorsque la nuit étend ses voiles sur la vieille Armorique, de l'orient au couchant, du sud au septentrion, sur la plage baignée par la mer, sur la montagne s'élevant vers le ciel, dans la vallée où serpente la rivière, il n'est pas à l'horizon un seul point qui demeure plongé dans les ténèbres. Nombreux comme les étoiles de la voûte céleste, les feux de saint Jean luttent de scintillement avec ces diamants que la main du Créateur a semés sur le manteau bleu du ciel. Partout la joie, l'espérance éclatent en rumeur confuse.

Les enfants qui, là comme ailleurs, font consister l'expression du bonheur dans le retentissement du bruit, les enfants, disons-nous, sentant leurs petites voix frêles étouffées parmi les clameurs de leurs pères, ont imaginé un moyen aussi simple qu'ingénieux d'avoir une part active au tumulte. Ils prennent une bassine de cuivre qu'ils emplissent d'eau et de morceaux de fer; ils fixent un jonc aux deux parois opposées, puis ils passent le doigt sur cette chanterelle d'une nouvelle espèce, qui rend une vibration mixte tenant à la fois du tam-tam indien et de l'harmonica. Un pâtre du voisinage les accompagne avec son bigniou. C'est aux accords de cette musique étrange que jeunes gens et jeunes filles dansent autour du feu de saint Jean, surmonté toujours d'une belle couronne de fleurs d'ajoncs.

Les vieillards et les femmes entonnent des noëls et des psaumes. Une superstition touchante fait disposer des siéges autour du brasier; ces siéges vides sont offerts aux âmes des morts qui, invisibles, viennent prendre part à la fête annuelle. Il est de toute notoriété que les *pennères* (jeunes filles), qui peuvent visiter neuf feux avant minuit, trouvent un époux dans le cours de l'année qui commence, surtout si elles ont pris soin d'aller deux jours auparavant jeter une épingle de leur *justin* (corset en étoffe) dans la fontaine du bois de l'église. De temps à autre on interrompt la danse pour laisser passer les troupeaux; car il est également avéré que les bêtes qui ont franchi le brasier sacré seront préservées de la maladie.

A minuit les feux s'éteignent, et chacun se précipite pour emporter un tison fumant que l'on place près du lit, entre un buis béni le dimanche des Rameaux, et un morceau du gâteau des Rois.

Les heureux par excellence sont ceux qui peuvent obtenir des parcelles de la couronne roussie. Ces fleurs sont des talismans contre les maux du corps et les peines de l'âme. Les jeunes filles les portent supendues sur leur poitrine par un fil de laine rouge, tout-puissant, comme personne ne l'ignore, pour guérir instantanément les douleurs nerveuses.

Ce soir-là tous les habitants de Fouesnan avaient déserté leurs demeures pour accourir sur la place principale du village, où s'élevait majestueusement une immense gerbe de flammes. L'entrée de Jahoua et d'Yvonne fut saluée par des cris de joie. Nul n'ignorait que les promis étaient en mer, et que la tempête avait été rude.

Au moment où la jument grise s'arrêta sur la place, un beau vieillard aux cheveux blancs et à la barbe également blanche, accourut appuyé sur son pen-bas.

— Béni soit le Seigneur Jésus-Christ et madame la sainte Vierge de Groix! s'écria-t-il en tendant ses bras vers Yvonne qui, plus légère qu'un oiseau, s'élança à terre et se jeta au cou du vieillard.

— Vous avez eu peur, mon père? demanda-t-elle d'une voix émue.

— Non, mon enfant; car je savais bien que le ciel ne t'abandonnerait pas. Le lougre a-t-il eu des avaries?

— Je ne crois pas; mais nous avons couru un grand danger.....

— Lequel mon enfant?

— Celui d'aller sombrer dans la baie des Trépassés, père Yvon!... dit Jahoua en serrant la main du vieux Breton.

En entendant prononcer le nom de la baie fatale, tous les assistants se signèrent.

— Heureusement que Marcof est un bon marin! reprit Yvon après un moment de silence et en embrassant de nouveau sa fille.

— Oh! je vous en réponds! Il courait sur les rochers de Penmarckh sans plus s'en soucier que s'ils n'existaient pas...

— Il a donc manœuvré bien habilement?

— Mon père, dit Yvonne en courbant la tête, ce n'est pas lui qui a sauvé *le Jean-Louis*...

— Et qui donc? Le vieux Bervic, peut-être?

— Non, mon père; c'est...

— Qui?

— Keinec.

— Keinec, répéta Yvon avec mécontentement. Il était donc à bord?

— Il est venu quand le lougre dérivait. Sa barque s'est brisée contre les bordages au moment où elle accostait.

— Ah! c'est un brave gars et un fier matelot! fit Yvon avec un soupir.

— Chère Yvonne, interrompit Jahoua en coupant court à la conversation, ne voulez-vous pas, vous aussi, fêter monsieur saint Jean ?

— Allez à la danse, mes enfants, répondit le vieillard en mettant la main de sa fille dans celle du fermier. Allez à la danse, et chantez des noëls pour remercier Dieu.

Yvonne embrassa encore son père, puis, prenant le bras de son fiancé, elle courut se mêler aux jeunes gens et aux jeunes filles qui s'empressèrent de leur faire place dans la ronde.

Yvon retourna s'asseoir à côté des vieillards, en dehors du cercle des siéges consacrés aux défunts. Près de lui se trouvait un personnage à la physionomie vénérable, à la chevelure argentée, et que sa longue soutane noire désignait à tous les regards comme un ministre du Seigneur. C'était le recteur de Foucsnan.

Les Bretons donnent ce titre de *recteur* au curé de leur paroisse, n'employant cette dernière dénomination qu'à l'égard du prêtre qui remplit les fonctions de vicaire.

Le pasteur qui, depuis quarante années, dirigeait les consciences du village, était le grand ami du père de la jolie Bretonne. Lui aussi s'était levé lors de l'arrivée des promis, et avait manifesté une joie franche et cordiale en les revoyant sains et saufs. Le mécontentement d'Yvon, en entendant parler de Keinec, ne lui avait pas échappé. Aussi, dès que les vieillards eurent repris leur place, il examina attentivement la figure de son ami. Elle était sombre et sévère.

— Yvon, dit-il en se penchant vers lui.

Yvon ne parut pas l'avoir entendu. Le prêtre le toucha du bout du doigt.

— Yvon, reprit-il.

— Qu'y a-t-il? demanda le vieillard en tressaillant comme si on l'arrachait à un songe pénible.

— Mon vieil ami, j'ai des reproches à te faire. Tu gardes un chagrin, là au fond de ton cœur, et tu ne me permets pas de le partager.

— C'est vrai, mon bon recteur; mais que veux-tu? chacun a ses peines ici-bas. J'ai les miennes. Que le Seigneur soit béni! je ne me plains pas...

— Pourquoi me les cacher? Tu n'as plus confiance en moi?

— Ce n'est pas ta pensée! dit vivement Yvon en saisissant la main du prêtre.

— Et bien! alors, raconte-moi donc tes chagrins!

— Tu le veux?

— Je l'exige, au nom de notre amitié. Veux-tu, pendant que les jeunes gens dansent et que les hommes et les femmes chantent les louanges du Seigneur, veux-tu que nous causions sans témoins? Voici ta fille de retour. Jahoua ne te quittera guère jusqu'au jour de son mariage. Peut-être n'aurons-nous que ce moment favorable; car, si je devine bien, tes chagrins proviennent de l'union qui se prépare...

— Dieu fasse que je me trompe! mais tu as pensé juste.

— Viens donc alors, Dieu nous éclairera.

Les deux vieillards se levèrent et se dirigèrent vers la demeure d'Yvon, située précisément sur la place du village. Yvon offrit un siège à son ami, approcha une table de la fenêtre, posa sur cette table un pichet plein et deux gobelets en étain; puis éclairés par les reflets rougeâtres du feu de Saint-Jean, le prêtre et le vieillard se disposèrent, l'un à écouter, l'autre à entamer la confidence demandée et attendue.

— Tu te rappelles, n'est-ce pas, demanda Yvon, le jour

où je conduisis en terre sainte le corps de ma pauvre défunte ? Tu avais béni la fosse et prié pour l'âme de la morte. Yvonne était bien jeune alors, et je demeurais veuf avec un enfant de cinq ans à élever et à nourrir. J'étais pauvre : ma barque de pêche avait été brisée par la mer ; mes filets étaient en mauvais état ; il y avait peu de pain à la maison. La mort de ma femme m'avait porté un tel coup que ma raison était ébranlée et mon courage affaibli…

« A cette époque, j'avais pour matelot un brave homme de Penmarckh qui se nommait Maugueron. C'était le père de Keinec. Son fils, de quatre ans plus âgé qu'Yvonne, était déjà fort et vigoureux. Un matin que je demeurais sombre et désolé, contemplant d'un œil terne mes avirons devenus inutiles, Maugueron entra chez moi.

— Yvon, me dit-il, il y a longtemps que tu n'as pris la mer ; tu n'as plus de barque et tu as une fille à nourrir. Mon canot de pêche est à flot ; apporte tes filets ; viens avec moi, nous partagerons l'argent que nous gagnerons.

— Comment veux-tu que je laisse Yvonne seule à la maison ? répondis-je. Tout le monde est aux champs et la petite a besoin de soin.

« — Apporte ta fille sur tes bras. Keinec, mon gars, la gardera.

« J'acceptai. Depuis ce jour, Maugueron et moi, nous pêchâmes ensemble. Yvonne fut élevée par Keinec, qui l'adorait comme une sœur. Les enfants grandirent. Entre Maugueron et moi, il était convenu que, dès qu'ils seraient en âge, les jeunes gens seraient fiancés. Seulement, j'avais mis pour condition qu'Yvonne aurait le droit de me délier de ma parole, car je ne voulais pas la forcer.

« Tu sais comment mourut mon ami ? En voulant aller secourir un brick en perdition sur les côtes, il fut brisé sur les rochers. Keinec avait quatorze ans. Le gars a toujours été d'un caractère sombre et résolu. Un an après qu'il était orphelin et qu'il m'accompagnait en mer, il me prit à part un soir en rentrant de la pêche.

« — Père, me dit-il, c'est ainsi que l'enfant m'appelait depuis qu'il avait perdu le sien, père, vous êtes pauvre, et je le suis aussi. Yvonne aime les beaux justins de fine laine et les croix d'or. Je veux la rendre heureuse. J'ai trouvé un engagement avec Marcof. Nous allons courir le monde durant quelques années, et, Dieu aidant, je reviendrai riche... Alors vous mettrez la main d'Yvonne dans la mienne et nous serons vos enfants.

« Je voulus le détourner de son projet, il fut inébranlable. Le jour où il partit, après avoir embrassé ma fille qui pleurait à grosses larmes, je l'accompagnai jusqu'à Audierne, où il devait s'embarquer.

« — Mon gars, lui dis-je en le pressant sur ma poitrine, car je l'aime comme s'il était mon fils, mon gars, reviens vite; mais rappelle-toi encore que ma parole n'engage pas Yvonne.

« — J'ai la sienne, me répondit-il. Et il partit.

« Nous restâmes deux ans sans avoir de nouvelles. Au bout de ce temps Marcof revint; mais il était seul. Il avait été faire la guerre là-bas, de l'autre côté de la mer, et il nous raconta que le pauvre Keinec était mort en combattant, dans un débarquement sur la terre ferme. Il le croyait, car il ne savait pas que Keinec, blessé seulement, avait été recueilli par des mains charitables, qu'il était guéri et qu'il attendait une occasion pour revenir en Bretagne. Cette occasion, il l'attendit cinq années. Deux fois il avait tenté de s'embarquer, deux fois, le navire, à bord duquel il était, avait fait naufrage.

« Nous autres, nous ne savions rien, rien que ce que

nous avait dit Marcof. Yvonne et moi nous l'avions pleuré, et tu sais combien tu as dit de messes pour lui.

— Sans doute, répondit le recteur; et je savais aussi tout ce que tu viens de dire.

— N'importe; il me fallait le répéter pour arriver à la fin. Écoute encore : Yvonne grandissait et devenait la plus belle fille du pays. Pendant quatre ans passés elle ne voulut écouter aucun demandeur. Enfin, bien persuadée que Keinec était mort, elle consentit, l'année dernière, à aller au Pardon de la Saint-Michel, où se rendent toujours les pennères. Là elle vit Jahoua, le plus riche fermier de la Cornouaille. Jahoua l'aima. Il est jeune, riche et beau garçon. Jamais je n'avais pu rêver un gars plus fortuné pour lui donner Yvonne. Quand il vint me parler et me dire qu'il voulait m'appeler son père, je fis venir ma fille et l'interrogeai. Yvonne l'aimait aussi. La pauvre enfant s'était aperçue que ce qu'elle avait ressenti jadis pour Keinec n'était qu'une affection toute fraternelle.

« Que devais-je faire ?... Pouvais-je hésiter à assurer le bonheur d'Yvonne et de Jahoua? Ils devinrent promis: ils étaient heureux tous deux. Il y a deux mois seulement, Keinec revint au pays. Le pauvre gars apprit par d'autres qu'Yvonne était fiancée. Il ne chercha pas à me voir; il n'adressa pas un reproche à Yvonne. Je le croyais reparti de nouveau, lorsque, tout à l'heure, la petiote vient de me dire que c'était lui qui avait sauvé *le Jean-Louis*. S'il a sauvé le lougre, vois-tu, recteur, c'est qu'il savait bien qu'Yvonne était à bord, et c'est qu'il aime toujours Yvonne !...

« Maintenant, ma fille se marie dans sept jours. J'estime Jahoua et mon Yvonne aime son promis. Voilà, recteur ce qui me fait souffrir et m'inquiète. J'ai peur que le pauvre Keinec ne soit malheureux et qu'il ne fasse un coup de désespoir, car je l'aime, ce gars, et pourtant je ne peux pas forcer ma fille. Dis, à présent que tu sais tout, que dois-je faire ? »

Le recteur réfléchit pendant quelques secondes. Il allait parler, lorsqu'une ombre opaque vint s'interposer entre la lueur jetée par le feu qui brûlait sur la grande place et la petite fenêtre auprès de laquelle causaient les deux vieillards. Un homme, caché sous l'appui de cette fenêtre et qui avait tout entendu, s'était dressé brusquement. Le recteur fit un mouvement de surprise. Yvon, reconnaissant le nouveau venu pour un ami, lui tendit vivement la main.

— C'est toi, Marcof! dit-il. Pourquoi n'entres-tu pas, mon gars?

— Parce que au moment où j'allais entrer chez vous, j'ai aperçu Keinec qui rôdait au bout du village, et que je ne voulais pas le perdre de vue. Maintenant je vous dirai, Yvon, et à vous aussi, monsieur le recteur, que c'est dans la crainte que mon nom prononcé tout haut ne parvînt à l'oreille de Keinec, que je me suis blotti sous la fenêtre et que j'ai entendu toute votre conversation. Au reste, c'est le bon Dieu qui l'a voulu sans doute, car je venais vous parler à tous deux d'Yvonne et de Jahoua.

— Et Keinec? demanda Yvon.

— Keinec a gagné la montagne, c'est pourquoi je me suis montré....

— Qu'avez-vous à nous dire, Marcof? fit le recteur dès que le marin eut franchi le seuil de la porte.

— Des choses graves, très-graves. D'abord, j'ai peur que le pauvre Keinec ne soit fou!

— Comment cela?

— Il aime toujours Yvonne; et votre vieil ami ne s'est pas trompé en redoutant un coup de désespoir.

— Keinec voudrait-il se tuer? demanda le digne pasteur avec anxiété.

— Peut-être bien; mais avant tout, il tuera Jahoua, c'est moi qui vous le dis!...

Marcof n'osa pas exprimer toute sa pensée devant le père de la jeune Bretonne, mais il ajouta à part lui:

— Et, bien sûr, il tuera Yvonne!...

VI

PHILIPPE DE LOC-RONAN.

Entre Fouesnan et Quimper, sur les rives de l'Odet, au sommet d'une colline dominant le pays, s'élevait jadis un château seigneurial dont il ne reste aujourd'hui que des ruines pittoresques. A l'époque vers laquelle nous avons fait remonter nos lecteurs, c'est-à-dire au milieu de l'année 1794, ce château, planté fièrement sur le roc comme l'aire d'un aigle, dominait majestueusement les environs. Il appartenait à la famille des marquis de Loc-Ronan, dont il portait le nom et les armes. Les seigneurs de Loc-Ronan étaient de vieux gentilshommes bretons, compromis dans toutes les conspirations qui avaient eu pour but de conserver ou de rétablir les droits féodaux, et qui, trop puissants pour ne pas être charitables, trop véritablement nobles pour ne pas être simples, trop Bretons pour ne pas être braves, étaient adorés dans le pays.

Le dernier marquis de Loc-Ronan était veuf depuis plusieurs années. Jeune encore, âgé de quarante ans à peine, il avait quitté complètement Versailles et s'était retiré dans ses terres. Jadis grand chasseur, il avait déserté les bois. Une profonde mélancolie semblait l'accabler. Recherchant la solitude, évitant soigneusement le bruit des fêtes, n'allant nulle part et ne recevant personne, le marquis vivait entouré de quelques vieux serviteurs, dans le château où avaient vécu ses pères. Quelquefois, mais rarement, les paysans le rencontraient chevauchant sur un bidet du pays. Alors les bonnes gens ôtaient respectueusement leurs grands chapeaux, s'inclinaient humblement et saluaient leur seigneur d'un :

— Dieu soit avec vous, monseigneur le marquis !

— Et qu'il ne t'abandonne jamais, mon gars ! répondait invariablement le gentilhomme en ôtant lui-même son chapeau pour rendre le salut à son vassal, circonstance qui faisait qu'à dix lieues à la ronde, il n'y avait pas un paysan qui ne se fût détourné volontiers d'une lieue de sa route pour recevoir un si grand honneur.

Dans les mauvaises années, loin de tourmenter ses vasseaux, le marquis leur remettait leurs fermages et leur venait encore en aide. Rempli d'une piété bien entendue, il ne manquait pas un office et partageait son banc seigneurial avec les vieillards, auxquels il serrait la main.

Au moment où nous pénétrons dans le château, le gentilhomme, retiré dans une petite pièce située dans une des tourelles, était en train de consulter deux énormes manuscrits in-folio placés sur une table en vieux chêne admirablement travaillée. Cette petite pièce, formant bibliothèque, était le séjour favori du marquis. Éclairée par une seule fenêtre en ogive, de laquelle on découvrait les falaises d'abord, la pleine mer ensuite, elle était garnie de boiseries sculptées. D'épais rideaux et des portières en tapisseries masquaient la fenêtre et les portes.

Une cheminée armoriée, petite pour l'époque, mais sous le manteau de laquelle on pouvait néanmoins s'asseoir, faisait face à la porte d'entrée donnant sur l'escalier. Quatre corps de bibliothèques, ployant sous la charge des livres qui y étaient entassés, ornaient les boiseries. Près de la fenêtre se trouvait la petite table.

Le marquis était un homme de quarante ans environ. Sa taille élevée, noble et majestueuse, n'était nullement dépourvue de grâce. Son front haut, ombragé par une épaisse chevelure brune (depuis son retour en Bretagne le marquis ne portait plus la poudre), son front haut, indiquait une vaste intelligence, comme ses yeux grands et sérieux décelaient une réelle profondeur de jugement. Ses extrémités étaient de bonne race ; et sa main surtout, blanche et fine, eût fait envie à plus d'une grande dame.

L'ensemble de la physionomie de M. de Loc-Ronan inspirait tout d'abord le respect et la confiance ; mais l'expression de ce beau visage était si profondément soucieuse et mélancolique, qu'on se sentait malgré soi attristé en le contemplant.

Une heure et demie du matin venait de sonner. La tempête entièrement dissipée avait fait place à un calme profond, troublé seulement par le mugissement sourd et monotone des flots se brisant contre les rochers. La lune, débarrassée de son rempart de nuages, étincelait comme un disque d'argent au milieu de son cortége d'étoiles. Le vent, s'affaiblissant d'instants en instants, ne soufflait plus que par courtes rafales.

Le marquis, plongé dans sa lecture, offrait la complète immobilité d'une statue. La fenêtre ouverte laissait librement pénétrer les rayons blancs de la lune, qui venaient livrer un combat inoffensif aux faibles rayons d'une lampe placée sur la petite table. En entendant le marteau de la pendule frapper sur le timbre, le marquis leva la tête.

— Une heure et demie, murmura-t-il. Il tarde bien !

Puis prenant un sifflet en or posé à côté des livres, il le porta à ses lèvres et en tira un son aigu. La porte s'ouvrit aussitôt, et un homme de quarante à cinquante ans parut sur le seuil.

— Jocelyn, fit le marquis en se levant, tu as été à Penmarckh ?

— Oui, monseigneur.

— Il t'a dit qu'il viendrait !

— Cette nuit même.

— Il tarde bien !

— Monseigneur veut-il que je retourne à Penmarckh ?

— Non, mon bon Jocelyn ; ce serait trop de fatigue.

— Qu'importe ?

— Il m'importe beaucoup ! Je n'entends pas que tu abuses de tes forces !... J'ai besoin que tu vives, Jocelyn ; tu le sais bien.

— Monseigneur, encore cette pensée qui vous occupe ?

— Elle m'occupera toujours, mon vieil ami.

— Monseigneur, il est bien tard, fit observer Jocelyn après un moment de silence, et en cherchant évidemment à détourner le cours des idées de son maître ; ne voulez-vous pas prendre un peu de repos ?

— Impossible ! J'attends celui que tu as été chercher.

— Monseigneur ! j'entends la cloche de la grille ; c'est lui sans doute.

— Eh bien ! va vite, et introduis-le sans tarder.

Jocelyn sortit, et le marquis, refermant son in-folio, le replaça dans les rayons de la bibliothèque. A peine avait-il achevé, qu'un homme, enveloppé dans un caban de matelot en toile cirée, parut sur le seuil. Il salua le marquis avec aisance, entra, referma la petite porte, fit retomber la lourde portière, ôta vivement son caban qu'il jeta à terre, et, s'avançant vers le marquis, il lui prit la main et voulut la baiser. Le marquis retira vivement cette main, et attira le nouveau venu sur sa poitrine.

— Êtes-vous fou, Marcof? dit-il.

— Non, monseigneur, répondit le marin, car c'était lui qui venait d'entrer; non, monseigneur, je ne suis pas fou; mais il s'en faut de bien peu, car vos bontés pour moi me feront perdre la tête!

— N'êtes-vous pas mon ami?

— Oh! monseigneur!

— Eh! mon cher Marcof, qui donc mieux que vous a mérité ce titre? Vous m'avez quatre fois sauvé la vie; vous avez reçu deux blessures en me couvrant de votre corps, lorsque nous faisions ensemble la guerre d'Amérique. Vous m'avez donné la moitié de votre pain lorsque nous ne savions pas si nous en aurions le lendemain. Vous n'avez jamais trahi un secret duquel dépend mon honneur, et dont le hasard vous a fait dépositaire. Que diable un homme peut-il faire de plus pour un autre homme? et, en vous appelant mon ami, ne l'oubliez pas, c'est moi seul qui dois être fier de votre affection!...

Marcof porta vivement la main à ses yeux et essuya une larme.

— Au nom du ciel! dit-il en frappant du pied, ne parlez donc jamais de toutes ces choses passées qui n'en valent pas la peine, et qui peut-être vous compromettraient si elles étaient entendues.

— Nous sommes seuls ici, répondit lentement le marquis. Donc, plus de gêne! Frère, embrasse-moi.

Marcof lança autour de lui un coup d'œil rapide. Pour plus de précaution, il poussa la fenêtre, et, serrant vivement et à deux reprises le marquis dans ses bras, il l'embrassa en murmurant :

— Oui, mon bon Philippe, j'avais besoin de te voir.

Les deux hommes, se reculant un peu en se tenant par la main, demeurèrent pendant quelques minutes immobiles en face l'un de l'autre. Leurs bouches étaient muettes, leurs regards seuls lançaient des éclairs joyeux.

VII

UN SECRET DE FAMILLE.

Marcof fut le premier qui parvint à dominer les sensations tumultueuses qui agitaient son cœur. Il prit un siége, s'assit, et, après avoir encore passé une fois la main sur ses yeux :

— Assieds-toi, Philippe, dit-il à voix basse, et, pour Dieu ! remets-toi ; si quelqu'un de tes gens entrait, notre secret ne serait plus à nous seuls.

— Jocelyn veille, répondit le marquis.

— Sans doute ; mais Jocelyn ne sait rien et ne doit rien savoir.

— Tu te défies de lui ?

— Quand il s'agit d'un secret pareil au nôtre, je me défie de moi-même.

— Et pourquoi donc éterniser ce secret ?

— Parce qu'il le faut.

— Frère !

— Chut ! fit vivement le marin en posant son doigt sur les lèvres du marquis. Il n'y a ici que deux hommes, dont l'un est le serviteur de l'autre. Le noble marquis de Loc-Ronan et Marcof le Malouin !

— Encore !

— Il le faut, vous dis-je, monseigneur ; je vous en conjure !

—Soit donc !

— A la bonne heure ! Maintenant occupons-nous de choses sérieuses.

— Mon cher Marcof, reprit le marquis après un silence, et en faisant un effort visible pour traiter son interlocuteur avec une indifférence apparente ; mon cher Marcof, vous avez été à Paris dernièrement.

— Oui, monseigneur, et j'ai scrupuleusement suivi vos ordres.

— Ce que l'on m'a écrit est-il vrai ?

— Parfaitement vrai. Le roi n'a plus de sa puissance que le titre de roi, et, avant peu, il n'aura même plus ce titre.

— Quoi ! le peuple de Paris oublierait à ce point ses devoirs ?

— Le peuple ne sait pas ce qu'il fait. On le pousse, il va !

— Et la noblesse ?

— Elle se sauve.

— Elle se sauve ? répéta le gentilhomme stupéfait.

— Oui ; mais elle appelle cela *émigrer*. Au demeurant, le mot seul est changé ; mais il signifie bien *fuite*.

— Qu'espère-t-elle donc, cette noblesse insensée ?

— Elle n'en sait rien. Fuir est à la mode ; elle suit la mode.

— Et la bourgeoisie ?

— La bourgeoisie agit en se cachant. Elle pousse à la révolution ; et rappelez-vous ceci, monseigneur, si cette révolution éclate, la bourgeoisie seule en profitera.

— Mon Dieu !... pauvre France ! murmura le marquis.

Puis, relevant la tête, il ajouta avec fierté :

— Toute la noblesse ne fuit pas, au moins ! La Bretagne est pleine de braves gentilshommes. Que devrons-nous faire ?

— Ce qui a été convenu.

— La guerre ?...

— Oui, la guerre ! Que le roi revienne parmi nous, et nous saurons bien le défendre.

— Avez-vous été à Saint-Tady ?

— Hier même j'étais à l'île de Groix, et j'en arrive.

— Vous avez rencontré le marquis de La Rouairie ?

— Nous sommes restés deux heures ensemble.

— Que vous a-t-il dit ?

— Il m'a montré deux lettres de Paris, trois de Londres, deux autres datées de Coblentz. De tous côtés on le pousse, on le presse, on le conjure d'agir sans retard.

— Et La Rouairie est prêt à agir ?

— Oui. Les proclamations sont faites, les hommes vont être rassemblés. Les armes sont en suffisante quantité pour en donner à qui jurera d'être fidèle au roi et à l'honneur ! Avant deux mois la conspiration éclatera, si toutefois l'on doit donner ce nom à la noble cause qui nous ralliera tous.

— Allez-vous donc vous joindre à eux ?

— Provisoirement, oui ; plus tard, je servirai le roi à bord de mon lougre quand la guerre maritime sera possible.

— Quand devez-vous rejoindre La Rouairie ?

— Dans quinze ou vingt jours seulement.

Le marquis, en proie à de sombres réflexions, parcourut vivement la petite pièce : puis, s'arrêtant enfin brusquement devant Marcof, et lui prenant la main :

— Frère, lui dit-il à voix basse, la guerre va bientôt éclater dans le pays. Qui sait si nous pourrons encore une fois causer ensemble comme nous sommes libres de le faire aujourd'hui. Écoute-moi donc : Si je suis tué par une balle sur le champ de bataille, ou si je meurs dans mon lit de ma mort naturelle, souviens-toi de mes paroles. Tu vois ce casier de la seconde bibliothèque ?

— Oui, répondit Marcof, je le vois.

— En dérangeant les livres, on découvre la boiserie.

— Ensuite ?

— A droite, au milieu de la rosace, il y a un bouton de bois sculpté en forme de gland de chêne. Ce bouton est mobile. En le pressant, il fait jouer un ressort qui démasque une porte secrète donnant dans une armoire de fer. Moi mort, tu ouvrirais cette armoire et tu y trouverais des papiers. Il te faudrait, tu m'entends bien, il te faudrait les lire avec une profonde et religieuse attention.

— Je te le promets !

— C'est tout ce que j'avais à te dire ; et, maintenant que j'ai ta promesse, je suis tranquille.

— Alors, monseigneur, je me retire, reprit Marcof à voix haute.

— Quand vous reverrai-je ?

— Dans douze jours ; le temps d'aller à Paimbœuf et d'en revenir.

— Avez-vous besoin d'argent ?

— J'ai trois cent mille francs en or dans la cale de mon lougre.

En ce moment, la cloche du château retentit de nouveau et avec force.

— Qui diable peut venir à pareille heure ? s'écria Marcof.

— Des voyageurs égarés peut-être, qui demandent l'hospitalité.

— Pardieu ! nous allons le savoir. J'entends Jocelyn qui monte.

En effet, le vieux serviteur, après avoir discrètement gratté à la porte, pénétra dans la petite pièce. Marcof tenait respectueusement son chapeau à la main et il avait repris son caban.

— Qu'est-ce donc, Jocelyn? demanda le marquis.

— Monseigneur, répondit Jocelyn dont la physionomie décelait un mécontentement manifeste, ce sont deux voyageurs qui demandent à vous parler sur l'heure.

— Vous ont-ils dit leur nom?

— Ils m'ont remis cette lettre.

Le marquis prit la lettre que lui présentait Jocelyn et l'ouvrit. A peine en eut-il parcouru quelques lignes qu'il devint très-pâle.

— C'est bien, fit-il en s'adressant à Jocelyn. Faites entrer ces étrangers dans la salle basse; je vais descendre.

Jocelyn n'avait pas franchi le seuil de la porte que, se retournant vivement vers Marcof, le marquis ajouta :

— Il ne faut pas sortir par la grille.

— Pourquoi?

— Ne m'interroge pas! Tu sauras tout plus tard. Passe par l'escalier secret qui aboutit à ma chambre. Tiens, voici la clef de la petite porte qui donne sur les falaises... Pars vite!

— Qu'as-tu donc? demanda Marcof en remarquant la subite altération des traits du marquis.

— Va! je n'ai pas le temps de t'expliquer. Seulement souviens-toi de l'armoire secrète, et n'oublie pas ta parole.

Et le gentilhomme, serrant les mains du marin, s'élança vivement au dehors. Marcof, demeuré seul, resta quelques moments pensif, puis il sortit à son tour; il traversa un corridor, et, en homme qui connaissait bien les êtres du château, il ouvrit une porte donnant sur une vaste chambre éclairée par les rayons de la lune. En traversant cette pièce, le marin s'arrêta devant un magnifique portrait de vieillard. Il inclina la tête, il murmura tout bas quelques paroles, une prière peut-être ; puis s'approchant du cadre, il déposa un respectueux baiser sur l'écusson placé dans l'angle gauche du tableau. Cela fait, il ouvrit une autre porte, et il descendit les marches d'un petit escalier pratiqué dans l'épaisseur de la muraille.

Les deux étrangers que Jocelyn avait introduits dans la salle basse du château, d'après les ordres de son maître, y entraient à peine lorsque le marquis de Loc-Ronan se présenta à eux. Ils échangèrent tous trois un salut cérémonieux.

— Monsieur le marquis, dit l'un des deux personnages, nous devons faire un appel à votre indulgence ; nous eussions dû arriver à une heure plus convenable, et nous l'eussions fait (ayant pris nos mesures en conséquence), si la tempête qui nous a assaillis dans la montagne n'était venue mettre une entrave à notre marche.

— Je joins mes excuses à celles du chevalier de Tessy, dit le second des deux étrangers en s'avançant à son tour.

— Je les reçois, comte de Fougueray, répondit le marquis avec une extrême hauteur.

Après cet échange de paroles, les trois hommes demeurèrent quelques moments silencieux. Le marquis froissait dans sa main droite avec une colère sourde la lettre que lui avait remise Jocelyn, et qui avait précédé l'introduction des deux gentilshommes. Enfin, se calmant peu à peu, il reprit :

— Je ne crois pas, messieurs, que vous ayez fait une centaine de lieues pour venir me trouver, sans un autre motif que celui d'en appeler à mon indulgence pour votre arrivée inattendue. Nous avons à causer ensemble ; vous plaît-il que cela soit immédiatement ?

— Nous craindrions d'être indiscrets et de vous fatiguer, répondit le chevalier de Tessy.

— Aucunement, messieurs. A cette heure avancée, nous n'en serons que moins troublés, et c'est, je crois, ce qu'il faut avant tout pour la conversation que nous allons avoir ?

— Cette salle me paraît fort convenable, monsieur, dit le comte de Fougueray en regardant autour de lui. Seulement, notre souper ayant été des plus mauvais, je vous serais infiniment obligé de nous faire servir quoi que ce soit...

— Dites plutôt, interrompit brusquement le marquis, que vous connaissez la vieille coutume bretonne qui veut qu'un homme soit sacré pour celui sous le toit duquel il a brisé un pain.

— Quand cela serait ?

— Vous osez en convenir ?

— Eh ! pourquoi diable me gênerais-je ? Ne sommes-nous pas de vieilles connaissances ? Vous savez bien, marquis, qu'entre nous il n'y a pas de secret !...

Le comte appuya sur ce dernier mot. Le marquis de Loc-Ronan se mordit les lèvres avec une telle violence que quelques gouttelettes de sang jaillirent sous sa dent convulsive. Il agita une sonnette. Jocelyn parut.

— Servez à ces messieurs ce que vous trouverez de meilleur à l'office, dit-il.

Le domestique s'inclina et sortit. Cinq minutes après il rentra.

— Eh bien ? lui demanda son maître.

— Monseigneur, je n'ai rien trouvé à l'office ; mais, en

revanche, il y avait cette paire de pistolets tout chargés sur la table de votre chambre, et je vous les apporte.

— Est-ce un guet-apens ? s'écria le chevalier en portant la main à la garde de son épée.

— Ce serait tout au plus un duel, répondit tranquillement le marquis, car vous voyez que votre digne compagnon a pris ses précautions...

Le comte, en effet, tenait un pistolet de chaque main. Jocelyn s'avança près de son maître en levant son penbas. Mais le marquis, posant froidement ses pistolets sur un meuble voisin, ordonna au serviteur de sortir. Jocelyn hésita, mais il obéit.

— Nous nous passerons donc de souper ? demanda le comte en remettant ses armes à sa ceinture.

— Finissons, messieurs ! s'écria le marquis ; si nous continuions longtemps sur ce ton, je sens que la colère me dominerait bien vite. Vous êtes venu ici pour me proposer un marché. Ce marché est infâme, je le sais d'avance ; mais n'importe ! détaillez-le. J'écoute.

— Mon cher marquis, fit le chevalier en attirant à lui un siége et s'y installant sans façon, vous avez une façon d'exprimer votre pensée qui ne nous semblerait nullement parlementaire (comme le dit si bien Mirabeau du haut de la tribune de l'Assemblée nationale), si nous vous connaissions moins. Mais nous ne verrons dans vos paroles que ce qu'il faut y voir, c'est-à-dire que vous êtes prêt à nous donner toute votre attention.

Le comte fit un geste brusque d'assentiment, tandis que le marquis, se laissant tomber dans un vaste fauteuil, passait une main sur son front, où perlait une sueur abondante.

— Comte, continua le chevalier, vous plairait-il d'entamer l'entretien ?

— Nullement, mon très-cher. Vous parlez à merveille, et vous avez, comme l'on dit, la langue fort bien pendue. J'imiterai M. de Loc-Ronan ; je vous écouterai.

— Avec votre permission, monsieur le marquis, je commence. Laissez-moi cependant vous dire que, pour établir correctement l'affaire que nous allons avoir l'honneur de débattre avec vous, il est de toute utilité de bien poser tout de suite les jalons de départ. Puis il n'est peut-être pas moins essentiel que vous sachiez jusqu'à quel point nous sommes instruits, le comte de Fougueray et moi...

Le marquis ne répondant pas, le chevalier ajouta :

— Je vais donc faire un appel à vos souvenirs et vous prier de remonter avec moi jusqu'à l'époque où, après avoir perdu votre père et recueilli son immense héritage, vous vous décidâtes à venir présenter vos hommages à Sa Majesté Louis XV. Vous aviez, je crois, vingt-deux ans alors, et vous étiez véritablement fort beau.

— Monsieur le marquis n'a jamais cessé de l'être ! interrompit le comte.

— Sans doute, reprit l'orateur : mais, en outre, à cette époque, le marquis possédait le charme entraînant de la première jeunesse. Croyez bien que je n'ai nullement l'intention de détailler ici vos nombreux succès, mon cher hôte ; je les mentionne seulement en masse, afin de vous rendre la justice qui vous est due...

— Au fait ! dit le marquis d'une voix impatiente.

— J'y arrive. A cette époque donc, après avoir fait tourner bien des têtes féminines, il arriva que la vôtre devint elle-même le point de mire des traits du petit dieu malin. Le 15 août 1776, jour d'une grande fête, celle du roi, pardieu ! à l'occasion de je ne sais quel tumulte et quelle perturbation causée par la foule en démence, vous eûtes le bonheur de sauver et d'emporter dans vos bras une jeune fille, belle comme la déesse Vénus elle-même. En échange de la vie que vous lui aviez conservée, elle vous ravit votre cœur et vous donna le sien...

— Dorat n'aurait pas mieux dit, imterrompit de nouveau le comte.

Le marquis demeurait toujours impassible. Évidemment il avait pris le parti d'écouter jusqu'au bout ses deux interlocuteurs et de ne leur point mesurer le temps.

— Cette jeune fille, dont la beauté avait fait sur vous une si vive impression, appartenait à une famille honorable de vieux gentilshommes de Basse-Normandie, dont M. le comte de Fougueray et moi avons l'honneur d'être les uniques représentants mâles. Il s'agit donc de notre sœur qui, vous le savez aussi bien que nous, se nomme Marie-Augustine. Il est inutile, je le pense, de vous rappeler que vous vous fîtes présenter dans la famille, que vous demandâtes la main de Marie-Augustine, et qu'enfin, d'heureux fiancé devenant heureux époux, vous conduisîtes cette chère enfant aux pieds des autels, où vous lui jurâtes fidélité et protection... Cela nous conduit tout droit à la fin de l'année 1777.

« Vous êtes d'une humeur un peu jalouse, mon cher marquis; les adorateurs qui papillonnaient autour de votre femme vous donnèrent quelques soucis... En véritable femme jolie et coquette qu'elle était, Marie-Augustine se prit à vous rire au nez lorsque vous lui proposâtes de quitter Versailles. Malheureusement la pauvre enfant ne savait pas encore ce que c'était qu'une cervelle bretonne. Elle ne tarda guère à l'apprendre. — Sans plus de cérémonies, vous fîtes enlever la marquise, et huit jours après votre départ clandestin, vous étiez installés tous deux dans ce vieux château de vos ancêtres. Marie-Augustine pleura, pria, supplia. Vous l'aimiez et vous étiez jaloux; double raison pour demeurer inébranlable dans votre résolution de vivre isolé avec elle dans cette farouche solitude.

Vous n'aviez oublié qu'une chose, mon cher marquis, c'était l'histoire de notre grand'mère Ève et celle du fruit défendu... Marie-Augustine se voyant en prison, ne rêva plus qu'évasion et liberté. Tous les moyens lui semblèrent bons, et elle n'hésita pas même à se compromettre pour voir tomber les barreaux et les grilles. Comment s'y prit-elle? Par ma foi, je l'ignore. Toujours est-il qu'elle trouva moyen d'entretenir une correspondance active avec un beau gentilhomme de Quimper, qui jadis avait été votre compagnon de plaisirs...

— Comment elle s'y prit? s'écria le marquis en se levant brusquement. Je vais vous l'expliquer!... A prix d'or, cette misérable femme, indigne du nom que je lui avais donné, séduisit le valet et parvint à se ménager plusieurs entrevues avec son amant, car vous oubliez de le dire, messieurs, votre sœur était devenue la maîtresse du baron d'Audierne!

— Vous l'avez dit depuis, mais nous ne l'avons jamais cru! répondit le comte de Fougueray.

— En voulez-vous les preuves? J'ai les lettres ici.

— Inutile, continua le chevalier. Que notre sœur soit coupable ou non, là n'est pas la question. Permettez-moi d'achever. Donc les deux... comment dirais-je? les deux amants, puisque vous le voulez absolument, ayant pris d'avance toutes leurs mesures, attendaient une nuit favorable pour accomplir leur projet. Ils ne savaient pas, qu'instruit de tout, vous les faisiez épier, et que vous attendiez le moment d'agir... Aussi, la nuit où la fuite devait avoir lieu, vous trouvèrent-ils sur leur passage. Le baron tira son épée; Marie-Augustine s'évanouit. Ils ne vous connaissaient pas encore!... Vous emportâtes votre femme dans vos bras en priant le baron de vous suivre. Le gentilhomme, sommé par vous au nom de son honneur, obéit.

Ah! pardon, fit le chevalier en s'interrompant, j'oubliais, pour la clarté de ce qui va suivre, de mentionner ici que votre mariage avait eu lieu sur les terres mêmes de mon frère, et que les témoins d'usage assistaient seuls à la cérémonie...

— C'était le comte de Fougueray qui l'avait voulu ainsi, répondit le marquis.

— Je m'empresse de le reconnaître, ajouta le comte en s'inclinant. Continuez, chevalier.

— C'est moi seul qui continuerai! s'écria le marquis. Écoutez-moi tous deux à votre tour. Lorsque je tins entre mes mains la misérable qui avait déshonoré mon nom, et son indigne complice, ma première pensée fut de les tuer tous les deux. Cependant j'hésitai!... Mon mépris pour cette femme était tellement profond, que ma main dédaigna de verser son sang!... D'ailleurs, j'avais mieux à faire!

— Oui, c'était fort ingénieux ce que vous avez trouvé, fit observer le comte en chiffonnant coquettement la dentelle de son jabot.

VIII

LE MARCHÉ.

— Oh! cette scène est encore présente à ma pensée comme si elle venait d'avoir lieu à l'instant même, continua le marquis sans paraître avoir entendu l'observation de son singulier beau-frère. Marie-Augustine était là couchée sur ce fauteuil ; car c'est dans cette salle que je l'avais amenée avec son complice. Ce fauteuil est précisément celui sur lequel vous êtes assis, chevalier. Le baron d'Audierne, debout devant elle, attendait mes ordres, et je suis convaincu qu'il se croyait en ce moment bien près de sa dernière heure. Dès que votre sœur revint à elle j'appelai tous mes gens ; tous, sans exception : depuis mon maître d'hôtel jusqu'à mon dernier valet de chiens... Alors, désignant du geste Marie-Augustine, que l'incertitude et l'épouvante rendaient muette et à demi morte :

« — Mes amis, m'écriai-je, vous voyez cette femme que, jusqu'ici, vous avez crue digne de votre respect, parce que vous pensiez qu'elle portait mon nom ? Eh bien ! je vous avais trompés. Cette fille n'a jamais été ma femme légitime !... Elle n'était que ma maîtresse jadis, comme elle est aujourd'hui celle du baron d'Audierne ! Si je parle ainsi devant vous tous, c'est que, comme j'ai commis une faute en vous faisant honorer une méprisable créature, je me devais à moi-même, et je vous devais à vous aussi, de révéler publiquement la vérité tout entière. Et, maintenant, monsieur le baron peut emmener sa maîtresse à laquelle je renonce, et que je lui abandonne...

« Une heure après, ajouta le marquis, Marie-Augustine partait avec son amant.

— Et vous, mon cher ami, interrompit le comte, vous qui aviez pris au sérieux votre belle et ingénieuse invention, vous vous faisiez seller un bon cheval le soir même, et vous gagniez au galop la route de Fougueray, bien décidé à changer en réalité le conte dont vous veniez très-spirituellement de faire part à vos domestiques. Je vous le répète, c'était bien joué !... C'était tout bonnement de première force!... Nous devons reconnaître, et nous reconnaissons, croyez-le, qu'il vous était impossible de supposer un seul instant que le désir de voir notre sœur nous eût fait faire le voyage de Quimper, que l'épouse outragée nous rencontrât à quelques lieues à peine de ce château, et qu'elle nous racontât ce qui venait de se passer...

« Mais je le dis encore, marquis, vous ne pouviez savoir cela; de sorte qu'arrivé à Fougueray par une nuit sombre, vous vous fîtes indiquer la porte du presbytère. Le vieux prêtre qui avait célébré votre union l'habitait seul avec une servante. Intimidé par votre rang, convaincu surtout par vos pistolets, il consentit à vous laisser arracher du registre de la paroisse la feuille sur laquelle votre mariage se trouvait inscrit.

« Cela était d'autant mieux imaginé, que, sur les quatre témoins signataires, deux, le chevalier et moi, ne pouvions rien prouver en justice en raison de notre proche degré de parenté avec la victime, et que les deux autres étaient morts... Donc, la feuille enlevée, rien n'existait plus... La marquise de Loc-Ronan n'était désormais que mademoiselle de Fougueray. Vous affirmiez qu'elle avait été votre maîtresse et non votre femme; personne ne pouvait prouver le contraire... Aussi, comme vous étiez joyeux en reprenant la route de votre château! Vous étiez dégagé d'un lien qui commençait à vous peser; vous étiez libre!

— Ne dites pas cela, monsieur, interrompit le marquis avec émotion; à l'époque dont vous parlez, Dieu sait bien que j'aimais encore votre sœur! Oui, je l'aimais. Il a fallu, pour arracher cet amour de mon cœur, toutes les heures de jalousie, de tortures, d'angoisses, dont celle que vous défendez s'est montrée si prodigue à mon égard!... Il a fallu le déshonneur menaçant mon nom jusqu'alors sans tache, la boue prête à souiller l'écusson de mes ancêtres, pour me contraindre à un acte qu'aujourd'hui je réprouve!... Au reste, Dieu n'a pas voulu que l'accomplissement du forfait eût lieu dans toute son étendue, puisqu'il avait permis que, dans une intention que j'ignore, et avec cette prescience infernale qui n'appartient qu'à vous, vous eussiez pris d'avance le double de cet acte maudit !

— Dame! cher marquis! répondit le comte en souriant, nous avons joué au plus fin et vous avez perdu. Enfin, je reprends les choses où nous les avons laissées : lorsque vous partîtes de Fougueray, vous crûtes être libre, si bien libre même, et si peu marié que, deux années plus tard, à Rennes, vous vous épreniez d'amour pour une charmante jeune fille, et que, n'ayant aucunement entendu parler de votre ex-femme ni de vos ex-beaux-frères, vous pensâtes qu'en toute sécurité vous pouviez suivre les inspirations de votre cœur... Ce qui signifie que trente et un mois après votre séparation violente d'avec Marie-Augustine de Fougueray, vous devîntes l'époux heureux de Julie-Antoinette de Château-Giron.

« Rendez-nous la justice d'avouer que nous vous laissâmes jouir en paix des charmants délices de la lune de miel. Mais aussi quel réveil, lorsqu'après quelques semaines d'un bonheur sans nuages, du moins je me plais à penser qu'il fut tel, vous vous trouvâtes tout à coup face à face avec la première marquise de Loc-Ronan; lorsque, poussé sans doute par votre mauvais génie, vous voulûtes faire jeter notre sœur à la porte de l'hôtel que vous habitiez à Rennes, et qu'elle vous jeta, elle, son acte de mariage à la face !...

— Assez, misérable ! s'écria le marquis avec une telle

violence, que les deux interlocuteurs se levèrent spontanément, croyant à une attaque; assez! Osez-vous me rappeler ces heures douloureuses, vous qui ne songiez, au moment où vous me brisiez le cœur, qu'à exploiter ce secret au détriment de ma fortune et au profit de la vôtre? Rappelez-vous les sommes immenses que vous m'avez arrachées pour vous faire payer votre douteux silence !...

— Il ne s'agit pas de nous, mais de vous, interrompit le chevalier; et permettez-moi de vous faire observer que les grandes phrases inutiles ne feront qu'allonger la conversation... Si nous vous avons rappelé un passé peu agréable, c'était afin d'établir le présent sur de solides bases... Or, le présent, le voici : Vous avez deux femmes. L'une, Marie-Augustine de Fougueray, qui habite Paris sous un nom d'emprunt, suivant nos conventions, vous le savez. L'autre, Julie-Antoinette de Château-Giron, laquelle, en apprenant l'étrange position que vous lui aviez faite, a voulu se retirer du monde et s'enfermer dans un cloître. Vous et la famille de cette femme aviez trop d'intérêt à étouffer l'affaire pour que l'on essayât de s'opposer à ses volontés. Bref, vous avez en ce moment deux femmes, marquis de Loc-Ronan, et deux femmes bien vivantes. Or, la polygamie, vous le savez, a toujours été un cas pendable en France, et la pendaison une vilaine mort pour un gentilhomme !

— Allez droit au fait, interrompit encore le marquis, quelle somme vous faut-il aujourd'hui ?

— Aucune, répondit le chevalier.

— Aucune, appuya le comte.

Le seigneur de Loc-Ronan demeura un moment interdit.

— Que voulez-vous donc ? demanda-t-il lentement.

— Écoutez le chevalier, et vous allez le savoir.

— Soit ! parlez vite.

— Je m'explique en quelques mots, fit le chevalier en s'inclinant avec cette politesse railleuse qui ne l'avait pas abandonné un seul moment durant cette longue conversation. Nous avons pensé, mon frère et moi, qu'il serait fâcheux que le vieux nom de Loc-Ronan vînt à s'éteindre. Or, vous avez deux femmes, c'est un fait incontestable ; mais d'enfants, point ! Eh bien ! cette lacune qui doit assombrir un peu vos pensées, nous avons résolu de la combler... A partir de ce jour, vous allez être père. Vous comprenez ?

— Nullement.

— Allons donc ! impossible ?

— Je ne comprends pas le sens de vos paroles, je le répète, et je vous serai fort reconnaissant de bien vouloir me l'expliquer.

— Eh ! s'écria le comte avec impatience, notre sœur est votre femme, n'est-il pas vrai ?

— C'est possible.

— Nul arrêt de parlement n'a annulé votre mariage ; elle peut reprendre votre nom demain, si bon lui semble...

— Je le reconnais.

— Et vous connaissez sans doute aussi certaine axiome en droit romain qui dit : *Ille pater est, quem nuptiæ demonstrant ?*

— Vraiment, je crois que je commence à comprendre, fit le marquis en conservant un calme et une froideur bien étranges chez le fougueux gentilhomme.

— C'est, pardieu, bien heureux !

— N'importe, achevez !

— Donc, si votre femme est mère, vous, marquis, vous êtes père ! Voilà !

— Ainsi donc, monsieur le comte de Fougueray, ainsi donc, monsieur le chevalier de Tessy, ce que vous êtes venus me proposer à moi, marquis de Loc-Ronan, c'est d'abriter sous l'égide de mon nom ce fruit honteux d'un infâme adultère ? c'est de consentir à admettre dans ma famille, à donner pour descendant à mes aïeux l'enfant né d'un crime, le fils d'une courtisane; car votre sœur, messieurs, n'est qu'une courtisane, et vous le savez comme moi !...

En parlant ainsi d'une voix brève et sèche, le marquis, les bras croisés sur sa large poitrine, dardait sur ses interlocuteurs des regards d'où jaillissait une flamme si vive qu'ils ne purent en supporter l'éclat. Les misérables courbèrent un moment la tête. Cependant le comte se remit le premier, et répondit avec un sourire :

— Eh ! mon cher marquis !... vous forgez de la tragédie à plaisir ! Qui diable vous parle du fruit d'un adultère ? Je vous ai dit : Supposez ! Je ne vous ai pas dit : Cela est ! Bref, voici la vérité; Il existe, de par le monde, un enfant mâle âgé de huit ans, bien constitué, et beau comme un Amour de Boucher ou de Watteau. A cet enfant, le chevalier et moi nous nous intéressons vivement. Or, il est orphelin. Pour des raisons qu'il ne nous plaît pas de vous communiquer, nous ne pouvons personnellement rien pour lui. Il faut donc que vous nous veniez en aide. Voici ce que vous aurez à faire. Adopter cet enfant, et le reconnaître comme un fils issu de votre mariage avec Marie-Augustine. Lui transmettre votre nom et votre fortune, à l'exception d'une rente viagère de douze mille livres que vous vous conserverez. Enfin, nous nommer, le chevalier et moi, tuteurs de votre fils. Mais l'acte doit être fait de telle sorte que nous ayons la libre et immédiate gestion des biens, meubles et immeubles, que nous puissions vendre, aliéner, réaliser, échanger à notre volonté, comme si vous étiez réellement mort.

— Après ? demanda le marquis.

— Après ? mais je crois que ce sont là les articles principaux. Au reste, voici un modèle fort exact de l'acte que vous devez faire dresser.

Et le comte tendit au gentilhomme un cahier de papiers manuscrits.

— Et si je refuse de donner mon nom à un enfant que je ne connais pas et qui pourra le déshonorer un jour, si je ne consens pas à me dépouiller de toute ma fortune en votre faveur, vous me menacez, comme toujours, de divulguer le secret qui me lie à vous, n'est-ce pas ?

— Hélas ! vous nous y contraindriez ! dit mielleusement le chevalier. Et vilaine mort que cette mort par la potence !... Mort infamante qui entraîne avec elle la dégradation de noblesse, vous ne l'ignorez pas, marquis ?

— Eh bien ! messieurs, voici ma réponse : Vous êtes fous tous les deux !

— Vous croyez ? fit le comte d'un ton railleur.

— Oui, vous êtes fous; car vous n'avez pas réfléchi que je préférerais toujours la mort au déshonneur, mais qu'avant de me frapper je vous tuerais tous deux, vous, mes bourreaux ! Non ! non ! je n'introduirai pas quelque ignoble rejeton d'une souche odieuse dans la noble lignée des Loc-Ronan ! Non ! non ! je ne dépouillerai pas, moi, les héritiers de mon choix de ce que m'ont légué mes aïeux ! Non ! non ! je ne jetterai pas entre vos mains avides une fortune que vous iriez fondre au creuset de vos passions infâmes !... Allons ! comte de Fougueray ! allons, chevalier de Tessy ! nous devons mourir tous trois ensemble, et nous mourrons cette nuit même.

En disant ces mots, le marquis avait saisi les pistolets

que Jocelyn lui avait apportés. Les armant rapidement, il s'était élancé au-devant de la porte. Le comte de Fougueray, lui aussi, avait pris ses armes. Les deux hommes, se menaçant réciproquement d'une double gueule de fer prête à vomir la mort, restèrent un moment immobiles. La porte s'ouvrit brusquement, et Jocelyn, complétant le tableau, parut sur le seuil, un mousquet à la main. Il mit en joue le chevalier.

Une catastrophe terrible était imminente. Quelques secondes encore, et ces quatre hommes forts et vigoureux allaient s'entre-tuer sans merci ni pitié. La résolution du marquis se lisait si nettement arrêtée sur son visage, que le comte de Fougueray, avec lequel il se trouvait face à face, devint pâle comme un linceul. Néanmoins il sut conserver une apparente fermeté.

— Marquis de Loc-Ronan! dit tout à coup le chevalier, souvenez-vous que, nous une fois morts, ceux qui doivent nous venger le feront sur Marcof le Malouin.

— Qu'avez-vous dit? Quel nom venez-vous de prononcer? s'écria le marquis dont les mains défaillantes laissèrent échapper les armes.

— Celui de votre frère naturel, lui répondit le chevalier à l'oreille, de manière à ce que Jocelyn ne pût entendre ces quelques mots; vous voyez que vous êtes bien et complètement entre nos mains. Renvoyez donc ce valet, plus de violence, et agissez, ainsi que nous le demandons, au mieux de nos intérêts.

Jocelyn sortit sur un signe de son maître.

— Eh bien? demanda le comte, lorsque les trois hommes se trouvèrent seuls de nouveau.

— Eh bien! répondit lentement le marquis, je vais réfléchir à ce que vous exigez de moi!... En ce moment, il me serait impossible de continuer la discussion. Nous sommes aujourd'hui au 25 juin, car voici le soleil qui se lève; revenez le 1er juillet, messieurs, et alors vous aurez ma réponse... Telle est ma résolution formelle et inébranlable.

— Nous acceptons votre parole, répondit le comte; le 1er juillet, au lever du soleil, nous serons ici.

Les deux hommes saluèrent froidement, sortirent de la salle basse et traversèrent la cour précédés par Jocelyn, lequel referma sur eux les grilles du château. Ceci fait, il accourut auprès de son maître. Le marquis, sombre et résolu, parcourait vivement la vaste pièce.

— Jocelyn! dit-il à son vieux serviteur en le voyant entrer, tu vois que je ne m'étais pas trompé, tu vois qu'il faut agir, et agir sans retard. Je puis toujours compter sur toi?

— Quoi! vous voulez? s'écria Jocelyn avec épouvante.

— Il le faut, répondit froidement le marquis. Point d'observation, Jocelyn. Les gens du château vont s'éveiller, et ils ne doivent pas nous trouver debout si matin. Je rentre dans mes appartements. Tu monteras à huit heures.

Jocelyn s'inclina et le marquis gagna la chambre où se trouvait le portrait de vieillard que Marcof avait embrassé en partant cette même nuit.

IX

DIÉGO ET RAPHAEL.

Le chevalier de Tessy et le comte son frère s'étaient éloignés assez vivement du château, se retournant de temps à autre comme s'ils eussent craint d'entendre siffler à leurs oreilles quelques balles de mousquet ou de carabine. Arrivés au bas de la côte, ils frappèrent à la porte d'une humble cabane, laquelle ne tarda pas à s'ouvrir. Un domestique parut sur le seuil. En apercevant les deux gentilshommes, il salua respectueusement, courut à l'écurie, brida deux beaux chevaux normands auxquels on n'avait point enlevé la selle, et, les attirant à sa suite, il les conduisit vers l'endroit où les deux gentilshommes attendaient. Le chevalier se mit en selle avec la grâce et l'aisance d'un écuyer de premier ordre. Le comte, gêné par un embonpoint prononcé, enfourcha néanmoins sa monture avec plus de légèreté qu'on n'aurait pu en attendre de lui.

— Picard, dit-il au valet qui lui tenait l'étrier, vous allez retourner à Quimper. — Vous direz à madame la baronne, que nous serons de retour demain matin seulement.

Le valet s'inclina et les deux cavaliers, rendant la bride à leurs montures, partirent au trot dans la direction de Penmarckh.

— Sang de Dieu! caro mio! fit le comte en ralentissant quelque peu l'allure de son cheval et en frappant légèrement sur l'épaule du chevalier, sang de Dieu! carissimo! nos affaires sont en bonne voie! Que t'en semble?

— Il me semble, Diégo, répondit le chevalier en souriant, que nous tenons déjà les écus du bélître!

— Corps du Christ! nous les aurons entre les mains avant qu'il soit huit jours.

— Il adoptera Henrique, n'est-ce pas?

— Certes!

— Hermosa va nager dans la joie!...

— Ma foi! je lui devais bien de lui faire ce plaisir, n'est-ce pas, Raphaël, à cette chère belle?

— D'autant plus que cela nous rapportera beaucoup.

— Oui, carissimo! et notre avenir m'apparaît émaillé de fêtes et d'amours.

— Nous quitterons Paris, j'imagine?

— Sans doute.

— Et où irons-nous, Diégo?

— Partout, excepté à Naples!

— Corpo di Bacco! je le crois aisément. Quittons Paris, d'accord, on ne saurait trop prendre de précautions; mais pourquoi fuir la France?

— Parce que, après ce qui nous reste encore à faire dans ce pays, mon très-cher, nous ne serions pas plus en sûreté à Marseille, à Bordeaux ou à Lille qu'au centre même de Paris. Mon bon chevalier, nous irons à Séville, la cité par excellence des petits pieds et des beaux grands yeux, la ville des sérénades et des fandangos! Grâce à notre fortune, nous y vivrons en grands seigneurs. Cela te va-t-il?

— Touche-là, Diégo!... C'est convenu.

— Convenu et parfaitement arrêté.

— Et Hermosa?

— Son fils aura un nom, elle touchera sa part de l'argent, ma foi, elle fera ce qu'elle voudra... Si elle souhaite venir avec nous, je n'y mettrai nul obstacle...

— Palsambleu! la belle vie que nous mènerons à nous trois...

— En attendant, songeons au présent et veillons à ce qui se passe autour de nous; car, tu le sais, chevalier, ce brave Marat est un ami précieux, mais il entend peu la plaisanterie en matière politique, et ma foi, à la façon dont tournent les choses, je pense toujours avec un secret frisson à cette ingénieuse machine de M. Guillotin, que l'on a essayée devant nous à Bicêtre, le 15 avril dernier, avec de si charmants résultats...

— Eh bien!... quel rapport établis-tu entre cette ingénieuse machine, comme tu l'appelles, et notre excellent ami Marat?

— Eh! c'est pardieu bien lui qui l'établit, ce rapport, puisqu'il répète à satiété dans ses conversations intimes qu'il faut faire tomber deux cent mille têtes. Or, l'invention de M. Guillotin arrivant tout à souhait pour réaliser son désir, je trouve la circonstance de fâcheux augure...

— Bah! que nous importe qu'on fauche deux ou trois cent mille têtes, pourvu que les nôtres soient toujours solides sur nos épaules? Allons, Diégo, depuis quand as-tu donc une telle horreur du sang répandu?...

— Depuis que je n'ai plus besoin d'en verser pour avoir de l'or! répondit à voix basse le comte de Fougueray en se penchant vers son compagnon.

— Oui, je comprends ce raisonnement, et j'avoue qu'il ne manque pas de justesse; mais, crois-moi, laissons Marat agir à sa guise, et servons-le bien. S'il ne nous paie pas en argent, il nous laissera nous payer nous-mêmes comme nous l'entendrons, et nous n'aurons pas à nous plaindre, je te le promets.

— Je l'espère aussi.

— En ce cas, hâtons le pas et pressons un peu nos chevaux.

— C'est difficile par ce chemin d'enfer tout pavé de rochers glissants, répondit le comte en relevant vertement sa monture qui venait de faire une faute.

Les deux hommes avaient, tout en causant, atteint les hauteurs de Penmarckh, et suivaient la crête des falaises dans la baie des Trépassés, qui avait failli devenir si funeste, la veille au soir, au lougre de Marcof. Le soleil s'élevant rapidement derrière eux, donnait aux roches aiguës des teintes roses, violettes et orangées, des reflets aux splendides couleurs, des tons d'une chaleur et d'une magnificence capables de désespérer le pinceau vigoureux de Salvator Rosa lui-même. La brise de mer apportait jusqu'à eux les âcres parfums de ses émanations salines. Les mouettes, les goëlands, les frégates décrivaient mille cercles rapides au-dessus de la vague poussée par la marée montante, et venaient se poser, en poussant un cri aigu, sur les pics les plus élevés des falaises. Le ciel pur et limpide reflétait dans l'Océan calme et paresseux l'azur de sa coupole. Aux pieds des voyageurs, au fond d'un abîme profond à donner le vertige, s'élevaient les cabanes des habitants de Penmarckh. En dépit de leur nature matérialiste, les deux cavaliers arrêtèrent instinctivement leurs montures pour contempler le spectacle grandiose qui s'offrait à leurs regards.

— Corbleu! chevalier, fit le comte en rompant le silence, l'aspect de ce pays a quelque chose de vraiment original! Ces falaises, ces rochers sont splendidement sauvages, et j'aime assez, comme dernier plan, cette mer azurée qui n'offre pas de limites au tableau...

— Cher comte, répondit le chevalier, l'Océan ne vaut pas la Méditerranée; ces falaises et ces blocs de rochers ne peuvent lutter contre nos forêts des Abruzzes, et j'avoue que la vue de la baie de Naples me réjouirait autrement le cœur que celle de cette crique étroite et déchirée.

— A propos, cher ami, c'était dans cette crique que Marcof avait jeté l'ancre hier soir, et le diable m'emporte si je vois l'ombre d'un lougre!

— En effet, la crique est vide.

— Il a donc mis à la voile ce matin, ce Marcof enragé?

— Probablement.

— Diable !

— Cela te contrarie ?

— Mais, en y réfléchissant, je pense, au contraire, que ce départ est pour le mieux.

— Sans doute. Marcof est difficile à intimider, et si le marquis de Loc-Ronan avait eu la fantaisie de lui demander conseil...

— Ne crains pas cela, Raphaël, interrompit le comte. Le marquis ne révélera jamais un tel secret à son frère. Non, ce qui me fait dire que le départ de Marcof nous sert, c'est que, tu le sais comme moi, jadis cet homme, lui aussi, a été à Naples, et qu'il pourrait peut-être nous reconnaître, s'il nous rencontrait jamais.

— Impossible, Diégo ! Il ne nous a parlé qu'une seule fois.

— Il a bonne mémoire.

— Alors tu crains donc ?

— Rien, puisqu'il est absent. Seulement je désirerais fort savoir combien de jours durera cette absence. Eh ! justement, voici venir à nous des braves Bretons et une jolie fille qui seront peut-être en mesure de nous renseigner.

Trois personnages en effet gravissant un sentier taillé dans les flancs de la falaise, se dirigeaient vers les cavaliers. Ces trois personnages étaient le vieil Yvon, sa fille et Jahoua. Les promis et le père avaient voulu aller remercier Marcof, et n'avaient quitté Penmarckh que lorsque le lougre avait repris la mer. Puis, après être demeurés quelque temps à le suivre au milieu de sa course périlleuse à travers les brisants, ils reprenaient le chemin de Fouesnan. En apercevant les deux seigneurs, dont les riches costumes attirèrent leurs regards, ils s'arrêtèrent d'un commun accord.

— Dites-moi, mes braves gens, fit le comte en s'avançant de quelques pas.

— Monseigneur, répondit le vieillard en se découvrant avec respect.

— Nous venons du château de Loc-Ronan, et nous craignons de nous être égarés. Où conduit la route sur laquelle nous sommes ?

— En descendant à gauche, elle mène à Audierne en passant par la route des Trépassés.

— Et, à droite, en remontant ?

— Elle va à Fouesnan.

— Merci, mon ami...

— A votre service, monseigneur.

Pendant ce dialogue, le chevalier de Tessy contemplait avec une vive admiration la beauté virginale de la charmante Yvonne.

— Vive Dieu ! s'écria-t-il en se mêlant à la conversation, si toutes les filles de ce pays ressemblent à cette belle enfant, Mahomet, je le jure, y établira quelque jour son paradis, et, quitte à damner mon âme, je me ferai mahométan !

— Silence ! Vous scandalisez ces honnêtes chrétiens ! fit observer le comte.

Puis, se retournant vers Yvon :

— N'y avait-il pas un lougre dans la crique hier au soir ? demanda-t-il.

— Si fait, monseigneur.

— Qu'est-il devenu ?

— Il a mis à la voile, ce matin même.

— Savez-vous où il allait ?

— A Paimbœuf, je crois.

— Comment s'appelle le patron ?

— Marcof le Malouin, monseigneur.

— C'est bien cela. Et quand revient-il, ce lougre ?

— Dans douze jours si la mer est bonne.

— Merci de nouveau, mon brave. Comment vous nommez-vous ?

— Yvon pour vous servir.

— Et cette belle fille que mon frère trouve si charmante est votre fille, sans doute ?

— Oui, monseigneur.

— Et ce jeune gars est-il votre fils ?

— Il le sera bientôt. Dans six jours, à compter d'aujourd'hui, Jahoua épouse Yvonne.

— Ah ! ah ! interrompit le chevalier ; et s'adressant à Yvonne : Puisque vous allez vous marier, ma jolie Bretonne, et que ce mariage tombe le premier juillet, jour que notre ami le marquis de Loc-Ronan nous a priés de lui consacrer tout entier, je prétends aller avec lui jusqu'à Fouesnan pour assister à votre union et pour vous porter mon cadeau de noces.

— Monseigneur est bien bon, balbutia Yvonne en ébauchant une révérence.

— Monseigneur nous comble ! ajouta Jahoua en saluant profondément.

— Maintenant, bonnes gens, allez à vos affaires et que le ciel vous conduise ! reprit le comte avec un geste tout à fait aristocratique, et qui sentait d'une lieue son grand seigneur.

Yvonne et les deux Bretons saluèrent une dernière fois, et continuèrent leur route non pas sans se retourner pour admirer encore les riches costumes des voyageurs et la beauté de leurs chevaux.

— Qu'est-ce que c'est que cette fantaisie d'aller à la noce ? demanda le comte en souriant, et en dirigeant sa monture vers l'embranchement de la route qui conduisait à Audierne.

— Est-ce que tu ne trouves pas cette petite fille ravissante ?

— Si, elle est gentille.

— Mieux que gentille !... Adorable ! divine !...

— Te voilà amoureux ?

— Fi donc ! La Bretonne me plaît ; c'est une fantaisie que je veux contenter, mais rien de plus.

— Puisqu'elle se marie...

— Bah ! d'ici à six jours nous avons dix fois le temps d'empêcher le mariage.

— Soit ! agis à ta guise ; mais en attendant hâtons-nous un peu, sinon nous n'arriverons jamais assez tôt !...

— Connais-tu le chemin ?

— Parfaitement.

— Il nous faut descendre jusqu'à la baie, n'est-ce pas ?

— Oui ; il nous attendra sur la grève même, et, grâce à la superstition qui fait de cet endroit le séjour des spectres et des âmes en peine, il est impossible que nous puissions être dérangés dans notre conversation...

— Allons, essayons de trotter, si toutefois nos chevaux peuvent avoir pied sur ces miroirs.

Et les deux cavaliers pressant leurs montures, les soutenant des jambes et de la main pour éviter un accident, allongèrent leur allure autant que faire se pouvait. Ils parcoururent ainsi une demi-lieue environ, toujours sur la crête des falaises. Enfin, arrivés à un endroit où un sentier presque à pic descendait vers la grève, ils mirent pied à terre, et, reconnaissant l'impossibilité où se trouvaient leurs chevaux d'effectuer cette descente périlleuse, ils les attachèrent à de gros troncs d'arbres dont les cimes mutilées avaient attiré plus d'une fois le feu du ciel.

— Nous sommes donc arrivés? demanda le chevalier.

— Il ne nous reste plus qu'à descendre.

— Mais c'est une opération de lézards que nous allons tenter là, mon cher!...

— Rappelle-toi nos escalades dans les Abruzzes, Raphaël, et tu n'hésiteras plus.

— Oh! je n'hésite pas, Diégo. Tu sais bien que je n'ai jamais eu peur.

— C'est vrai, tu es brave...

— Et défiant, ajouta le chevalier. C'est pourquoi je te prie de passer le premier.

— Tu te défies donc de moi, Raphaël?

— Dame! cher Diégo, nous nous connaissons si bien!...

Le comte ne répondit point; et, passant devant le chevalier, il se disposa à entreprendre sa descente. L'opération était réellement difficile et périlleuse. Il fallait avoir la main prête à s'accrocher à toutes les aspérités, le pied sûr, l'œil ferme, et un cerveau à l'abri des fascinations du vertige pour l'accomplir sans catastrophe. Aussi les deux hommes, employant tout ce que la nature leur avait donné d'agilité, de force et de sang-froid, ne négligèrent-ils aucune précaution pour éviter un accident fatal. Enfin ils touchèrent la grève.

Ils étaient alors au centre d'une petite baie semi-circulaire, cachée à tous les regards par d'énormes blocs de rochers qui surplombaient sur elle, et qui, depuis la haute mer, semblaient une simple crevasse dans la falaise. Les vagues, même en temps calme, se brisaient furieuses sur cette plage encombrée de sinistres débris.

— C'est la baie des Trépassés? demanda le chevalier en regardant autour de lui.

— Oui, répondit le comte; et élevant le doigt dans la

direction opposée, c'est-à-dire vers l'extrême limite de l'un des promontoires, il ajouta : — Voici l'homme auquel nous avons affaire.

En effet, debout et immobile sur un quartier de roc contre lequel déferlaient les lames, on apercevait un personnage de haute taille, la tête couverte d'un vaste chapeau breton, le corps entouré d'un vêtement indescriptible, assemblage étrange de haillons, la main droite appuyée sur un long bâton ferré.

X

IAN CARFOR.

En voyant les deux étrangers s'avancer vers lui, l'homme descendit à son tour sur la grève et se dirigea vers eux. Quand ils furent à quelques pas seulement les uns des autres, ils s'arrêtèrent.

— Ian Carfor, dit le comte, me reconnais-tu ?

Le berger demeura pendant quelques secondes immobile ; puis relevant la tête, il fixa sur les deux étrangers un regard froid et investigateur.

— D'où viens-tu ? demanda-t-il d'une voix lente.

— De la cité de l'oppression, répondit gravement le comte.

— Où vas-tu ?

— A la liberté.

— Pour qui est ta haine ?

— Pour les tyrans !

— Que portes-tu ?

— La mort !

— Suivez-moi tous deux.

Et Ian Carfor, marchant le premier, conduisit le comte

et le chevalier vers l'entrée d'une petite grotte creusée dans le rocher, et que la mer devait envahir dans les hautes marées. Il fit signe aux deux hommes de s'asseoir sur un banc de mousse et de fougère. Lui-même s'installa sur une grosse pierre. La conversation continua entre Ian et le comte. Le chevalier paraissait avoir accepté le rôle de témoin muet.

— Tu veux des nouvelles? demanda Ian Carfor.

— Sans doute. Le pays se remue?

— Avant quinze jours il sera en armes!

— Qui commande ici?

— Le marquis de Loc-Ronan; qui correspond avec le marquis de la Rouairie.

— Ainsi, Marat avait dit vrai! fit le comte en s'adressant cette fois au chevalier. Tu le vois, la Bretagne va se soulever.

— Eh bien, qu'elle se soulève! répondit le chevalier avec indifférence; cela nous servira.

— Mais cela ne servira pas la France, citoyens! s'écria brusquement une voix venant du fond de la grotte, où régnait une obscurité complète.

Le comte et son compagnon se levèrent vivement et avec une surprise mêlée d'effroi. Ian Carfor ne bougea pas

— Qui donc nous écoute? demanda le comte avec hauteur.

— Quelqu'un qui en a le droit, répondit la voix.

Et un nouvel interlocuteur, sortant des ténèbres, vint se placer en pleine lumière.

— Quelqu'un qui a le droit de t'entendre, citoyen Fougueray, continua-t-il, et qui trouve étrange la réponse de ton compagnon!

— Billaud-Varenne! murmura le comte en reculant d'un pas.

— Eh ! pourquoi diable trouves-tu ma réponse étrange? demanda le chevalier, sans rien perdre de son aisance ordinaire.

— Parce qu'elle n'est pas d'un bon citoyen.

— Qu'en sais-tu ?

— Tu souhaites la rébellion de ce pays.

— Je la souhaite pour qu'il nous soit plus facile de connaître les traîtres, et par conséquent de les châtier.

— Bien répondu ! s'écria Ian Carfor. Celui-là est un bon !...

— C'est vrai, dit Billaud-Varenne. C'est le chevalier de Tessy, et je n'ignore pas les services qu'il nous a déjà rendus.

— Sans compter ceux qu'il peut rendre encore !

— Reprenez donc vos places, citoyens, et causons donc sérieusement, car, ainsi que vous l'a dit Ian Carfor, la situation est grave, et la guerre civile imminente. Déjà la Vendée se remue ; la Bretagne ne tardera pas à suivre son exemple...

Alors les quatre personnages enfermés dans l'étroite demeure du berger entamèrent une de ces longues conversations politiques, telles que pouvaient les avoir des amis de Marat et de Billaud-Varenne.

Le soleil était déjà haut sur l'horizon lorsque la séance fut levée. Au moment où les quatre hommes allaient se séparer, Billaud-Varenne s'adressa au berger.

— Ian Carfor, lui dit-il, tu nous as promis de nous tenir au courant des messages qui seraient échangés entre La Rouairie et Loc-Ronan ?

— Oui, je l'ai promis et je le promets encore, répondit le berger.

— Tu ne nous as pas expliqué par quels moyens tu parviendrais à te renseigner toi-même ?

— C'est bien simple. L'agent entre les deux marquis est Marcof.

— Oui ; mais Marcof n'est pas facile à exploiter...

— C'est possible, citoyen; mais il a pour ami un garçon en qui il a une confiance absolue, et qui se nomme Keinec. Or, Keinec me dira tout, j'en réponds. Je le surveille à cet effet, et ce soir même il sera à moi.

— Très-bien ! Seconde-nous, sois fidèle, et la patrie se montrera reconnaissante, reprit Billaud-Varenne.

Puis, s'adressant aux deux gentilshommes, il ajouta :

— Adieu, citoyens : je pars, je vous laisse; mais il est bien convenu que vous séjournerez encore trois mois dans ce pays. J'ai dans l'idée que le mois de septembre prochain nous sera favorable, à nous et à nos amis; et si nous frappons un grand coup à Paris, il est urgent que dans les provinces il y ait des têtes et des bras qui nous soutiennent.

En disant ces mots, qu'il accentua par un geste énergique, le futur terroriste salua lestement les trois hommes et s'éloigna. Il gravit, non sans quelque difficulté, un petit sentier, moins escarpé cependant que celui par lequel étaient descendus le comte et le chevalier, et situé au flanc opposé de la baie. Arrivé sur la falaise, il se retourna, salua de la main une dernière fois, et prit, selon toute apparence, la direction de Quimper. A peine eut-il disparu, que le chevalier, pressant le bras du comte pour l'entraîner à l'écart, lui dit à voix basse :

— Est-ce que tu comptes lui obéir, Diégo, et rester ici encore trois mois?

— Allons donc ! quelle plaisanterie ! Nous agirons pour notre compte et non pour le leur et pour celui de leur patrie bien-aimée, qu'ils ne songent qu'à ensanglanter.

— Donc, nous resterons ici ?...

— Tant que nous le jugerons convenable à nos intérets.
— Et ensuite?
— Nous partirons.
— A merveille.
— Or çà, très-cher, continua le comte de Fougueray, il me paraît que notre mission diplomatique est terminée et que nous n'avons plus rien à faire ici. Le soleil descend rapidement vers la mer; mon estomac est creux comme le tonneau des Danaïdes, songeons un peu, s'il vous plaît, à regagner l'endroit où nous avons laissé nos chevaux et à trouver pour cette nuit bonne table et bon gîte!...
— Un instant, j'ai quelques mots à dire à Ian Carfor.
— Encore de la politique?
— Non pas!
— Quoi donc?
— Il s'agit d'amour, cette fois.
— Qu'est-ce que cette folie, chevalier?
— Folie ou non, la petite Bretonne me tient fort au cœur!
— La Bretonne de ce matin?
— Oui!
— Une paysanne!... fi!
— Je ne fais jamais fi d'une charmante créature! Paysanne ou duchesse, je les estime autant l'une que l'autre, et, pour les femmes seulement, j'admets l'égalité absolue.
— L'égalité comme la comprend si bien ce bon M. de Robespierre?...
— Précisément.
— Et tu crois que Carfor peut quelque chose pour toi?
— Je n'en sais rien.... Je vais le lui demander.
— Demande, cher, demande! Pendant ce temps, je vais

admirer le paysage ; j'aime la belle nature, moi, voilà mes seules amours !

Et le comte de Fougueray, après avoir émis cette réflexion philosophique, commença une promenade sur la grève les mains enfoncées dans les poches de sa veste de satin, la tête légèrement inclinée sur l'épaule droite, dans une attitude toute gracieuse.

Le chevalier se rapprocha du berger.

— Carfor ! dit-il.

— Monsieur le chevalier ! répondit l'agent révolutionnaire avec plus de respect qu'il n'en avait affecté en présence de Billaud-Varenne.

— Tu habites ce pays depuis longtemps?

— Depuis quinze ans.

— Tu connais tout le monde?

— A dix lieues à la ronde, sans exception.

— Très-bien ! J'ai besoin de toi. Aimerais-tu gagner cinquante louis d'un seul coup?

Les yeux de Ian Carfor lancèrent des éclairs; mais éteignant soudain ces lueurs compromettantes, il répondit :

— On n'est jamais fâché de gagner honnêtement sa vie.

— Bien ! Nous nous entendrons... Connais-tu un paysan qui s'appelle Yvon et qui a pour fille une jolie enfant, aux yeux noirs et aux cheveux blonds?

— Et qui est fiancée au fermier Jahoua ?... ajouta Carfor. Je connais le père et la fille !... ils habitent Fouesnan.

— C'est cela même, je les ai rencontrés ce matin ; la petite m'a plu, et je serais assez disposé à l'emmener à Paris avec moi.

— Vous voulez lui faire quitter le pays ?

— Oui.

— Eh bien ! cela peut se faire...

— Tu crois?

— J'en réponds.
— Avant son mariage, s'entend ?
— Avant son mariage.
— Corbleu ! si nous réussissons, il y aura deux cents louis pour toi !
— Je les accepterai, monsieur; mais si vous ne me donniez rien, je vous aiderais tout de même, foi de Breton !
— Bah ! Quel intérêt as-tu donc à tout cela, toi ?
— Celui de la vengeance.
— Contre Yvonne ?
— Ne m'interrogez pas ! Je ne répondrais rien ! Tout ce que je puis affirmer, c'est que la belle se marie le 1er juillet prochain, à dix heures du matin. Eh bien ! ce même jour, vous entendez ? ce même jour, à la tombée de la nuit, elle sera en route avec vous...
— Et les moyens sur lesquels tu comptes pour opérer ce miracle ?
— Je les ai, et je me charge de tout.
— Quand devrai-je te revoir ?
— Le 1er juillet, ici même, à quatre heures de relevée !
— Et voilà dix louis d'à-compte, mon brave !... fit le chevalier en jetant sa bourse dans la main de Carfor. Au 1er juillet je serai exact, je t'en préviens !

Et le chevalier pirouettant vivement sur le talon, chiffonna son jabot d'une main assez élégante, et, tendant la pointe en homme qui croit à une victoire prochaine, il se dirigea vers le comte.

— Eh bien ? lui demanda celui-ci.
— Eh bien, cher, si Hermosa part avec nous, nous partirons quatre.
— Vraiment !
— D'honneur ! ce Carfor est un homme précieux ! Ça,

mon excellent ami, je me sens maintenant tout à fait disposer à fêter un solide repas!... Si vous le trouvez bon, en route!

— Volontiers, répondit le comte.

Et les deux hommes, prenant congé de Carfor, regagnèrent le sentier périlleux qu'ils se mirent en devoir d'escalader.

— Je préfère cent fois cela!... murmura Carfor en les suivant d'un œil distrait. Cette vengeance vaut mieux que toutes celles qu'aurait pu me procurer Keinec! Mais lui aussi me servira!

XI

LE SORCIER DE PENMARCKH.

C'était pour la nuit même de ce jour, lendemain de la Saint-Jean, que le sorcier avait donné rendez-vous au triste amoureux de la belle Yvonne. Keinec attendait avec impatience l'heure de se rendre à la baie des Trépassés. Enfin la nuit vint; dix heures sonnèrent à la petite église de Penmarckh. Keinec, alors, se dirigea vers la crique en portant sur ses épaules le bouc noir, et sous son bras les poules blanches que Carfor avait demandés.

Arrivé sur la plage, il détacha un canot, il y jeta son paquet, il sauta légèrement à bord et poussa au large. En marin consommé, en homme intrépide, Keinec allait braver les rochers et les âmes errantes de la baie des Trépassés; il se rendait par mer à la sinistre demeure du sorcier. A onze heures et demie, il abordait devant la grotte. Carfor était accroupi sur le rivage, occupé, en apparence, à contempler les astres.

— Te voilà, mon gars? dit-il avec étonnement.

— Ne m'attendais-tu pas? répondit Keinec.
— Si fait; mais pas par mer...
— Pourquoi?
— Parce que je pensais que tu aurais peur des esprits...
— Je n'ai peur ni des morts ni des vivants, entends-tu!...
— Ah! tu es un brave matelot!...
— Il ne s'agit pas de cela. Tu sais ce qui m'amène? Voici le bouc noir, voici les poules blanches, voilà ma carabine, de la poudre et des balles. Tu as tout ce que tu m'as demandé!
— Je le vois.
— Eh bien! Parle vite!...
— Tu le veux, Keinec?
— Parle, te dis-je!
— Écoute-moi donc!
— Attends! interrompit Keinec. Avant de commencer, rappelle-toi quelle est ma volonté inflexible!... il faut, ou qu'Yvonne soit ma femme! ou qu'elle meure! ou que je meure moi-même!...
— Tu n'es pas venu ici pour ordonner!... s'écria Carfor avec violence, mais bien pour obéir! Orgueilleux insensé, courbe la tête! J'ai interrogé les astres la nuit dernière, et voici ce qu'ils m'ont répondu :
« Jahoua épousera Yvonne, et pourtant Yvonne ne sera pas la femme de Jahoua!...
— Que veux-tu dire? demanda Keinec.
— Je veux dire que le mariage à l'église aura lieu quoi que tu tentes pour l'empêcher, car, jusqu'à l'heure où le prêtre aura béni les promis, Jahoua sera invulnérable pour tes balles!...
— Invulnérable?

— Au moment où il sortira de l'église, il cessera d'être défendu contre toi !... Écoute encore, Keinec, et ne prends pas une résolution avant de m'avoir entendu jusqu'au bout !... Yvonne aime Jahoua. Ne tourmente pas ainsi la batterie de ta carabine et écoute toujours, car je te dis la vérité !... Yvonne aime Jahoua. Yvonne ne pardonnera jamais à son meurtrier si elle le connaît; il faut donc que Jahoua meure, mais il faut aussi que sa fiancée ignore toujours quelle est la main qui l'aura frappé! Jahoua doit paraître mourir par un accident. Le jour fixé pour le mariage est celui de la fête de la Soule! C'est le village de Fouesnan qui, cette année, disputera le prix au village de Penmarckh : les vieillards l'ont décidé. Ce hasard semble fait pour toi !... tu sais qu'il y a souvent mort d'homme à la fête de la Soule?

— Je le sais.

— Eh bien! ce jour-là Jahoua peut mourir.

— Après?

— Yvonne pleurera son fiancé; mais Yvonne est coquette! les femmes le sont toutes! Quand le temps aura calmé sa douleur, elle pensera aux beaux justins et aux jupes de couleurs vives. Elle écoutera, comme elle l'a fait déjà... le plus riche de nos gars...

— Après?... après?

— Il te faut donc devenir riche pour ranimer son amour éteint... car elle t'a aimé, Keinec... elle t'a aimé, autrefois... Si tu es riche, elle t'aimera encore...

— Oui.

— Et que feras-tu pour conquérir cette richesse?

— Tout ce qu'un homme peut faire.

— Tu ne reculeras devant rien?

— Devant rien, je le jure!

— Alors, Yvonne t'appartiendra, car tu seras riche, c'est moi qui te le promets!

— Comment cela?

— Ne t'inquiète pas; j'ai les moyens de te donner une fortune...

— Ne puis-je les connaître?

— Non!... maintenant du moins!... C'est seulement dans l'heure qui suivra la mort de Jahoua que je pourrai te révéler mes secrets, qui alors deviendront les tiens. Sache seulement qu'avant une année révolue, nous aurons tous deux des trésors cent fois plus considérables que ceux du marquis de Loc-Ronan.

— Tu me le jures, Carfor?

— Sur le salut de mon âme! Nous serons riches dans un an!

— Un an! répéta Keinec; c'est bien long!

— Je ne puis rien pour toi avant cette époque.

— Et si d'ici à un an Yvonne allait en aimer un autre?

— Impossible!

— Pourquoi?

— Parce que, le jour même de la mort de Jahoua, Yvonne quittera le pays...

— Yvonne quittera le pays! s'écria Keinec, et où donc ira-t-elle?

— Je te le dirai quand il sera temps.

— Je veux le savoir à l'instant même!

— Je ne puis te répondre.

— Il le faut cependant.

— Non! je ne le peux ni ne le veux faire!

Un long silence interrompit la conversation commencée. Carfor, plongé dans des rêveries profondes, paraissait avoir oublié la présence de Keinec. Le marin, lui aussi, réfléchissait à ce qu'il venait d'entendre. Enfin il releva les yeux sur le berger, et lui posant sa main nerveuse sur l'épaule :

— Ian Carfor, lui dit-il, il court de singuliers bruits sur ton compte ! On prétend que tu trahis ceux qui te donnent leur confiance. On ajoute que tu jettes des sorts, que tu évoques le démon, que tu te fais un jeu des souffrances de tes semblables. Écoute-moi bien ! Réfléchis, Ian Carfor, avant de vouloir faire de moi ta risée et ton jouet !... Tu me connais assez pour savoir que j'ai la main rude, eh bien ! par la sainte croix, entends-tu ? si tu me trompais, si tu me guidais mal, je te tuerais comme un chien !

Le berger haussa froidement les épaules.

— Si tu crains mes trahisons, répondit-il d'un ton parfaitement calme, agis à ta guise et n'écoute pas mes conseils... Qui donc te force à les suivre ?... Si au contraire, tu veux te laisser guider par moi, il est inutile de proférer des menaces que je ne crains pas. Je t'ai dit ce que j'avais lu dans les astres. Maintenant décide toi-même. Tue Jahoua tout de suite ! tue Yvonne avec lui ! que m'importe ?...

— Et si je t'obéis ?

— Si tu m'obéis, Keinec, je te le répète, avant un an écoulé, celle que tu aimes sera ta femme !

— Eh bien ! je t'obéirai ; conseille ou plutôt ordonne !...

— Soit !... Le jour de la Soule tu t'attacheras à Jahoua, tu lutteras avec lui, et tu l'étoufferas dans tes bras !... T'en sens-tu la force ?...

Keinec sourit. Promenant autour de lui un regard investigateur, il aperçut une longue barre de fer que la mer avait rejetée sur le rivage, et qui provenait, comme les débris au milieu desquels elle se trouvait, de quelque récent naufrage. Il se baissa sans mot dire, il ramassa la barre de métal et il retourna vers Carfor.

Alors il prit le morceau de fer par chaque extrémité, il plaça le milieu sur son genou, et il roidit ses bras dont les muscles saillirent et dont les veines se gonflèrent comme des cordes entrecroisées, puis il appuya lentement. La barre ploya peu à peu, et finit par former un demi-cercle. Keinec appuyait toujours. Bientôt les deux extrémités se touchèrent. Alors il retourna la barre ployée en deux, et, l'écartant en sens inverse, il entreprit de la redresser. Mais le fer craqua, et la barre se rompit en deux morceaux au premier effort. Keinec en jeta les tronçons dans la mer.

— Crois-tu que je puisse étouffer un homme entre mes bras? dit-il.

— Oui, certes!

— Seulement, peut-être Jahoua ne prendra-t-il point part à la Soule; il n'est pas de Fouesnan, lui...

— Il épouse une fille du village; il doit soutenir les gars du village ce jour-là.

— C'est vrai.

— Eh bien! maintenant, va me chercher le bouc noir et les poules blanches.

— Que veux-tu faire?

— Te dire avec certitude si tu seras vainqueur et quel sera ton avenir!

Keinec coupa les liens qui retenaient les pieds du bouc noir qu'il apporta devant Carfor. Ce dernier contempla pendant quelques instants l'animal, puis il avisa sur la grève un rocher dont la surface polie présentait l'aspect d'une table de marbre. Il en fit une sorte d'autel en le posant sur trois pierres disposées en triangle, et il y plaça le bouc en prononçant quelques paroles à voix basse.

La pauvre bête, étourdie encore par le roulis du canot, les quatre pieds engourdis et meurtris, restait étendue sur le flanc sans donner signe de vie. Carfor lui ouvrit les yeux avec le doigt, puis il prit dans sa bouche une gorgée d'eau de mer, et il insuffla cette eau dans les oreilles de la victime. Le bouc essaya de relever la tête, et la balança de droite à gauche pendant quelques secondes.

— Il consent ! il consent ! murmura Carfor.

Le berger courut à sa grotte, et en rapporta une énorme brassée de bruyères sèches qu'il disposa symétriquement en cercle autour de l'autel improvisé. Il ajouta quelques branches de lauriers et d'oliviers qu'il tira d'un petit sac. Cela fait, il ordonna à Keinec de s'asseoir sur la grève à quelque distance du cercle magique, et il se mit en devoir de commencer l'opération mystérieuse et cabalistique.

Il se dépouilla d'abord d'une partie de ses vêtements, il se lava les bras dans la mer, et il entonna d'une voix lugubre un chant étrange dans une langue inconnue, et bizarrement rhytmée. A mesure qu'il chantait, le sang lui montait au visage, ses gestes devenaient plus rapides, et ses pieds martelaient le sol en exécutant une sorte de danse assez semblable à celle des sauvages. C'était un spectacle vraiment fantastique que celui qu'offrait cet homme au corps décharné dansant et chantant autour d'un animal destiné au sacrifice. Les rayons tremblants de la lune éclairaient cette scène et lui donnaient un aspect lugubre.

Carfor n'était plus le même. Le conspirateur républicain, l'agent révolutionnaire, avaient complètement disparu. Ils cédaient la place au fils des Celtes, au descendant des druides, au vieil enfant de la superstitieuse Armorique. Évidemment Carfor avait foi en ce qu'il accomplissait. Il se regardait comme le prêtre d'une religion infernale. A force de jouer le rôle de sorcier, il s'était tellement identifié avec son personnage que, malgré sa volonté peut-être, il en était venu à croire à ses cabales magiques. Keinec était brave, et pourtant il se sentit frissonner en présence de l'exaltation fanatique et hallucinée du berger sorcier.

Après quelques minutes de chants et de danse, Carfor alluma une branche de bruyère, il versa quelques gouttes de l'eau-de-vie enfermée dans sa gourde sur le reste du bûcher, et il approcha la flamme. Aussitôt une fumée épaisse s'éleva, et enveloppa l'autel et la victime. Carfor continua sa pantomime entremêlée de paroles prononcées tantôt d'une voix brève et impérative, comme s'il donnait des ordres à quelque puissance invisible; tantôt murmurées sur le ton de la prière.

Lorsque la flamme s'éleva claire et brillante, illuminant la grève, il entra dans le cercle de feu et s'approcha de l'autel. Saisissant un couteau affilé, il écarta les pieds de la victime, et, avec une adresse merveilleuse, il éventra le bouc d'un seul coup. L'animal ne poussa pas une plainte. Carfor sourit de plaisir. Sa rude physionomie, éclairée par les rayonnements du feu, offrait une expression sauvage et inspirée. Le bouc éventré, le berger plongea ses mains dans les entrailles palpitantes, et les ramena à lui en les arrachant. Il les déposa sur la pierre. Puis il sépara la tête du tronc, et il jeta dans le brasier ardent le reste du corps. Alors il se prosterna et demeura en prière pendant deux ou trois minutes. Se relevant ensuite il se pencha avidement vers les entrailles, et il commença l'examen avec une attention minutieuse.

— Les poules blanches? demanda-t-il à Keinec.

Celui-ci s'empressa de les lui remettre. Carfor recommença pour les poules ce qu'il avait fait pour le bouc.

Lorsque les entrailles des trois victimes furent rassemblées en un monceau sanglant, le berger éparpilla le feu qui commençait à s'éteindre faute d'aliments. Il alluma une torche de résine, et il la planta dans la fente d'un rocher voisin.

— Approche! dit-il à Keinec.

Le marin, dont l'imagination était frappée par ce qu'il venait de voir, hésita en se signant...

— Approche sans crainte! répéta Carfor.

Keinec obéit.

— Voici le livre du destin! continua le sorcier en désignant les entrailles des victimes immolées. Regarde et écoute, car ton sort y est tracé en lettres ineffaçables! Combien m'as-tu apporté d'animaux, Keinec?

— Trois, répondit le jeune homme.

— Trois seulement, n'est-ce pas? Eh bien! vois, cependant, il y a là quatre foies! Quatre foies rouges, sains et sans taches. Regarde, Keinec! Celui du bouc noir était double! Signe infaillible de succès et de prospérités! Maintenant regarde encore! examine les cœurs. Ils sont tous les trois larges, et leurs palpitations sont égales. Heureux présages, Keinec! Heureux présages! Vois comme ces entrailles glissent facilement entre mes mains. Elles ne sont ni souillées de pustules, ni déchirées, ni desséchées, ni tachetées. Heureux présages, Keinec! Heureux présages! Regarde le fiel du bouc noir, il est volumineux et facile à dédoubler. Indices certains de débats violents, de combats sanglants, mais dont l'issue te sera favorable! Va, mon gars. Les esprits sont avec toi; ils te soutiennent! Yvonne t'appartiendra, et tu tueras Jahoua!...

En prononçant ces mots, Carfor se laissa glisser sur la grève comme s'il se fût senti à bout de forces. Keinec tressaillit de joie.

— Elle sera à moi ! murmura-t-il.

Carfor était revenu à lui. Il se redressa, et il fit signe de la main à Keinec de s'agenouiller. Celui-ci obéit. Le berger prit une poignée de feuilles de laurier, les alluma à la torche, les éteignit ensuite dans le sang des victimes, et les secoua sur la tête du jeune homme.

— Va! dit-il à voix haute. Va, Keinec!... Tu seras riche, tu seras puissant, tu seras redouté! Les biens de la terre t'appartiendront. Et, je te le dis, Yvonne sera ta femme!... Va donc, et tue Jahoua!

— Je le tuerai! répondit Keinec en se relevant.

XII

LE TAILLEUR DE FOUESNAN.

Trois jours après le dernier de ceux pendant lesquels se sont passés les divers événements qui ont fait le sujet des précédents chapitres, les cloches de l'église du petit village de Fouesnan, lancées à toutes volées, appelaient les fidèles à l'office du dimanche, et les fidèles s'empressaient de répondre à ce pieux appel. Aussi depuis le matin, comme cela se pratique chaque dimanche, les sentiers des montagnes, les chemins creux bordés d'ajoncs et de houx, les routes serpentant au milieu des landes et des bruyères, étaient-ils couverts de braves paysans portant leurs costumes de fêtes, leurs grands chapeaux enrubannés, et s'appuyant sur leurs pen-bas. Au loin on distinguait les jeunes filles et les femmes. Les unes parées de leurs plus beaux corsages, de leurs jupes aux plus éclatantes couleurs, marchant deux à deux ou donnant le doigt à leurs « promis, » tandis que les parents, qui suivaient à courte distance, admiraient naïvement la brave tournure du gars, et la gracieuse démarche de la « fillotte » Les autres, escortées par leur maris, par leurs frères, par leurs enfants, portant dans leurs bras le dernier né, et dans la poche de leur tablier le gros missel acheté à Quimper et donné par l'époux le jour du mariage. Puis au milieu de toute cette population jeune, alerte et remuante, s'avançaient gravement les vieillards et les matrones. Tous se dirigeaient vers l'église paroissiale de Fouesnan. A dix heures la place du village regorgeait de monde, et personne pourtant n'entrait dans l'église où l'on allait célébrer la grand'messe. On attendait le marquis de Loc-Ronan, qui jamais n'avait manqué d'assister à l'office.

Enfin un mouvement se fit à l'extrémité de la foule, un passage se forma de lui-même, et le marquis, suivi de Jocelyn qui portait son livre, et de deux domestiques à ses livrées, fit son entrée sur la place. Toutes les têtes se découvrirent; le marquis, poli lui-même comme on l'était autrefois, poli comme un véritable grand seigneur qui laisse l'insolence aux laquais et aux parvenus, le marquis, disons-nous, porta la main à son chapeau et salua les paysans; puis il traversa lentement la foule, s'arrêtant pour adresser à l'un quelques mots affectueux, à l'autre quelque amicale gronderie. Aux femmes il parlait de leurs enfants malades; aux jeunes filles il faisait compliment de leur bonne mine. Aux vieillards il leur serrait la main. Et c'était sur toutes ces braves et franches physionomies bretonnes des sourires de joie, des rougeurs de plaisir, des yeux s'humectant de douces larmes, toutes les expressions, enfin, de l'amour, du respect, et de la reconnaissance. Aussi, on se pressait, on se poussait, pour obtenir la faveur d'un regard du marquis, à défaut d'un mot de sa bouche. Les pères lui présentaient leurs enfants pour qu'il passât ses doigts blancs et aristocratiques sur leur tête ronde et couverte de cheveux dorés. Les vieillards s'inclinaient sur la main qui serrait la leur. Les gars jeunes et vigoureux se redressaient fièrement sous les doigts qui leur touchaient l'épaule; et les jeunes filles rougissaient en répondant par une révérence aux paroles affectueuses de leur seigneur.

Arrivé devant l'église, le marquis appela du geste les élus, parmi les vieillards, qui devaient ce jour là s'asseoir à ses côtés. Au nombre de ces derniers se trouvait le vieil Yvon, que le marquis honorait d'une affection toute particulière. Il avait même coutume de baiser sur le front la jolie Yvonne, faveur qui la faisait bien fière, et rendait fort jalouses ses jeunes amies moins bien traitées par le gentilhomme.

Au moment où le marquis arrivait sur le seuil, le recteur, en étole et en surplis blanc comme la neige de sa chevelure, s'avança suivi de son modeste clergé, pour lui offrir l'eau bénite. Le marquis la reçut avec respect, et, saluant amicalement le vénérable prêtre, il le suivit jusqu'à son banc seigneurial. Ce banc, plus élevé que les autres, et situé près du maître-autel, était remarquable par les sculptures qui le décoraient. C'était un cadeau qu'un des ancêtres du marquis avait fait à la paroisse, car, bien qu'il y eût une chapelle au château, l'habitude de la famille de Loc-Ronan était, depuis des siècles, d'aller entendre la messe du dimanche à l'église du village.

Après la célébration de l'office divin, le marquis, reconduit par le recteur, traversa l'église et retourna au château. Les paysans se réunissant suivant leurs fantaisies, leurs habitudes ou leurs amitiés, allèrent, en attendant vêpres, les uns faire une promenade dans les bruyères, les autres vider quelques pichets de cidre en devisant des nouvelles du jour.

Ce dimanche-là, il y avait réunion chez Yvon. La jolie Yvonne, plus charmante encore sous sa riche parure, entraîna ses amies pour leur faire voir les cadeaux de noce de son fiancé. Jahoua et les hommes se réunirent aux vieillards, et s'assirent à la porte en plein air, autour d'une longue table de chêne, sur laquelle circulaient les verres et les pichets.

Déjà la conversation s'engageait joyeuse et bruyante, lorsque l'arrivée d'un nouveau personnage vint porter la gaieté à son apogée. Ce dernier venu était un petit homme d'apparence grêle et délicate, aux jambes un peu arc-boutées, aux pieds longs et plats, aux bras énormes et maigres et dont le dos était affligé de cette proéminence naturelle que les gens trop sincères appellent une bosse, et que ceux mieux élevés nomment une déviation de la taille. Sa tête, large et grosse, paraissait hors de proportion avec le reste du corps. Une bouche énorme, un nez épaté, des joues vermillonnées, de petits yeux noirs, vifs et spirituels, complétaient l'ensemble de sa figure. Ce pauvre disgracié de la nature se nommait Kersan; mais il était beaucoup plus connu sous le nom de *Tailleur*, qui était celui de la profession qu'il exerçait.

Pour bien comprendre l'importance du personnage nouveau que nous mettons en scène, il nous faut expliquer brièvement au lecteur les diverses attributions du tailleur dans la Basse-Bretagne. Un fait remarquable, c'est que dans la vieille Armorique tous les tailleurs sont contrefaits: les uns boiteux, les autres bossus, etc. Cela s'explique en ce que cet état n'est guère adopté que par les gens qu'une complexion débile ou défectueuse empêche de se livrer aux travaux de l'agriculture. Un tailleur possesseur d'une bosse, de deux yeux louches, de cheveux roux, est le *nec plus ultra* du genre, le beau idéal de l'espèce. Au moral, le tailleur est généralement conteur, hableur, vantard et peureux. Il se marie rarement, mais il fait le galantin auprès des filles, qui se moquent de lui. Les hommes le méprisent à cause de ses occupations casanières et féminines. S'ils parlent de lui, c'est en ajoutant : « Sauf votre respect ! » comme lorsqu'il s'agit de choses dégoûtantes. En général, il est le favori des femmes que ses contes amusent, que son babil réjouit, que sa gourmandise fait sourire. Il n'a pas de domicile. Il va de ferme en ferme, séjournant dans l'une, passant dans l'autre le temps pendant lequel on l'occupe à raccommoder les habits des gars et les justins des filles. Il est poëte, faiseur de chansons, chanteur et musicien. Vivant d'une existence nomade, il sert de journal au pays dans lequel il arrive. Il arrange les événements, recueille les légendes; seulement il a grand soin que la plaisanterie domine toujours dans ses récits.

Mais sa fonction principale, celle dans laquelle il brille de tout son éclat, c'est celle d'agent matrimonial. Dès qu'un gars éprouve le désir de prendre femme, il va faire part au tailleur de ses dispositions conjugales, et il lui demande quelles sont les filles à marier. Le tailleur les connaît toutes et les lui désigne.

Le jeune homme fait son choix, déterminé le plus souvent par les conseils du tailleur, et il le charge de porter la parole à la « pennère. » Aussitôt le tailleur se met en campagne. Il se rend à la ferme qu'habite la jeune fille désignée, et il s'arrange de façon à lui parler sans témoins. La rencontre paraît fortuite ; il parle du temps, de la récolte, des *pardons* prochains ; puis, par une transition ingénieuse, il en arrive à aborder la question... Il vante le prétendant ; il appelle l'attention sur la force dont il a fait preuve à la lutte ou à la Soule ; il parle de son talent pour conduire les bœufs; il laisse échapper quelques mots touchant la dot. Enfin il cite son bon air lorsqu'il s'habille le dimanche, et sa mémoire imperturbable, qui a retenu les plus belles complaintes de la côte. La nouvelle Ève écoute le serpent tentateur, tout en rougissant et en roulant entre ses doigts le bord de son tablier.

« Parlez à mon père et à ma mère, » dit-elle enfin.

C'est la manière d'exprimer que le parti lui convient. Les parents avertis et consultés, si le jeune homme est agréé, au jour convenu, le tailleur, portant à la main une baguette blanche et chaussé d'un bas rouge et d'un bas violet, le leur amène accompagné de son plus proche parent. Cette démarche s'appelle « demande de la parole. » Là cessent les fonctions du tailleur. Il ne les reprend plus que pour le jour du mariage; mais elles changent de nature, et rentrent alors dans les attributions du poète, ainsi que nous le verrons plus tard.

C'était le tailleur de Fouesnan qui avait arrangé le mariage de Jahoua et d'Yvonne. Jahoua avait vu la jeune fille au pardon de la Saint-Michel, et en était devenu amoureux. Jahoua habitait à dix lieues de Fouesnan. Ne connaissant ni Yvonne ni son père, il avait, suivant la coutume, été trouver le tailleur, et l'avait prié de parler en son nom. Le tailleur très-fier d'être employé par un fermier comme Jahoua, n'avait pas demandé mieux que de se charger de l'affaire, et, sans retard, il s'était mis à l'œuvre, et il avait réussi.

Donc, l'arrivée du tailleur devait être, à bon droit, saluée par les acclamations des assistants.

—Ah! c'est vous, tailleur! s'écria Jahoua.

— Oui, mon gars, c'est moi!

— Approchez et prenez un gobelet, ajouta Yvon.

— Asseyez-vous et contez-nous les nouvelles, fit un troisième.

— Ah! les nouvelles, mes gars, elles ne sont pas gaies aujourd'hui, répondit le tailleur.

— Est-ce qu'il est arrivé un malheur à quelqu'un? demanda Jahoua.

— Oui.

— A qui donc?

— A Rose Le Far, de Rosporden.

— Contez-nous cela, tailleur, contez-nous cela! s'écria l'assistance avec un ensemble parfait.

— Dame! c'est bien simple. La pauvre Rose a eu l'imprudence de ne pas écouter les vieillards : elle refusait de croire aux vérités que l'on raconte sur les âmes des morts. Si bien que dernièrement, comme elle revenait de la ville un peu tard, elle a traversé le cimetière à minuit.

Ici un frémissement parcourut l'assemblée.

— Après, après! demandèrent plusieurs voix.

— Eh bien, continua le tailleur que chacun écoutait avec un recueillement plein de terreur, lorsqu'elle fut arrivée au milieu des tombes, le sixième coup de minuit sonnait. Alors elle entendit autour d'elle un bruit étrange. Elle regarda. Elle vit toutes les tombes qui s'ouvraient lentement. Puis les morts en sortirent, secouèrent leur linceul et les étendirent proprement sur leur fosse; ensuite, marchant deux par deux, ils se dirigèrent à pas comptés vers l'église qui s'illumina tout à coup, et ils entrèrent... Rose ne pouvait plus bouger de sa place. Elle entendit des voix lugubres entonner le *De Profundis*. Alors elle voulut fuir, mais il était trop tard, les morts revenaient vers le cimetière. Elle saisit un linceul et s'en enveloppa pour se cacher. Les morts défilaient devant elle. Rose reconnut sa mère et son père. Ils la virent, eux aussi, et ils l'appelèrent... Rose voulut fuir encore. Les mains des squelettes avaient pris les siennes et l'entraînaient. Le lendemain, un prêtre, qui traversait le cimetière, trouva le corps de la malheureuse Rose étendu sans vie auprès de la tombe de sa mère. Voilà, mes gars, ce que j'avais à vous raconter... »

Le tailleur avait cessé de parler que le silence régnait encore.

— Faut dire aussi, reprit-il, car il y a toujours des impies qui sont prêts à tout nier, faut dire que le médecin de Quimper, qui passait par Rosporden dans la journée, ayant entendu raconter l'histoire de Rose Le Far, voulut à toute force la voir. On le conduisit auprès du corps. Il la regarda bien, et puis, savez-vous ce qu'il a dit?

— Qu'est-ce qu'il a dit? demandèrent les paysans.

— Il a dit que Rose était morte d'une maladie qu'il a appelée d'un drôle de nom. Attendez un peu... une apatre... une acotreplie... Ah! voilà, une *apotre... plécie*. Eh bien! moi je dis qu'elle n'est pas morte autrement que par la main des trépassés.

— C'est sûr! s'écria-t-on de toutes parts.

— Faudra prier le recteur de dire une messe pour son âme, fit observer Jahoua.

— Justement le voici! dit Yvon en désignant le pasteur qui se dirigeait vers lui.

Au moment où le recteur allait s'asseoir à côté de son vieil ami, un galop furieux se fit entendre à l'extrémité du village, puis on vit, au milieu d'un tourbillon de poussière, un cavalier déboucher à toute bride sur la place de Fouesnan. Ce cavalier était un piqueur du château de Loc-Ronan. En arrivant devant la maison d'Yvon, il s'arrêta. Son cheval était blanc d'écume.

— Mes gars! s'écria-t-il, où est M. le recteur?

— Me voici, mon ami, répondit le prêtre en se levant.

— Ah! monsieur le recteur, il faut que vous veniez au château au plus vite...

— On a besoin de moi?

— M. le marquis vous demande.

— Savez-vous pourquoi?

— Pour le confesser, hélas!

— Le confesser! s'écrièrent les paysans.

— Est-il donc malade, lui que j'ai vu il y a deux heures si bien portant? demanda le recteur avec épouvante.

— Ah! mon Dieu, oui! Cela lui a pris tout de suite en rentrant; il est tombé de cheval, et le vieux Jocelyn dit qu'il se meurt!...

— Seigneur mon Dieu! ayez pitié de lui! murmura le prêtre en quittant le cercle des paysans. Je cours au château, mon ami, je cours au château... Voyons, mes enfants, qui veut me prêter un bidet?

— Moi!... moi!... moi!... répétèrent vingt voix diverses, tandis que vingt paysans se précipitèrent de tous les côtés.

L'événement qu'annonçait le piqueur était si inattendu si terrifiant, que la foule accourue ne pouvait se remettre de la stupeur dont elle était frappée. Nous avons dit combien le marquis était adoré dans le pays; cette vive affection explique cette grande douleur.

Enfin le bidet fut amené. Le recteur l'enfourcha aussi vivement que possible, et suivant le piqueur, suivi lui-même par une partie des hommes du village, il se dirigea rapidement vers le château de Loc-Ronan. Les femmes se précipitèrent vers l'église, et, d'un commun accord, entourèrent l'autel de cierges allumés devant lesquels elles s'agenouillèrent en priant.

Lorsque le digne recteur arriva en vue du château, une bannière noire flottait sur la tour principale. La foule poussa un cri.

— Il est trop tard! murmura le prêtre; le marquis est mort!... Dieu ait son âme!

Et, mettant pied à terre, il s'agenouilla dans la poussière au milieu des paysans courbés comme lui, et tous prièrent à haute voix pour le repos de l'âme du marquis de Loc-Ronan.

XIII

LE DERNIER DES LOC-RONAN.

Lorsque le marquis de Loc-Ronan avait quitté la place de Fouesnan, il était remonté à cheval, et, toujours suivi de Jocelyn et de ses deux autres domestiques, il avait repris ainsi le chemin du château. Près de trois lieues séparaient l'habitation seigneuriale du petit village. Pendant la première moitié de la route, le marquis avait chevauché sans prononcer un mot. Il semblait plus triste qu'à l'ordinaire, et sa grande taille se voûtait sous le poids d'une fatigue physique ou d'une pensée incessante de l'esprit. Arrivé à un quart de lieue du château, il arrêta son cheval et appela Jocelyn. Le serviteur accourut. Le marquis était d'une pâleur extrême.

— Vous souffrez, monseigneur? demanda Jocelyn.

— Horriblement, mon ami, répondit le gentilhomme. J'ai la gorge en feu; je voudrais boire.

— La source est à deux pas, fit Jocelyn en s'éloignant rapidement.

Il revint bientôt, apportant à son maître un vase de terre rempli d'eau fraîche. Le marquis n'était plus pâle, il était devenu livide, et ses joues se tachetaient de larges plaques rouges. Jocelyn le regardait avec effroi. Le gentilhomme porta le vase à ses lèvres et but avec avidité.

— Je me sens mieux, dit-il, remettons-nous en route.

Le petit cortége avança silencieux pendant quelques minutes. Puis le marquis chancela sur sa selle et s'arrêta de nouveau.

— Encore ! s'écria Jocelyn de plus en plus inquiet et affligé.

— Un étourdissement, répondit le marquis.

— Mon Dieu ! Seigneur ! ayez pitié de nous ! murmura le vieux serviteur à voix basse.

— Jocelyn ! appela de nouveau le marquis.

— Monseigneur ?

— Dis-moi, tu étais à Brest avec moi l'an dernier lorsque j'allai visiter le baron de Pont-Louis ?

— Oui, monseigneur.

— Il se mourait à cette époque.

— Cela est vrai.

— Et même il se mourait par suite d'une substance vénéneuse qu'il avait absorbée. Bref, il était empoisonné.

— Du moins on le disait, monseigneur.

— Et l'on ne se trompait pas, Jocelyn.

Le serviteur ne répondit pas. Le marquis reprit :

— Il m'a détaillé ses souffrances, et il me semble que ce sont les mêmes que je ressens aujourd'hui.

— Oh ! mon bon maître, ne dites pas cela !

— Pourquoi ? la mort n'a rien qui m'effraye !...

— Oh ! mon Dieu ! pourquoi donc avez-vous voulu faire ce que vous avez fait ? murmura Jocelyn à voix basse.

— Parce que j'ai cru que Dieu m'inspirait et que je le crois encore. Seulement je ne pensais pas tant souffrir !

— Vous souffrez donc beaucoup, mon bon seigneur ?

— Comme un damné, Jocelyn; comme un véritable damné ! J'ai encore soif.

— Nous sommes près du château.

— Oui, mais je ne respire plus; il me semble qu'un nuage épais descend sur mes yeux, qu'un cercle de fer rougi étreint mes tempes.

— N'auriez-vous pas la force d'arriver ?

— Je vais essayer, Jocelyn, mais je ne le crois pas. Reste là, à mes côtés, ne me quitte plus.

— Non, monseigneur. Permettez-moi seulement de donner un ordre à Dominique.

Et Jocelyn s'adressant à l'un des domestiques de suite, lui commanda de courir au château, de faire atteler le carrosse et de venir en toute hâte au devant du marquis.

— Non ! non ! inutile ! fit vivement celui-ci en arrêtant du geste le domestique qui rassemblait déjà les rênes de son cheval. Galopons plutôt, galopons !...

Et enfonçant les molettes de ses éperons dans le ventre de sa monture qui bondit en avant, le gentilhomme s'élança suivi de ses domestiques. Jocelyn se tenait botte à botte avec lui, ne le quittant pas des yeux. Il parcourut, en fournissant ainsi une course furieuse, la presque totalité de la distance qu'il avait encore à franchir pour gagner son habitation. Seulement, lui que l'on admirait d'ordinaire pour sa tenue élégante et la manière gracieuse dont il conduisait son cheval; lui qui passait à juste titre pour le meilleur écuyer de la province, il ne se maintenait plus que par un miracle d'équilibre, et, en termes de manége, il roulait sur sa selle. Pour gravir la petite montée qui conduisait au château, il fut même obligé, tant sa faiblesse était grande et ses douleurs aiguës, il fut même obligé, disons-nous, d'abandonner les rênes et de saisir à deux mains la crinière de son cheval.

Un tremblement convulsif agitait tous ses membres. En arrivant dans la cour, la force lui manqua complètement, il s'évanouit. Jocelyn n'eut que le temps de se précipiter pour le soutenir. Aidé des autres domestiques, il transporta le marquis, privé de sentiment, dans la chambre à coucher et il le déposa sur le lit. Au bout de quelques minutes, le gentilhomme ouvrit les yeux.

— Eh bien ? murmura Jocelyn.

— Je me sens mourir, répondit faiblement le marquis.

— Du courage, monseigneur.

Tout à coup le marquis se dressa sur son séant, et regardant son vieux serviteur avec des yeux hagards :

— Si nous nous étions trompés ! dit-il.

— Ne parlez pas ainsi, au nom du ciel ! s'écria Jocelyn dont la terreur bouleversa soudain les traits expressifs.

— Peut-être serait-ce un bien !

— Oh ! mon bon maître ! ne dites pas cela !

Jocelyn s'arrachait les cheveux.

— N'importe, reprit le marquis, je me sens mourir, je le sens ! Envoie chercher un prêtre…

— Monseigneur !

— Je le veux, Jocelyn.

Jocelyn transmit l'ordre, et un piqueur partit à cheval chercher le recteur de Fouesnan.

— Vous sentez-vous mieux, monseigneur ? demanda Jocelyn après le départ du valet.

— Non !

— Vous souffrez autant ?

— Plus encore !

— Que faire, mon Dieu ?

— Rien ! donne-moi de l'air ! J'étouffe !

Jocelyn, la tête perdue, arracha les rideaux et ouvrit les fenêtres.

— Jocelyn! appela le malade.

Le serviteur revint vivement auprès du lit.

— Tu te souviens de mes ordres ?

— Oui, monseigneur.

— Tu les exécuteras ?

— De point en point ; je vous le jure sur le salut de mon âme.

— Donne-moi ta main ; je ne vois plus.

La respiration du marquis, devenue courte et précipitée, se changeait rapidement en un râle d'agonisant. Ses traits se décomposaient à vue d'œil. Ses doigts, crispés et déjà froids, tordaient les draps et brisaient leurs ongles sur les boiseries.

Le marquis ne voyait plus, n'entendait plus... Jocelyn, ivre de douleur, courait follement par la chambre. Il pleurait, il priait, il maudissait. Cependant un moment de calme parut apporter quelque soulagement au malade.

— A boire ! dit-il pour la troisième fois.

Jocelyn lui offrit une coupe pleine d'un breuvage rafraîchissant.

— J'ai envoyé à Quimper chercher un médecin, fit-il en s'adressant à son maître.

— Un médecin, non ! Dans aucun cas je ne veux le voir ; Jocelyn, je le défends !

— Mais, monseigneur.

— Assez ! Je l'ordonne ! c'est un prêtre que je veux ! Oh ! un prêtre ! un prêtre !

— Le recteur de Fouesnan va venir.

— Je ne puis plus attendre. Ah ! les douleurs me reprennent ! Ah ! Seigneur Dieu ! que je souffre, que je...

Le marquis se renversa sur son lit. Une seconde crise, plus forte que la première, venait de s'emparer de lui. Jocelyn essaya de lui glisser un peu du breuvage dans la gorge en desserrant les dents à l'aide d'une lame de couteau. Il ne put y parvenir. L'air sifflait dans cette gorge aride qui ne pouvait plus avaler. Le calme revint. Le marquis balbutia quelques mots :

— Le portrait de mon père ! le portrait ! demanda-t-il d'une façon inintelligible.

Mais comme du geste il désignait le cadre appendu à la muraille, en face du lit, Jocelyn devina. Il décrocha la toile et s'approcha. Puis il souleva le tableau dans ses deux mains, et, le plaçant en lumière, il le présenta à son maître.

Le marquis fit un effort suprême. Il parvint à se soulever à demi. Il contempla le portrait pendant quelques secondes.

Tout à coup son œil s'ouvrit démesurément; il porta la main à sa poitrine, il essaya d'articuler quelques paroles qui sortirent de ses lèvres en sons rauques et indistincts; puis, battant l'air de ses bras, il retomba sur sa couche en poussant un faible soupir. Son corps demeura immobile. Jocelyn laissa échapper le tableau. Il se précipita vers le malade. Il lui saisit les bras et les mains; mais ces mains et ces bras avaient la rigidité de la mort.

Les extrémités étaient glacées. Seule, la poitrine conservait un reste de chaleur. Les yeux, toujours démesurément ouverts, étaient dilatés et sans regard. Jocelyn posa sa main sur le cœur. Le cœur ne battait plus. Il approcha un miroir des lèvres blêmes du marquis; la glace demeura brillante; aucun souffle ne la ternit.

Alors Jocelyn recula de quelques pas, leva les bras au ciel, poussa un cri suprême et s'abattit comme une masse sur le tapis. Les domestiques accoururent. Ils relevèrent Jocelyn qui revint bientôt à lui; puis ils entourèrent le lit de leur maître.

— Monsieur le marquis ? murmuraient-ils à voix basse.

— Monseigneur est mort ! répondit Jocelyn. Déployez la bannière noire. Telle est sa volonté suprême.

A ces mots : « Monseigneur est mort ! » un concert de larmes et de sanglots retentit dans la chambre. Tous ces braves gens (nous parlons ici des domestiques d'il y a soixante ans), tous ces braves gens aimaient leur maître et le regrettaient sincèrement. Mais celui dont le désespoir était véritablement effrayant était le vieux Jocelyn. Quoi qu'on pût faire pour l'entraîner, il s'obstina à vouloir garder le cadavre du marquis, sans s'éloigner de lui, ne fût-ce que pour une minute.

Ce fut au milieu de cette scène de désolation que le recteur de Fouesnan, suivi des paysans bretons, fit son entrée dans le château. Le vénérable prêtre s'approcha du lit. Après avoir reconnu que tous secours corporels et spirituels étaient devenus désormais inutiles, il récita les prières des morts.

Les mauvaises nouvelles, on le sait, se propagent avec une rapidité foudroyante. Quelques heures à peine après que la bannière de deuil, arborée sur le château, eut annoncé la mort du dernier des Loc-Ronan, toute la campagne environnante était instruite de cette mort, et, le soir même, le bruit en arrivait à Quimper. Ceux qui ne connaissaient pas assez le marquis pour l'aimer, l'estimaient profondément.

Partout ce furent des regrets, mais nulle part cependant, la désolation ne fut aussi vive qu'à Fouesnan. Après la mort de son maître, le vieux Jocelyn avait fait faire tous les préparatifs nécessaires pour la célébration d'un service sompeux.

En deux heures, la physionomie du vieux serviteur

avait subi une transformation étrange et mystérieuse. Ses yeux brillaient d'un éclat fiévreux. Ses mains s'agitaient convulsivement. Tout son corps paraissait en proie à des secousses galvaniques. A chaque instant il pénétrait dans la chambre mortuaire. Sous un prétexte quelconque, il en éloignait tout le monde, à l'exception du recteur, qui, agenouillé au pied du grand lit, priait à voix haute pour le repos de l'âme du défunt. Jocelyn, alors, s'approchait du cadavre. Il le contemplait longuement en attachant sur lui des regards humides de larmes. Par moments des lueurs de désespoir sombre, auxquelles succédaient d'autres lueurs d'espérance folle, étincelaient dans ses yeux et faisaient jaillir des éclairs fauves de ses prunelles. Puis, s'agenouillant et joignant ses prières à celles du prêtre, il s'inclinait sur la main glacée du marquis et la baisait avec un sentiment de respect et d'amour. Quand Jocelyn se relevait, il paraissait plus calme.

Pendant ce temps, des ouvriers appelés en toute hâte, auxquels les paysans prêtaient le secours de leurs bras, élevaient une estrade dans la chapelle du château. Aux quatre coins de cette estrade, on plaçait quatre brûle-parfums d'argent massif. On tendait les murailles avec des draps noirs. Les armes des Loc-Ronan, voilées d'un crêpe funèbre, y étaient appendues de distance en distance, et ajoutaient à la tristesse de l'ensemble. Des profusions de cierges se dressaient dans d'énormes chandeliers d'église.

A deux heures du soir, la chapelle ardente était prête. Alors on plaça le corps du marquis, vêtu de ses plus riches habits et décoré des ordres du roi, dans une bière tout ouverte. Les domestiques, en grand deuil, ne voulurent céder à personne l'honneur de porter le corps de leur maître. Le cortége se mit en devoir de descendre l'escalier de marbre du château. Les clergés des villages voisins étaient accourus accompagnés des populations entières. Les paysans chantaient des psaumes. Les femmes éplorées les suivaient. Tous pleuraient, et pleuraient amèrement celui qui était moins leur maître que leur bienfaiteur et leur ami.

Parmi les jeunes filles, on distinguait Yvonne, plus triste encore que ses compagnes. Le vieil Yvon et les autres vieillards accompagnaient les recteurs et les vicaires précédés du bon prêtre de Fouesnan.

On déposa le cercueil sur l'estrade. Quatre prêtres demeurèrent dans la chapelle pour veiller le corps. Puis la foule s'écoula tristement. Tous devaient revenir le lendemain, car le lendemain était le jour fixé pour la cérémonie funèbre.

XIV

LES FUNÉRAILLES.

Bien avant que les premières lueurs de l'aube naissante vinssent teinter l'horizon de nuances orangées, les cloches des églises environnantes firent entendre leur glas sinistre. Presque partout les paysans étaient demeurés en prières pendant la plus grande partie de la nuit. Des cierges brûlaient sur tous les autels. Les femmes et les jeunes filles préparaient les vêtements noirs et bleus, qui sont les couleurs du deuil en Bretagne. Mais, nulle part la douleur n'était aussi profonde qu'à Fouesnan.

Les principaux habitants avaient passé la nuit dans la maison d'Yvon. Tandis que les femmes priaient dans une salle voisine, les hommes causaient à voix basse, se racontaient mutuellement les nombreux traits de bienfaisance qui avaient honoré la vie du défunt.

— Je n'étais pas son fermier, disait Jahoua, je ne suis pas né sur ses terres, et pourtant je l'aimais comme s'il eût été mon seigneur,

— Et dire que voilà une si noble famille éteinte! fit le vieil Yvon en passant la main sur ses yeux; c'est une vraie calamité pour le pays.

— Une vraie calamité, eh! oui... répondit un paysan, car, enfin, qui sait entre quelles mains vont passer les domaines ?. A qui aurons-nous affaire ? Peut-être à quelque beau muguet de la France, qui nous enverra son intendant pour nous appauvrir!

— Ah! seigneur Dieu! fit le tailleur qui, malgré sa loquacité ordinaire, était demeuré bouche close depuis le commencement de la conversation; Seigneur Dieu! je n'en puis revenir! dire qu'il n'y a pas vingt-quatre heures qu'il était là, sur la place, au milieu de nous!

— C'est pourtant la vérité! répondirent plusieurs voix.

— Pour sûr, il y a dans cette mort quelque chose de surnaturel?

— Qu'est-ce que vous voulez dire, tailleur?

— Je veux dire ce que je dis, et je m'entends. La dernière fois que je suis monté au château, j'ai rencontré trois pies sur la route!

— Trois pies! fit observer Jahoua, ça signifie malheur!

— Et puis après? demanda un paysan.

— Après, mon gars? Dame! l'année passée, quand j'étais à Brest, vous savez que le pauvre baron de Pont-Louis, Dieu veuille avoir son âme! est mort comme notre digne marquis, presque subitement, sans avoir eu le temps de se confesser.

— Oui, oui; continuez, tailleur.

— Savez-vous ce qu'on disait?

— Non.

— Qu'est-ce qu'on disait?

Et les paysans, se pressant autour de l'orateur, attendaient avec avidité les paroles qui allaient sortir de ses lèvres.

— Eh bien! mes gars, on disait que le baron avait été empoisonné!

— Empoisonné! s'écria l'assemblée avec terreur.

— Oui, empoisonné! et m'est avis que la mort de monseigneur le marquis de Loc-Ronan ressemble beaucoup à celle de M. le baron.

Les paysans étaient tellement loin de s'attendre à une semblable conclusion, qu'ils restèrent stupéfaits, et qu'un profond silence fut la réponse qu'obtint tout d'abord le tailleur. Cependant Jahoua, plus hardi que les autres, reprit après quelques minutes :

— Comment, tailleur, vous croyez qu'on aurait commis un crime sur la personne de M. le marquis?

— Je dis que ça y ressemble.

— Et qui accusez-vous?

Le tailleur haussa les épaules, puis il répondit :

— Depuis plusieurs jours on a vu des étrangers rôder autour du château.

— Eh bien?

— Eh bien! ne savez-vous pas ce qu'on dit de ce qui se passe en France? Après cela, continua-t-il avec un peu de dédain, dans ces campagnes reculées, on n'apprend jamais les nouvelles; mais moi qui vais souvent dans les villes, je suis au courant des événements...

— Qu'est-ce qu'il y a donc? demanda un vieillard.

— Il y a qu'à Paris on s'est battu, on a pendu des nobles.

— Pendu des nobles ! s'écrièrent les paysans avec une réprobation évidente.

— Oui, mes gars. Ils font là-bas, à ce qu'ils disent, une révolution. Ils veulent contraindre le roi à signer des édits ; et comme les gentilshommes soutiennent le roi, ils tuent les gentilshommes. Qu'est-ce qu'il y aurait d'étonnant à ce qu'on se soit attaqué à notre pauvre marquis, car chacun sait qu'il aimait son roi.

— C'est vrai ! c'est vrai ! murmura la foule.

— On m'a raconté qu'en Vendée il y avait déjà des soldats bleus qui brûlaient les fermes et massacraient les gars !

— Des soldats ! s'écria Jahoua en se redressant. Eh bien ! qu'ils osent venir en Bretagne ! Nous avons des fusils et nous les recevrons.

— Oui, oui, répondit l'assemblée ; nous nous défendrons contre les égorgeurs !

— Mes gars ! s'écria le vieil Yvon en se levant, si ce que dit le tailleur est vrai, si on a assassiné notre seigneur, nous le vengerons, n'est-ce pas ?

— Oui, nous tuerons les bleus !

Comme on le voit, l'allure de la conversation tournait rapidement à la politique. Le tailleur, agent royaliste, avait su amener fort adroitement, à propos de la mort du marquis, une effervescence que l'on pouvait sans peine exploiter au profit des idées naissantes de guerre civile qui s'agitaient à cette époque dans quelques esprits de la Bretagne et de la Vendée. Le marquis de la Rouairie, le premier qui ait osé lever un drapeau en faveur de la contre-révolution, avait eu l'habileté de se mettre en communication avec tout ce qui possédait une influence grande ou minime sur les terres de Vendée et de Bretagne. Pour nous servir d'un terme vulgaire, « il échauffait les esprits. » Au reste, n'oublions pas que nous sommes au milieu de l'année 1791, et que le moment était proche où toutes les provinces de l'Ouest allaient arborer l'étendard de la révolte. Les meneurs parisiens n'ignoraient pas ces dispositions de la population bretonne et de la population vendéenne. Quelques mois plus tard, le 5 octobre de la même année, MM. Gallois et Gensonné, commissaires envoyés le 19 juillet précédent dans le département de la Vendée, pour s'informer des causes de la fermentation qui s'y manifestait, avaient fait leur rapport à l'Assemblée constituante.

« L'exigence de la prestation du serment ecclésiastique, disaient-ils dans ce rapport, a été pour le département de la Vendée la première cause de ces troubles. La division des prêtres en assermentés et non assermentés a établi une véritable scission dans le peuple des paroisses. Les familles y sont divisées. On a vu et on voit chaque jour des femmes se séparer de leur mari, des enfants abandonner leur père. Les municipalités sont désorganisées. Une grande partie des citoyens ont renoncé au service de la garde nationale. Il est à craindre que les mesures vigoureuses, nécessaires dans les circonstances contre les perturbateurs de repos public, ne paraissent plutôt une persécution qu'un châtiment infligé par la loi. »

Le rapport entendu, l'Assemblée décréta qu'il serait envoyé des troupes en Vendée. Donc la Vendée s'agitait déjà, ou du moins la partie du pays où se passent les faits de ce récit, était encore à peu près calme, seulement on profitait des moindres circonstances pour animer les esprits.

La mort du marquis de Loc-Ronan arrivait comme un puissant auxiliaire au secours des agents royalistes.

La conversation des paysans bretons fut interrompue

par la sonnerie lugubre des cloches. Tous se mirent en prières, et, oubliant les orages politiques pour la calamité présente, ils se disposèrent à gagner le château. Seulement, avant de partir, Yvon, après avoir échangé tout bas quelques mots avec les vieillards, fit signe qu'il voulait parler. On fit silence et on l'écouta.

— Mes gars, dit-il, demain devait avoir lieu le mariage de ma fille et la fête de la Soule. Dans un pareil moment, tout ce qui ressemblerait à une réjouissance publique serait peu convenable. Nous venons de décider, vos pères et moi, que l'une et l'autre cérémonies seraient remises à huit jours.

Les paysans s'inclinèrent en signe d'assentiment, et la population du village se réunissant sur la grande place, aux premiers rayons du soleil levant, se dirigea vers le château.

A ce moment précis deux cavaliers, lancés à fond de train sur la route de Quimper, prenaient la même direction. Ces deux cavaliers étaient le comte de Fougueray et le chevalier de Tessy. Ils avaient appris la fatale nouvelle quelques heures auparavant, et, ne pouvant en croire leurs oreilles, ils se hâtaient d'accourir. Tous deux étaient pâles, et leurs traits contractés indiquaient les émotions qui les agitaient.

— Si cela est vrai, nous sommes perdus; disait le comte.

— Pas encore ! répondait le chevalier.

— Oh! je n'ai guère d'espoir !

— J'en ai deux, moi.

— Lesquels ?

— Celui, d'abord, que la nouvelle est fausse; celui, ensuite, que le marquis ait eu recours à quelque subterfuge pour essayer de nous tromper.

8

— Corbleu! si telle a été sa pensée, il ignore à qui il a affaire? Le médecin est-il parti?

— Je l'ai réveillé moi-même, et je 'ai vu monter à cheval... Il doit être arrivé depuis près d'une heure.

— Bien.

— Il nous faudra voir le cadavre.

— Oh! nous le verrons!

— Et si l'on s'opposait à notre examen?

— Impossible! Nous ferions tant de bruit que l'on n'oserait... et s'il y a fourberie...

— S'il y a tromperie, interrompit le chevalier, nous constaterons le fait, en silence! Ce sera une arme de plus entre nos mains, et une arme terrible!...

Les deux cavaliers arrivèrent à la porte du château. La cour était pleine de paysans et de domestiques. On prit les deux arrivants pour d'anciens amis du marquis, et chacun s'empressa de leur faire place. Le comte et le chevalier mirent pied à terre. Aussitôt un homme vêtu de noir s'avança vers eux.

— Ah! c'est vous, docteur! fit le chevalier. Avez-vous vu notre pauvre marquis?

— Pas encore; je vous attendais.

— C'est bien! Suivez-nous.

Le comte marchant en tête, les trois hommes pénétrèrent dans la salle basse. Jocelyn prévenu de leur arrivée les attendait sur le seuil.

— Que voulez-vous? demanda-t-il brusquement.

— Le marquis de Loc-Ronan? répondit le comte.

— Monseigneur est mort!

— Quand cela?

— Hier à midi et demi.

— Ne pouvons-nous du moins le contempler une dernière fois?

— Entrez dans la chapelle, messieurs.

Et Jocelyn, saluant à peine, désigna du geste l'entrée du lieu sacré et se retira.

— Cette mine de vieux boule-dogue anglais ne me présage rien de bon, murmura le comte. Est-ce que ce damné marquis serait mort et bien mort !

— Entrons toujours ! répondit le chevalier.

Une fois dans la chapelle, et en présence du recteur et des nombreux assistants, les deux aventuriers, car désormais nous devons leur donner ce titre qui, le lecteur l'a deviné sans doute, leur convient de tout point, les deux aventuriers crurent nécessaire de jouer une comédie larmoyante. Ce furent donc, de leur part, des gestes attendris et des pleurs mal essuyés attestant une douleur vive et profonde.

— Jamais, disaient-ils, chacun sur des variations différentes, mais au fond sur le même thème, jamais ils n'auraient pu songer, en quittant quelques jours auparavant leur cher et bien-aimé marquis, qu'ils le serreraient dans leurs bras pour la dernière fois !... Puis suivaient des soupirs, des hélas ! des sanglots difficilement contenus.

Il fallait que ces hommes fussent de bien complets misérables, il fallait que leur cœur fût gangrené tout entier et dénué de l'ombre même d'un sentiment de décence pour qu'ils osassent jouer une si infâme comédie en présence d'un cadavre et d'une foule désolée. Ils poussèrent l'audace jusqu'à dire que leur tendre affection n'avait pu encore se résoudre à ajouter foi à toute l'étendue du malheur qui les frappait, et qu'ils avaient amené un médecin pour s'assurer que l'espoir d'une léthargie ou de toute autre maladie donnant l'apparence de la mort était anéanti pour eux. Bref, ils jouèrent leur rôle avec une telle perfection que, Jocelyn n'étant pas présent, les prétres et les témoins de cette douleur bruyante ne purent s'empêcher de compatir à cette désolation sans borne.

Le pieux recteur de Fouesnan voulut même leur prodiguer les consolations de la parole. On tenta de les arracher à ce spectacle qui semblait déchirer leur cœur. Soins inutiles !... Instances vaines ! Ils persistèrent dans leur désir de rester présents, et ils déclarèrent formellement ne vouloir se retirer qu'après que le célèbre praticien qu'ils avaient amené avec eux, aurait bien et dûment constaté que le malheur était irréparable et que la science devenait impuissante. Force fut donc de leur laisser tromper leur douleur pour quelques instants, en leur permettant de satisfaire un désir si légitime et si ardemment exprimé. Les prêtres s'écartèrent, et le médecin, sur un signe du comte, gravit les marches du catafalque.

Le docteur avait sans aucun doute reçu des ordres antérieurs, car il procéda minutieusement à l'examen du corps. Après dix minutes d'une attention scrupuleuse, il secoua la tête, laissa retomber dans la bière la main inerte qu'il avait prise, et s'adressant au comte et au chevalier :

— La science ne peut plus rien ici, messieurs, dit-il. Pour faire revivre le marquis de Loc-Ronan, il faudrait plus que le pouvoir des hommes, il faudrait un miracle de Dieu. Le marquis est bien mort !

XV

DES HÉRITIERS PRESSÉS.

Le comte et son compagnon courbèrent la tête sous cet arrêt sans appel prononcé à voix haute. Ils se retirèrent ensuite à pas lents, au milieu des témoignages d'estime et de sympathie. Arrivés à la porte de la chapelle, ils en franchirent silencieusement le seuil. Mais une fois dans la cour, ils traversèrent une voûte, descendirent au jardin, et, ayant trouvé un endroit solitaire:

— Eh bien! docteur? demanda brusquement le chevalier en s'adressant au médecin.

— Eh bien! messieurs, j'ai dit la vérité, répondit froidement celui-ci. Le marquis de Loc-Ronan est bien mort.

— Rien n'est simulé?

— Tout est vrai.

— Vous en répondez?

— J'en fais serment. Au reste, si vous doutez de mes paroles, adressez-vous à quelqu'un de mes confrères.

— Inutile! répondit le comte en frappant du pied avec colère; inutile! Nous n'avons plus besoin de vous, docteur.

— Je puis repartir?

— Quand vous voudrez.

— Nous vous reverrons ce soir à Quimper, ajouta le chevalier, et nous vous récompenserons de vos peines et de vos bons soins.

Le médecin s'inclina et sortit du petit parc. Les deux hommes, demeurés seuls, se regardèrent pendant quelques minutes avec anxiété. Puis le comte laissa s'échapper de ses lèvres une série de malédictions qui, si elles eussent été entendues, auraient singulièrement compromi sa douleur affectée.

— Sang du Christ! murmura-t-il; corps du diable! nous sommes ruinés, Raphaël!

— Chut! pas de noms propres ici! répliqua vivement le chevalier.

Il y eut un instant de silence. Tout à coup le comte releva fièrement la tête. Une pensée soudaine illumina son front soucieux.

— Que faire? demanda le chevalier.
— Voir Jocelyn à l'instant même.
— Pourquoi?
— J'ai un projet.
— Est-il bon, ce projet?
— Tu en jugeras, Raphaël, viens avec moi.

Le comte rencontra Jocelyn dans la cour. Il alla droit à lui, et, le prenant à part :

— Nous avons à vous parler, lui dit-il.
— A moi? répondit le serviteur étonné.
— A vous-même, sans retard et sans témoins.
— Mais, dans un semblable moment... balbutia Jocelyn.
— C'est justement le moment qui nous décide et qui nous fournira le sujet de notre conférence.
— Soit, messieurs, je suis à vos ordres...
— Alors conduisez-nous quelque part où l'on ne puisse nous entendre.
— Montons à la bibliothèque.
— Montons!

Les trois hommes gravirent rapidement le premier étage de l'escalier du château. Jocelyn introduisit ses deux interlocuteurs dans la petite pièce que nous connaissons déjà. Rien n'y était changé. Les livres que le marquis avait feuilletés la veille au matin étaient encore ouverts sur la table. Jocelyn poussa un soupir. Le comte et le chevalier n'y prêtèrent pas la moindre attention. Seulement ils s'assurèrent que personne ne pouvait les entendre. Cette précaution prise, ils attirèrent à eux des siéges.

— Pas là! s'écria Jocelyn en voyant le comte s'emparer du fauteuil armorié que nous avons décrit précédemment.

— Que dites-vous?

— Je dis que vous ne vous assiérez pas dans ce fauteuil, fit résolûment le serviteur en éloignant ce meuble révéré.

— Ah! c'est le fauteuil de feu le marquis! répondit le comte avec insouciance et en prenant un autre siége. Soit, je ne vous contrarierai pas pour si peu. Puis je vous jure que la chose m'est complètement indifférente.

— Jocelyn, dit à son tour le chevalier, mon frère a le désir de vous faire une communication importante.

— Je vous écoute, répondit Jocelyn en demeurant debout, non par respect, mais par habitude. Seulement je vous ferai observer que j'ai peu de temps à vous donner.

— Oh! soyez sans crainte, estimable Jocelyn, fit le comte en souriant; je serai bref dans mon discours, et il ne tiendra qu'à vous de terminer promptement notre conversation...

— Veuillez donc commencer...

— Ça, d'abord, maître valet! il me semble que vous manquez étrangement, vis-à-vis de nous, au respect qu'un manant de votre sorte doit à deux gentilshommes tels que le chevalier de Tessy et moi.

— Tout manant que je sois, répondit Jocelyn avec hauteur, sachez bien que j'ai quelque influence ici. Tous ces braves paysans qui remplissent la cour et le parc adoraient mon pauvre maître; si je leur disais que les tortures que vous lui avez avez infligées l'ont conduit au tombeau, soyez convaincus que vous ne sortiriez pas vivants de ce château, et que, tout bons gentilshommes que vous puissiez être, vous seriez infailliblement pendus aux grilles avant que cinq minutes se fussent écoulées...

— Oses-tu bien parler ainsi, drôle ?

— Êtes-vous curieux d'en faire l'expérience ?...

Jocelyn se dirigeait vers la porte.

— Nous ne sommes pas venus pour discuter avec vous, fit vivement le chevalier. Écoutez-nous, mon cher Jocelyn, et vous agirez ensuite comme bon vous semblera.

— Eh bien ! je vous l'ai déjà dit ; parlez promptement, messieurs, je vous écoute...

— Jocelyn, reprit le comte, vous aviez toute la confiance de votre maître ?

— J'avais effectivement cet honneur.

— Vous n'avez jamais quitté le marquis depuis trente ans...

— Cela est vrai.

— Donc, vous nous connaissez tous deux, mon frère et moi, et vous n'ignorez pas de quelle nature étaient nos relations avec le marquis ?

Jocelyn ne répondit pas. Le comte de Fougueray continua :

— Je prends votre silence pour une réponse affirmative. Donc, vous savez que votre maître était en notre puissance, et que son honneur était entre nos mains. Or, vous devez savoir aussi que l'honneur d'un gentilhomme surtout lorsque ce gentilhomme est un Loc-Ronan, vous devez savoir, dis-je, que cet honneur ne meurt point au moment où la vie s'éteint.

— Je ne vous comprends pas.

— En d'autres termes, je veux dire que, vivant ou mort, le marquis de Loc-Ronan peut être déshonoré par nous.

— Quoi ! vous voudriez ?...

— Attendez donc ! La mort du marquis est un obstacle à l'exécution de certaines conventions arrêtées entre nous, conventions d'où dépend notre fortune à venir, et dont l'inexécution nous porte un préjudice déplorable. Or, vous comprenez sans peine que nous éprouvions en ce moment quelques velléités de vengeance contre ce marquis qui vient nous frustrer!... Il est mort, cela est vrai, et nous ne pouvons nous en prendre à son corps; mais sa mémoire et son nom nous restent, et nous sommes décidés à les livrer à l'infamie!

— Mais c'est horrible! s'écria Jocelyn.
— Que pensez-vous de cette résolution, estimable serviteur? parlez sans crainte...
— Je pense que vous êtes des misérables!
— Paroles perdues que tout cela!
— Et vous croyez que je vous laisserai agir?
— Parbleu!
— Eh bien! vous vous trompez!
— Vraiment?
— Je vais...
— Ameuter ces drôles contre nous? interrompit le comte en désignant les paysans assemblés dans la cour. Erreur, mon cher, grave erreur! Ce serait le moyen le plus certain de voir déshonorer à l'instant la mémoire de votre maître. Nous ne sommes pas si nigauds que de nous être mis de cette façon à la merci des gens! Nous jeter ainsi dans la gueule du loup, pour qu'il nous croque!... Allons donc! Le chevalier et moi sommes des gens fort adroits, mon cher Jocelyn. Vous avez vu, lorsqu'il y a quelques jours le marquis voulut faire de nous un massacre général, qu'il a suffi d'un seul mot pour le désarmer et l'amener à composition? Sachez bien, mon brave ami, que les papiers qui renferment les secrets de la vie de votre maître sont déposés à Quimper, entre les mains d'une personne qui nous est toute dévouée... Si,

par un hasard quelconque, nous ne reparaissions pas ce soir, ces papiers seraient remis à l'instant entre les mains de la justice. Or, vous n'ignorez pas, vous qui êtes au courant des événements politiques, que la justice aime assez en ce moment à courir sus aux bons gentilshommes, pour flatter les instincts populaires en vue de ce qui doit arriver? Donc, quoi que vous fassiez, si nous ne nous entendons pas, le marquis de Loc-Ronan, mort ou vivant, sera jugé !

— Vous n'oseriez évoquer cette affaire ! répondit Jocelyn.

— Pourquoi pas ?
— Parce que je raconterais la vérité, moi !
— Vraiment !
— Je dirais ce que vous avez fait.
— Et quoi donc ! qu'avons-nous fait ?
— Je dirais que vous avez spéculé sur ce secret pour arracher des sommes énormes à mon maître. Enfin, je raconterais votre dernière visite.

— Bah ! on ne vous croirait pas !
— On ne me croirait pas ! s'écria Jocelyn avec impétuosité.

— Eh non ! Quelle preuve avez-vous ? Nous démentirons vos paroles.

— Mon Dieu ! Mais enfin que voulez-vous de moi ?
— Vous prévenir que nous allons agir.
— Oh ! non ! vous ne le ferez pas !...
— Si fait, parbleu !
— Messieurs ! messieurs ! je vous en conjure ! Rappelez-vous que mon pauvre maître vous a toujours comblés de bienfaits. Ne déshonorez pas sa mémoire ne révélez pas cet affreux mystère, oh ! je vous en supplie !... Voyez ! je me traîne à vos genoux. Dites, dites que vous ne remue-

rez pas les cendres qui reposent au fond d'un cercueil ? Mon Dieu ! mais quel intérêt vous pousserait ? La vengeance est stérile !

Tout en parlant ainsi, Jocelyn, les yeux pleins de larmes, les mains suppliantes, s'adressait tour à tour au chevalier et au comte. En voyant le désespoir du fidèle serviteur, le comte lança à son compagnon un regard de triomphe. Puis, revenant à Jocelyn, il sembla prêt à se laisser fléchir.

— Peut-être dépend-il de vous que nous n'agissions pas ainsi que nous l'avons résolu, dit-il.

— Eh ! que doi-je faire pour cela ?

— Répondre franchement.

— A quoi ?

— A ce que nous allons vous demander.

— Parlez donc, messieurs, et si je puis vous répondre selon vos désirs, je le ferai.

— Le marquis a-t-il fait un testament ?

— Je n'en sais rien ; mais je ne le crois pas.

— Alors, n'ayant eu aucun enfant de ses deux mariages, ses biens reviendront à des collatéraux ?

— C'est possible.

Le comte et le chevalier poussèrent un profond soupir.

— Jocelyn, dit brusquement le comte, venons au fait. Nous ne pouvons malheureusement rien prétendre sur l'héritage ; mais, avant que la justice soit venue ici mettre les scellés, nous sommes les maîtres de la maison... Or, la justice va venir avant une heure ; d'ici là, agissons.

— Que voulez-vous donc ? demanda Jocelyn.

— Nous voulons que tu nous livres immédiatement tout ce qu'il y a au château, d'or, d'argent et de pierreries...

— Mais...

— Oh! n'hésite pas! l'honneur de ton maître te met à notre discrétion; souviens-toi!...

— Messieurs, je ne puis...

— Dépêche-toi!... te dis-je.

— On m'accusera de vol! Encore une fois...

— Encore une fois, dépêche-toi! ou, je te le jure par tous les démons de l'enfer! si tu nous laisses sortir d'ici les mains vides, avant qu'il soit nuit, nous aurons publié dans tout le pays la bigamie du marquis de Loc-Ronan.

Jocelyn demeura pendant quelques secondes indécis. Un violent combat se lisait sur sa figure et contractait sa physionomie expressive. Enfin, il sembla avoir pris un parti.

— Venez! dit-il, je vais faire ce que vous me demandez, mais que le crime en retombe sur vous!

— C'est bon! nous achèterons des indulgences à Rome! répondit le marquis; nous sommes au mieux avec trois cardinaux!...

Jocelyn conduisit les deux hommes dans une pièce voisine qui contenait les annales du château et de la famille des Loc-Ronan. Il prit une clef qu'il tira de la poche de son habit, et il ouvrit une énorme armoire en chêne toute doublée de fer. Cette armoire était, à l'intérieur, composée de divers compartiments. Le comte exigea qu'ils fussent ouverts successivement. A l'exception d'un seul, ils renfermaient des papiers. Mais ce que contenait le dernier valait la peine d'une recherche minutieuse. Il y avait là, enfermées dans une petite caisse en fer ciselé, des valeurs pour plus de cent cinquante mille livres; les unes en des traites sur l'intendance de Brest, d'autres sur celle de Rennes; puis des diamants de famille non montés, de l'or pour une somme de près de trente mille livres, etc., etc.

Le comte et le chevalier, éblouis par la vue de tant de

richesses et n'espérant pas trouver un pareil trésor, ne purent retenir un mouvement de joie. Sans plus tarder ils s'emparèrent des traites, toutes au porteur, et des diamants qu'ils firent disparaître dans leurs poches profondes. A les voir ainsi âpres à la curée, on devinait les bandits sous les gentilshommes. Jocelyn les connaissait bien, probablement, car il ne s'étonna pas.

Restait l'or dont le volume offrait un obstacle pour l'emporter facilement. Le comte fit preuve alors de toute l'ingéniosité de son esprit fertile en expédients. Après en avoir fait prendre au chevalier et après en avoir pris lui-même tout ce qu'ils pouvaient porter, il versa le reste des louis dans une sacoche qu'il se fit donner par Jocelyn. Puis, dégrafant son manteau, il l'enroula autour du sac et il passa le tout sur son bras en arrangeant les plis de manière à dissimuler le fardeau.

— Là! dit-il quand cela fut fait; maintenant, mon brave Jocelyn, tu vas nous reconduire avec force politesse, et pour te récompenser de ton zèle, nous te jurons que tu n'entendras plus jamais parler de nous!

Jocelyn leva les yeux au ciel en signe de remerciement et s'empressa de précéder les deux larrons.

XVI

LA ROUTE DES FALAISES.

Au moment où le comte et le chevalier se mettaient en selle, le lieutenant civil de Quimper, accompagné de divers magistrats et suivi d'une escorte, arrivait au château pour dresser un inventaire détaillé et apposer officiellement les scellés. Le comte poussa du coude son compagnon. Il échangèrent un sourire.

— Qu'en dis-tu? murmura le comte en mettant son cheval au pas.

— Je dis qu'il était temps! répondit le chevalier.

Les deux cavaliers franchirent le seuil du château en affectant beaucoup d'indifférence et de calme, et en laissant échapper quelques mots qui pouvaient donner à penser qu'ils se rendaient au-devant d'autres gentilshommes arrivant par la route de Quimper. Mais une fois sur la pente douce qui aboutissait au point où se croisaient le chemin de la ville et celui des falaises, ils s'empressèrent de suivre ce dernier.

— Un temps de galop, Raphaël! dit le comte en éperonnant son cheval. On ne sait pas ce qui peut arriver...

Dix minutes après, jugeant qu'ils étaient hors de vue et rien n'indiquant qu'ils eussent un danger à redouter, ils mirent leurs chevaux à une allure plus douce.

— Corbleu, Diégo! s'écria Raphaël, la matinée n'est pas perdue!

— Certes! répondit le comte, la journée a été moins mauvaise que nous le pensions. Ah! ce matin, je n'espérais plus!

— Le morceau est joli, à défaut du gâteau tout entier.

— C'est là ton avis, n'est-ce pas!

— Et le tien aussi, je suppose!

— Oui, ma foi! mais en y réfléchissant, je ne puis m'empêcher de me désoler un peu! Cette mort est venue faire avorter un plan si beau! Nous avons de l'or, Raphaël, mais nous ne sommes pas riches et Henrique n'a pas de nom!

— Bah! tu lui donneras le tien! Maintenant que le marquis est mort, rien ne t'empêche d'épouser Hermosa.

— Hermosa n'est plus jeune.

— Oui, voilà la pierre d'achoppement. Mais après tout

elle est belle encore, et quand elle aura cessé de l'être tu t'en consoleras avec d'autres.

— Là n'est point la question. Je pense plus à l'argent qu'à l'amour. Or, environ soixante-quinze mille livres pour chacun ce n'est guère !...

— Eh ! ne quittons pas le pays. Lançons-nous dans la politique. Si Billaud-Varenne tient parole, avant peu la noblesse va se voir assez malmenée. Alors nous quitterons nos titres, nous reprendrons nos véritables noms, et nous trouverons bien au milieu de la révolution qui éclatera, le moyen de faire fructifier nos capitaux.

— Et si la noblesse triomphe ?

— Eh bien ! nous garderons nos titres, et, comme nous connaissons une partie des secrets des révolutionnaires, nous les combattrons plus facilement.

— Tu as réponse à tout.

— Tu t'embarrasses d'un rien.

— Corbleu ! Raphaël ! je suis fier de toi. Tu es mon élève, et bientôt tu seras plus fort que ton maître !...

Raphaël sourit dédaigneusement. Le comte le vit sourire, et ses yeux se fermant à demi laissèrent glisser entre les paupières un regard moqueur qui enveloppa son compagnon.

— Maître corbeau !... pensa-t-il.

Il n'acheva pas la citation. En ce moment les deux hommes, qui avaient quitté la route des falaises pour une chaussée plus commode située à peu de distance et tracée parallèlement à la mer, les deux hommes, disons-nous, chevauchaient dans un étroit sentier bordé de genêts et d'ajoncs. Ces derniers, s'élevant à cinq et six pieds de hauteur, formaient un rideau qui leur dérobait la vue du pays. Les chevaux, auxquels ils avaient rendu la main, allongeaient leur cou et avançaient d'un pas égal et mesuré.

Depuis quelques instants le comte semblait prêter une oreille attentive à ces mille bruits indescriptibles de la campagne, auxquels se mêlait le murmure sourd de la houle. Le chevalier paraissait plongé dans des rêveries qui absorbaient toute son intelligence. Enfin il redressa la tête, et s'adressant à son ami :

— Diégo! dit-il.

— Chut! répondit le comte en se penchant vers lui.

— Qu'est-ce donc?

— On nous suit!

— On nous suit? répéta le chevalier en se retournant vivement.

— Pas sur la route : mais là dans les genêts, il y a quelqu'un qui nous épie... Tiens la bride de mon cheval...

Le chevalier s'empressa d'obéir. Le comte sauta lestement à terre et s'élança sur le côté droit du sentier. Il écarta les genêts, il les fouilla de la main et du regard.

— Personne! s'écria-t-il ensuite.

— Tu te seras trompé!

— C'est bien étrange!

— Tu auras pris le bruit du vent pour les pas d'un homme.

— C'est possible, après tout.

— Ne remontes-tu pas à cheval?

— Tout à l'heure.

Le comte recommença son investigation, mais sans plus de résultat que la première fois.

— Corbleu! fit-il en revenant à sa monture, corbleu! ces genêts sont insupportables! On peut vous espionner, vous suivre pas à pas sans que l'on puisse prendre l'espion sur le fait!

— Tu es fou, Diégo, lors même qu'un homme eût marché dans le même sens que nous, pourquoi penser qu'il nous épiât?

— Allons, je me serai trompé.

— Sans doute, fit le chevalier en se remettant en marche. Écoute-moi, mon cher, j'ai à te communiquer une idée lumineuse qui vient de me surgir tout à coup...

— Quelle est cette idée?...

— Voici la chose.

— Attends, interrompit le comte, regagnons d'abord le sentier des falaises. Du haut des rochers au moins on domine la campagne, et personne ne peut vous entendre.

— Soit! regagnons les falaises...

Les deux cavaliers traversèrent le fourré et se dirigèrent vers les hauteurs. Le vent agitait en ce moment l'extrémité des genêts, de telle sorte que ni le chevalier, ni le comte ne purent remarquer l'ondulation causée par le passage d'un homme qui courait en se baissant pour les devancer. Cet homme, dont la position ne permettait pas de distinguer la taille ni de voir le visage, arriva sur les rochers, les franchit d'un seul bond, tandis que les cavaliers étaient encore engagés dans les ajoncs, et, avec l'agilité d'un singe, il se laissa glisser sur une sorte d'étroite corniche suspendue au-dessus de l'abîme.

Cette arête du roc longeait les falaises jusqu'à la baie des Trépassés. Elle était large de dix-huit pouces à peine, située à quatre pieds environ en contre-bas de la route, et elle dominait la mer. On ne pouvait en deviner l'existence qu'en s'approchant tout à fait du pic des falaises.

L'homme mystérieux pouvait donc continuer à suivre la même route que les cavaliers, et à écouter toutes leurs paroles sans crainte d'être découvert par eux. D'autant mieux que la surface glissante des rochers ne permettait aux chevaux que de marcher au petit pas. Seulement il fallait que cet homme eût une habitude extrême de suivre un pareil chemin ; car, il se trouvait sur une corniche large de dix-huit pouces, et la mort était au bas !

Les deux cavaliers, une fois sur les falaises, continuèrent leur route et reprirent la conversation un moment interrompue.

— Tu disais donc ? demanda le comte en regardant autour de lui, et en poussant un soupir de satisfaction, tu disais donc, mon cher Raphaël ?...

— Que si tu veux m'en croire, Diégo, nous allons chercher dans le pays une retraite impénétrable, ignorée de tous les partis et où nous serons en sûreté.

— Pourquoi faire ?

— Tu ne comprends pas ?

— Non ; développe ta pensée, Raphaël. Développe ta pensée !

— Ma pensée est que cette retraite une fois trouvée, et nous parviendrons à la découvrir avec l'aide de Carfor, nous nous y enfermerons pour y attendre les événements.

— Bon !

— Nous y conduirons Hermosa que tu aimes toujours, quoi que tu en dises ; car elle est encore fort belle et n'a pas quarante ans, ce qui lui donne le droit d'en avoir vingt-neuf.

— Après ?

— Tu y cacheras Henrique. De mon côté j'y mènerai ma petite Bretonne, et nous passerons joyeusement là les trois mois d'attente dont nous a parlé Billaud-Varenne. Bien entendu que l'un de nous ira de temps à autre aux nouvelles, et que, si les événements l'exigent, nous agirons plus tôt...

— Eh bien! cela me sourit assez.
— N'est-ce pas?
— Tout à fait, même.
— Tu m'en vois enchanté.
— Seulement, avoue une chose.
— Laquelle?
— C'est que ta passion subite pour la jolie Yvonne de Fouesnan, la fiancée de ce rustre, te tient plus au cœur que tu ne voulais en convenir ces jours passés?

En entendant prononcer le nom d'Yvonne, l'homme qui suivait les falaises en rampant sur la corniche fit un tel mouvement de surprise qu'il faillit perdre pied, et qu'il n'eut que le temps de s'accrocher à une crevasse placée heureusement à portée de sa main.

— Mais, répondit le chevalier, je ne te cache pas que la belle enfant me plaît assez.
— Dis donc beaucoup.
— Beaucoup, soit!
— Et tu comptes sur la promesse de Carfor pour l'enlever?
— Sans doute.
— C'est demain, je crois, que la chose doit avoir lieu?
— Demain, après la célébration du mariage.
— Ah! par ma foi! je ris de bon cœur en songeant à la figure que fera le marié!
— Oui, ce sera, j'imagine, assez réjouissant à voir.

Les deux hommes se laissèrent aller à un joyeux accent d'hilarité.

— Quant à la retraite dont tu parles, reprit le comte en redevenant sérieux, il nous faudra nous en occuper ces jours-ci.
— Nous en parlerons à Carfor.
— Pourquoi nous fier à lui?

— Il connaît le pays.

— Crois-moi, Raphaël, en ces sortes de choses mieux vaut agir soi-même et sans l'aide de personne.

— Eh bien ! nous agirons...

— C'est cela ; mais avant tout, il faut songer à mettre notre trésor à l'abri des mains profanes.

— Bien entendu, Diégo ; allons d'abord à Quimper. Dès demain, nous entrerons en campagne.

— C'est arrêté !

Les deux cavaliers, suivant la route escarpée des falaises, dominaient la haute mer, nous le savons. Le ciel était pur, la brume, presque constante sur cette partie des côtes, s'était évanouie sous les rayons ardents du soleil ; l'atmosphère limpide permettait à la vue de s'étendre jusqu'aux plus extrêmes limites de l'horizon. Le comte, qui laissait errer ses regards sur l'Océan, arrêta si brusquement son cheval que l'animal, surpris par le mors, pointa en se jetant de côté.

— Raphaël ! dit le comte. Regarde ! Là, sur notre gauche.

— Eh bien ?

— Tu ne vois pas ce navire qui court si rapidement vers Penmarckh ?

— Si fait, je le vois. Mais que nous importe ce navire ?

— Dieu me damne ! si ce n'est pas le lougre de Marcof.

— Le lougre de Marcof ! répéta Raphaël.

— C'est le *Jean-Louis*, sang du Christ ! Je le reconnais à sa mâture élevée et à ses allures de brick de guerre.

— Impossible ! Le paysan que nous avons rencontré il y a trois jours à peine, nous a dit que Marcof était allé à Paimbœuf et qu'il ne reviendrait que dans douze jours au plus tôt.

— Je le sais ; mais néanmoins, c'est le *Jean-Louis*, j'en réponds !...

— Marcof n'est peut-être pas à bord.

— Allons donc ! Le *Jean-Louis* ne prend jamais la mer sans son damné patron.

— Alors si c'est Marcof, Diégo, raison de plus pour chercher promptement un asile sûr !...

— C'est mon avis, Raphaël ; car si ce diable incarné connaît la vérité, et Jocelyn la lui apprendra sans doute, il va se mettre à nos trousses. Or, je l'ai vu à l'œuvre, et je sais de quoi il est capable. Je suis brave, Raphaël, je ne crains personne, et tu as assisté, près de moi, à plus d'une rencontre périlleuse, n'est-ce pas ? Eh bien !... tout brave que je sois et que tu sois toi-même, nous ne pouvons rivaliser d'audace et d'intrépidité avec cet homme. Il semble que la lutte, le carnage et la mort soient ses éléments. Marcof, sans armes, attaquerait sans hésiter deux hommes armés, et je crois, sur mon âme, qu'il sortirait vainqueur de la lutte ! Hâtons-nous donc de regagner Quimper, Raphaël, et mettons sans plus tarder ton sage projet à exécution. Un jour nous trouverons l'occasion de nous défaire de cet homme, j'en ai le pressentiment ! Mais, en ce moment, ne compromettons point l'avenir par une imprudence.

Le comte et le chevalier, pressant leurs montures, quittèrent la route des falaises en prenant la direction de Quimper.

XVII

MARCOF.

Le comte de Fougueray ne s'était pas trompé, c'était bien le lougre de Marcof qu'il avait aperçu au loin sur la mer. Cette fois, comme le ciel était pur et la brise favorable, le *Jean-Louis* avait donné au vent tout ce qu'il avait de toile sur ses vergues.

Le petit navire fendait la lame avec une rapidité merveilleuse, et Bervic, qui venait de jeter le loch, avait constaté la vitesse remarquable de quatorze nœuds à l'heure.

Le comte n'avait pas été le seul à constater l'arrivée inattendue du lougre. Un homme qu'il n'avait pu voir, caché qu'il était par la falaise, un homme, disons-nous, suivait depuis longtemps les moindres mouvements du *Jean-Louis*. Cet homme était Keinec.

Se promenant avec agitation sur la grève rocailleuse, il s'arrêtait de temps à autre, interrogeait l'horizon et reportait ses regards sur un canot amarré à ses pieds. Au gré de son impatience, le lougre n'avançait pas assez vite. Enfin, ne pouvant contenir l'agitation qui faisait trembler ses membres, Keinec s'embarqua, dressa un petit mât, hissa une voile, et, poussant au large, il gouverna en mettant le cap sur le *Jean-Louis*.

En moins d'une heure, le lougre et le canot furent bord à bord. Bervic, reconnaissant Keinec, lui jeta un câble que le jeune marin amarra à l'avant de son embarcation, puis, s'élançant sur l'escalier cloué aux flancs du petit navire, il bondit sur le pont.

— Où est le capitaine? demanda-t-il à Bervic.

— Dans sa cabine, mon gars, répondit le vieux matelot.

— Bon ; je descends.

Keinec disparut par l'écoutille et alla droit à la chambre de Marcof dont la porte était ouverte. Le patron du *Jean-Louis*, courbé sur une table, était en train de pointer des cartes marines. Il était tellement absorbé par son travail qu'il n'entendit pas Keinec entrer.

— Marcof! fit le jeune homme après un moment de silence.

— Keinec! s'écria Marcof en relevant la tête, et un éclair de plaisir illumina sa physionomie. Ta présence m'en dit plus que tes paroles ne pourraient le faire, et je devine que je puis te tendre la main, n'est-ce pas.

— Je n'ai encore rien fait, murmura Keinec.

Et les deux marins échangèrent une amicale poignée de main.

— J'apporte de bonnes nouvelles pour nous, reprit Marcof.

— Et moi de mauvaises pour toi.

— Qu'est-ce donc?

— Je t'ai entendu dire bien souvent que tu aimais le marquis de Loc-Ronan?

— Le marquis de Loc-Ronan! s'écria Marcof. Sans doute! je l'aime et je le respecte de toute mon âme! il a toujours été si bon pour moi!...

— Alors, mon pauvre ami, du courage!

— Du courage, dis-tu?

— Oui, Marcof, il t'en faut!

— Mais pourquoi?... pourquoi?

— Parce que...

Keinec s'interrompit.

— Tonnerre! parle donc!

— Le marquis est mort hier !

— Le marquis de Loc-Ronan est mort ! s'écria le marin d'une voix étranglée.

— Oui !

— Par accident?

— Non, dans son lit.

Marcof demeura immobile. Sa physionomie bouleversée indiquait énergiquement tout ce qu'une pareille nouvelle lui causait de douleurs. Le sang lui monta au visage. Il arracha sa cravate qui l'étouffait. Ses yeux s'ouvrirent comme s'ils allaient jaillir de leurs orbites. Puis il se laissa tomber sur un siége, et il prit sa tête dans ses mains. Alors des sanglots convulsifs gonflèrent sa poitrine ; des cris rauques s'échappèrent de sa gorge, et au travers de ses doigts crispés des larmes brûlantes roulèrent sur ses joues bronzées par le vent de la mer. Le désespoir de cet homme était terrible et puissant comme sa nature.

Keinec le contemplait dans un religieux silence. Enfin Marcof releva lentement la tête. Ses larmes tarirent. Il quitta son siége et il marcha rapidement quelques secondes dans l'entre-pont. Puis il revint près de Keinec.

— Donne-moi des détails, lui dit-il.

Le jeune homme raconta tout ce qu'il savait de la mort du marquis, et ce qu'il raconta était l'expression la plus simplement exacte de la vérité.

— De sorte, continua Marcof, que c'est hier matin que le marquis est mort?...

— Oui, répondit Keinec, à cette heure on le descend dans le caveau de ses pères.

— Ainsi je ne pourrai même pas revoir une dernière fois son visage?...

— Dès que j'eus connaissance de cette horrible catastrophe, continua Keinec, je pensai à t'en donner avis en te faisant passer une lettre par le premier chasse-marée en vue qui eût mis le cap sur Paimbœuf. J'ignorais que tu revinsses si promptement.

— Je ne suis allé qu'à l'île de Groix, mon ami, et c'est Dieu qui sans doute l'a voulu ainsi, puisqu'il a permis que je pusse arriver le jour même de l'enterrement du marquis.

— Aussi, dès que j'ai reconnu ton lougre à ses allures, je me suis mis en mer pour venir à toi.

— Merci, Keinec, merci! Tu es un brave gars! Oh! vois-tu, je souffre autant que puisse souffrir un homme! continua Marcof, dont les larmes débordèrent de nouveau.

Cela t'étonne, n'est-ce pas, de me voir terrassé par le chagrin? moi, que tu as vu si souvent donner la mort avec un sang-froid farouche! Cela te paraît bizarre, ridicule peut-être, de voir pleurer Marcof, Marcof le cœur d'acier, comme l'appellent ses matelots. Tu me regardes et tu doutes!... Oh! c'est que le marquis de Loc-Ronan, entends-tu? le marquis de Loc-Ronan, c'était tout ce que j'adorais ici-bas! Je n'ai jamais embrassé ni mon père ni ma mère, moi, Keinec! Je n'ai jamais connu la tendresse d'un frère! Je n'ai jamais éprouvé de l'amour pour une femme! Eh bien! rassemble tous ces sentiments, pétris-les pour n'en former qu'un seul. Joins-y l'admiration, l'estime, le respect, et tu n'auras pas encore une idée de ce que je ressentais pour le marquis de Loc-Ronan!... Tu ne me comprends pas? Tu ne t'expliques pas comment il peut se faire qu'un obscur matelot comme moi porte une telle affection à un gentilhomme d'une ancienne et illustre famille?... C'est un secret, Keinec, un secret que je t'expliquerai peut-être un jour. Aujourd'hui sache seulement que tout ce que le cœur peut endurer de tortures, le mien le supporte à cette heure !... Oh! je suis bien malheureux! bien malheureux !...

Et il murmura à voix basse :

— Mon Dieu! vous me punissez trop cruellement. Il fallait me frapper, moi, et l'épargner, lui !

Keinec comprenait qu'en face d'un pareil désespoir les consolations seraient impuissantes. Il écoutait donc en silence, et profondément ému lui-même. Marcof se calma peu à peu.

— Matelot, dit-il, crois-tu que nous arrivions à temps pour assister à l'office des morts ?...

— Ne l'espère pas, répondit Keinec. A l'heure où j'ai quitté la côte, les prières étaient commencées, et maintenant le corps du marquis repose dans le caveau mortuaire du château.

— Ne pas avoir revu ses traits !... ne plus le revoir jamais! murmurait avec amertume le patron du *Jean-Louis*.

Une pensée subite sembla l'illuminer tout à coup.

— Keinec ! s'écria-t-il.

— Que veux-tu ?

— Tu m'aimes, n'est-ce pas ?

— Oui.

— Tu m'es fidèle ?

— Oui, Marcof, fidèle et dévoué !...

— J'aurai besoin de toi cette nuit; peux-tu m'aider ?

— Cette nuit, comme toujours, je suis à toi !

— Bien.

— A quelle heure veux-tu que je sois prêt ?

— A dix heures. Trouve-toi dans la montagne, auprès du mur du parc, à l'angle du sentier qui rejoint l'avenue.

— J'y serai.

— Merci, mon gars.

— Puis-je encore autre chose pour toi?

— Oui. Nous approchons de Penmarckh; monte sur le pont et prends le commandement du lougre pour franchir la passe.

Keinec obéit et Marcof demeura seul. Alors face à face avec lui-même, l'homme de bronze se laissa aller à toute l'expansion de sa douleur. Pendant deux heures, prières et cris d'angoisse s'échappèrent confusément de ses lèvres. Ses yeux devenus arides, étaient bordés d'un cercle écarlate. Sa main puissante anéantissait les objets qu'elle prenait convulsivement. Enfin, le corps brisé, l'âme torturée, Marcof se jeta sur son hamac.

La douleur avait terrassé cette vaillante nature!... Jusqu'à la nuit Marcof ne bougea plus. Deux fois le mousse chargé du soin de préparer son repas entra dans la cabine. Deux fois le pauvre enfant sortit sans avoir osé troubler les rêveries désolées de son chef.

Les matelots, stupéfaits de ne pas avoir vu Marcof présider au mouillage, s'interrogeaient du regard. Le vieux Bervic surtout exprimait sa surprise par des bordées de jurons énergiques empruntés à toutes les langues connues, et qui s'échappaient de sa large bouche avec une facilité résultant de la grande habitude. Keinec avait formellement défendu aux matelots de descendre dans l'entre-pont. Le jeune homme voulait qu'on laissât Marcof libre dans sa douleur.

Vers huit heures du soir, Marcof se jeta à bas de son hamac. Il ouvrit un meuble et il en tira une petite clé d'abord, puis une plus grande, et il les serra précieusement toutes deux dans la poche de sa veste. Il passa ses pistolets à sa ceinture. Il prit une courte hache d'abordage, et une forte pioche qu'il roula dans son caban. Cela fait, il mit le tout sous son bras et monta sur le pont.

Il jeta un long regard sur son lougre, il passa devant Bervic sans prononcer une parole, et il descendit à terre. Il traversa rapidement Penmarck, il prit le chemin des Pierres-Noires, et, tournant brusquement sur la gauche, il se dirigea vers les montagnes. La nuit était noire. La lune ne s'était point encore levée, et une brume assez forte couvrait la terre.

Arrivé au pied de la demeure seigneuriale, Marcof continua sa route, longea le mur du parc et s'engagea dans le sentier conduisant à la montagne. Tout à coup une forme humaine se dressa devant lui.

— C'est toi, Keinec? demanda-t-il.

— Oui, répondit le jeune homme.

— Viens !

Après avoir franchi l'espace d'une centaine de pas, Marcof s'arrêta devant une porte étroite et basse, pratiquée dans la muraille. Il tira la petite clé de sa poche et il ouvrit cette porte.

— Suis-moi, dit-il à Keinec.

Tous deux entrèrent. Marcof, en homme qui connaît parfaitement les êtres, guida son compagnon à travers le dédale des allées et des taillis. Bientôt ils arrivèrent devant le corps de bâtiment principal.

Marcof se dirigea vers l'angle du mur, il pressa un bouton de cuivre, il fit jouer un ressort, et une porte massive tourna lentement sur ses gonds. A peine cette porte fut-elle ouverte, qu'une bouffée de cet air frais et humide, atmosphère habituelle des souterrains, les frappa au visage.

Marcof tira un briquet de sa ceinture, fit du feu, alluma une torche et avança. Keinec le suivit silencieusement. Un escalier taillé dans le roc les conduisit en tournant sur lui-même dans un premier étage inférieur.

— Où sommes-nous donc, Marcof? demanda Keinec à voix basse.

— Dans les caveaux du château de Loc-Ronan, répondit le marin.

Keinec se signa. Marcof avançait toujours. Après avoir traversé une longue galerie voûtée, il se trouva en face d'une porte en fer, percée d'ouvertures en forme d'arabesques, qui permettaient de distinguer à l'intérieur.

Grâce à la clarté projetée par la torche que tenait Marcof, on pouvait apercevoir une longue rangée de sépulcres. Le marin prit alors la plus grande des deux clés qu'il avait apportées et l'introduisit dans la serrure.

Le mouvement qu'il fit pour pousser la porte renversa la torche qui s'éteignit. Les deux hommes demeurèrent plongés dans une obscurité profonde. Tout autre à leur place eût sans doute été en proie à un mouvement de frayeur; mais, soit bravoure, soit force de volonté, ils ne parurent ressentir aucune émotion.

— Ramasse la torche, dit Marcof d'une voix parfaitement calme, tandis qu'il battait le briquet.

— La voici, répondit Keinec.

La torche rallumée, ils entrèrent. Parmi tous ces sépulcres rangés symétriquement, la tête adossée à la muraille, on en distinguait un, le dernier, dont la teinte plus claire attestait une construction récente; des fragments du plâtre encore frais qui avait servi à sceller la dalle étaient épars autour de ce tombeau. Marcof, avant de s'en approcher, se dirigea vers celui qui le précédait. C'était la tombe du père du marquis de Loc-Ronan. Il s'agenouilla et pria longuement. Keinec l'imita. Puis se relevant, il revint à la dernière tombe qui se trouvait naturellement placée la première en entrant dans le caveau.

— C'est là qu'il repose! murmura-t-il.

Et, prenant une résolution :
— Keinec, dit-il, à l'œuvre, mon gars !...
— Que veux-tu donc faire, Marcof?
— Enlever cette pierre, d'abord.
— Et ensuite?
— Retirer le cercueil, l'ouvrir, embrasser une dernière fois le marquis, et le recoucher ensuite dans sa dernière demeure !..
— Une profanation, Marcof !...
— Non ! je te le jure ! J'ai le droit d'agir ainsi que je veux le faire !...
— Marcof !...
— Ne veux-tu pas me prêter ton aide ?
— Mais, songe donc...
— Pas de réflexion, Keinec, interrompit Marcof; réponds oui ou non. Pars ou reste !
— Je suis venu avec toi, dit Keinec après un silence ; je t'ai promis de t'aider et je t'aiderai.
— Merci, mon gars. Et maintenant mettons-nous à l'œuvre sans plus tarder. Travaillons, Keinec! et, je te le répète encore, que ta conscience soit en repos. J'ai le droit de faire ce que je fais.
— Je ne te comprends pas, Marcof; mais, n'importe, dispose de moi!

XVIII

LE SÉPULCRE DU MARQUIS DE LOC-RONAN.

Marcof donna la pioche à Keinec et prit sa torche. Tous deux se mirent en devoir de desceller la large dalle. Le plâtre, qui n'avait pas eu le temps de durcir depuis les quelques heures qu'il avait été employé, céda facilement.

Introduisant le manche de la pioche entre la dalle et les bords de la tombe, Keinec s'en servit comme d'un levier. Marcof joignit ses efforts aux siens. Tous deux roidissant leurs bras, la dalle se souleva lentement, puis elle glissa sur le bord opposé et tomba sur la terre molle. Le sépulcre était ouvert. Marcof fit un signe de croix sur le vide et dit à Keinec :

— Je vais descendre, allume la seconde torche qui est dans mon caban, et tu me la donneras.

Keinec obéit.

— Bien. Maintenant, matelot, prends le paquet de cordes et donne-le moi aussi.

Marcof enroula les cordes autour de son bras droit, et éclairé par Keinec, il descendit avec précaution dans le caveau. La bière reposait sur deux barres de fer scellées dans la muraille. Marcof l'attacha solidement, puis pressant l'extrémité de la corde entre ses dents, il remonta. Keinec, devinant ses intentions, saisit le cordage, et tous deux tirèrent doucement, sans secousses, pour hisser le cercueil à l'orifice du caveau.

La tâche était rude et difficile, car le cercueil, en chêne massif et doublé de plomb, était d'une extrême pesanteur. Mais la volonté froide et inébranlable de Marcof décuplait ses forces. Keinec l'aidait de tout son pouvoir.

Après un travail opiniâtre, l'extrémité du cercueil apparut enfin. Les deux hommes redoublèrent d'efforts. Marcof, laissant à son compagnon le soin de maintenir en équilibre le funèbre fardeau, quitta la corde, se glissa dans le caveau et poussa le cercueil de toute la vigueur de ses mains puissantes. Keinec l'attira à lui.

Certes, quiconque eût pu assister à ce spectacle, aurait cru à quelque effroyable profanation. L'ensemble de ces deux hommes ainsi occupés, offrait un aspect fantastique et lugubre. Travaillant dans ce caveau sépulcral à la pâle clarté de deux torches vacillantes qui laissaient dans l'obscurité les trois quarts du souterrain, on les eût pris pour deux de ces vampires des légendes du moyen-âge qui déterraient les corps fraîchement ensevelis, pour satisfaire leur infâme et dégoûtante voracité. Leurs vêtements en désordre, leur figure pâle, leurs longs cheveux flottants ajoutaient encore à l'illusion. Et cependant c'était l'amour fraternel qui conduisait l'un de ces hardis fossoyeurs ; c'était l'amitié qui guidait l'autre !... Marcof voulait revoir les restes chéris de celui qu'il avait perdu. Keinec aidait Marcof dans l'accomplissement de ce pieux désir, parce que Marcof était son ami.

Encore quelques efforts et leur travail pénible allait être couronné de succès. Marcof voyant la bière maintenue par Keinec, se hissa hors du tombeau. Puis tous deux attirèrent le cercueil pour le déposer doucement à terre.

Malheureusement ils avaient compté sans le poids énorme du cercueil. A peine l'eurent-ils incliné de leur côté, que la masse les entraîna. Leurs ongles se brisèrent sur le coffre de chêne ; le cercueil, poussé par sa propre pesanteur, fit plier leurs genoux. En vain ils firent un effort suprême pour le retenir, ils ne purent en venir à bout. La bière tomba lourdement à terre.

Marcof poussa un cri de douleur. Keinec laissa échapper une exclamation de terreur folle, et il recula comme pris de vertige, jusqu'à ce qu'il fût adossé à la muraille. C'est qu'en tombant à terre le cercueil, au lieu de rendre un son mat, avait semblé pousser un soupir métallique. On eût dit plusieurs feuilles de cuivre frappant les unes contre les autres.

Keinec et Marcof se regardèrent. Ils frémissaient tous deux.

— As-tu entendu? demanda Keinec à voix basse.
— Quoi? Qu'est-ce que cela?
— L'âme du marquis qui revient!
— Oh! si cela pouvait être! fit Marcof en s'inclinant, ce serait trop de bonheur.
— Marcof, si tu m'en crois, tu renonceras à ton projet.
— Non!
— Eh bien! achevons donc à l'instant, car j'étouffe ici!...
— Achevons.

Ils déclouèrent la bière. Au moment d'enlever le couvercle ils s'arrêtèrent tous deux et firent le signe de la croix. Puis, d'une main ferme, Marcof souleva les planches déclouées.

Un long suaire blanc leur apparut.

Marcof porta la main sur l'extrémité du suaire pour le soulever à son tour. Keinec recula. Marcof écarta le linceul et se pencha en avant. Ses yeux devinrent hagards, ses cheveux se hérissèrent, il poussa un grand cri et tomba à genoux.

— Keinec! s'écria-t-il, le marquis n'est pas mort.

Keinec, domptant sa terreur, se précipita vers lui.

— Keinec, reprit Marcof, le marquis n'est pas mort.
— Que dis-tu?
— Regarde!
— Non! non! répondit Keinec qui crut que son compagnon était devenu fou.
— Mais regarde donc, te dis-je!

Et Marcof, arrachant le linceul, découvrit, au lieu d'un cadavre, un rouleau de feuilles de cuivre.

— Miracle! s'écria Keinec.
— Non! pas de miracle! répondit Marcof. Le marquis a voulu faire croire à sa mort.

— Dans quel but ?

— Le sais-je ?... Mais, viens ! j'étouffe de joie. Le vieux Jocelyn nous dira tout !

Et, se précipitant hors du caveau sépulcral, Marcof entraîna Keinec avec lui. Dès qu'ils furent remontés, et après avoir refermé l'entrée secrète du souterrain, ils se dirigèrent vers une autre porte, dissimulée dans la muraille. Mais au moment de frapper à cette porte ou de faire jouer un ressort, Marcof s'arrêta.

— Nous ne devons pas entrer par ici, dit-il ; faisons le tour et allons sonner à la grille. Mais, écoute, Keinec, avant de sortir d'ici, il faut que tu me fasses un serment, un serment solennel ! Jure-moi, sur ce qu'il y a de plus saint et de plus sacré au monde, de ne jamais révéler à personne ce dont nous venons d'être témoins !

— Je te le jure, Marcof ! répondit Keinec. Pour moi, comme pour tous, M. le marquis de Loc-Ronan est mort, et bien mort !...

— Partons, maintenant.

— Tu oublies quelque chose.

— Quoi donc ?

— Nous n'avons pas remis ce cercueil à sa place, et nous avons laissé la tombe ouverte.

— Qu'importe ! Jocelyn et moi avons seuls les clés du caveau, et je vais parler à Jocelyn...

Keinec se tut. Les deux amis firent rapidement le tour du mur extérieur, et allèrent sonner à la grille d'honneur. On fut longtemps sans leur répondre. Enfin un domestique accourut.

— Que demandez-vous ? fit-il.

— Nous demandons à entrer au château.

— Pourquoi faire ? M. le marquis est mort et les scellés sont posés partout.

— Faites-nous parler à Jocelyn.
— A Jocelyn? répéta le domestique.
— Oui, sans doute! répondit Marcof avec impatience.
— Impossible.
— Pourquoi?
— Parce que cela ne se peut pas, vous dis-je...
— Mais, tonnerre! t'expliqueras-tu? s'écria le marin. Parle vite, ou sinon je t'envoie à travers les barreaux de la grille une balle pour te délier la langue.
— Ah! mon Dieu! fit le domestique avec effroi, je crois que c'est le capitaine Marcof!
— Eh oui! c'est moi-même; et, puisque tu m'as reconnu, ouvre-moi vite ou fais venir Jocelyn.
— Mais, encore une fois, cela ne se peut pas.
— Est-ce que Jocelyn est malade?
— Non.
— Eh bien?...
— Mais il est parti.
— Parti! Jocelyn a quitté le château?
— Oui, monsieur!
— Quand cela?
— Aujourd'hui même, pendant que la justice posait les scellés, et tout de suite après que l'on eut descendu dans les caveaux le corps de notre pauvre maître.
— Où est-il allé?
— On l'ignore; on l'a cherché partout. Il y en a qui disent qu'il s'est tué de désespoir.
— Où peut-il être? se demandait Marcof en se frappant le front.
— Vous voyez bien qu'il est inutile que vous entriez, dit le domestique.

Et, sans attendre la réponse, il se hâta de se retirer. Marcof et Keinec s'éloignèrent. Arrivés sur les falaises,

Marcof s'arrêta, et, saisissant le bras du jeune homme :
— Keinec ! dit-il.
— Que veux-tu ?
— Je mets à la voile à la marée montante ; tu vas venir à bord.
— Je ne le puis pas, Marcof.
— Pourquoi ?
— Parce que c'est bientôt qu'Yvonne se marie...
— Eh bien ?
— Et tu sais bien qu'il faut que je tue Jahoua !...
— Encore cette pensée de meurtre ?
— Toujours !

Marcof demeura silencieux. Keinec semblait attendre.
— Qu'as-tu fait depuis mon départ ? demanda brusquement le marin.
— Rien !
— Ne mens pas !
— Je te dis la vérité.
— Tu as vu quelqu'un cependant ?

Keinec se tut.
— Réponds !
— J'ai juré de me taire.
— Je devine. Tu as consulté Carfor ?
— C'est possible.
— C'est lui qui te pousse au mal.
— Non ! ma résolution était prise.
— C'est lui qui te l'a inspirée jadis, je le sais.

Keinec fit un geste d'étonnement, mais il ne démentit pas l'assertion de Marcof.
— Sorcier de malheur ! reprit celui-ci avec violence, je t'attacherai un jour au bout d'une de mes vergues !

Keinec demeura impassible. Marcof frappait du pied avec colère.

— Encore une fois, viens à bord.
— Non !
— Tu refuses ?
— Oui.
— Tu viendras malgré toi ! s'écria le marin.

Et, se précipitant sur Keinec, il le terrassa avec une rapidité effrayante. Keinec ne put même pas se défendre. Il fut lié, garrotté et bâillonné en un clin d'œil. Cela fait, Marcof le prit dans ses bras et le transporta dans les genêts.

— Maintenant, se dit-il, les papiers de l'armoire de fer m'apprendront peut-être la vérité.

Abandonnant Keinec, qu'il devait reprendre à son retour, il se dirigea rapidement vers le château. A peine eut-il disparu, qu'un homme de haute taille, écartant les genêts, se glissa jusqu'à Keinec, tira un couteau de sa poche, trancha les liens et enleva le bâillon.

— Merci, Carfor ! fit Keinec en se remettant sur ses pieds.

— Viens vite ! répondit celui-ci.

Et tandis que Keinec, silencieux et pensif, suivait la falaise, Carfor murmurait à voix basse :

— Ah ! Marcof, pirate maudit, tu veux me pendre à l'une de tes vergues ! tu apprendras à connaître celui que tu menaces, je te le jure !

Puis, sans échanger une parole, les deux hommes se dirigèrent vers la grotte de Carfor.

Pendant ce temps, Marcof pénétrant de nouveau dans le parc, arrivait à la petite porte qu'il n'avait pas voulu ouvrir.

Il fit jouer un ressort. La porte s'écarta. Il entra. Sans allumer de torche cette fois, il gravit l'escalier qui se présentait à lui, il pénétra dans la chambre mortuaire, et il voulut ouvrir la porte donnant sur le corridor. Il sentit une légère résistance. Cette résistance provenait de la bande de parchemin des scellés apposés sur toutes les portes du château.

— Tonnerre!... murmura-t-il, la bibliothèque doit être fermée également.

Il réfléchit pendant quelques secondes. Puis il ouvrit la fenêtre, et montant sur l'appui, il se laissa glisser jusqu'à la corniche. Grâce à cette agilité, qui est l'apanage de l'homme de mer, il gagna extérieurement la petite croisée en ogive qui éclairait la pièce dans laquelle il voulait pénétrer.

Il brisa un carreau, il passa son bras dans l'intérieur, il tira les verrous, il poussa les battants de la fenêtre, et il pénétra dans la bibliothèque. Alors il alluma une bougie et se dirigea vers la partie de la pièce que lui avait désignée son frère. Il déplaça les volumes. Il reconnut le secret indiqué. L'armoire s'ouvrit sans résistance. Elle renfermait une liasse de papiers.

Marcof tira ces papiers à lui, s'assura que l'armoire ne renfermait pas autre chose, la referma et remit les in-folio en place dans leurs rayons. Puis, la curiosité le poussant, il entr'ouvrit les papiers et en parcourut quelques-uns. Tout à coup il s'arrêta.

— Ah! pauvre Philippe! murmura-t-il, je devine tout maintenant! je devine!...

Ce disant, il mit les manuscrits sur sa poitrine, les assura avec l'aide de sa ceinture, et reprenant la route aérienne qu'il avait suivie, il regagna le petit escalier du parc. Quelques minutes après, il atteignait l'endroit où il avait laissé Kcinec. La lune s'était levée et éclairait splendidement la campagne. Marcof reconnut la place; il la vit foulée encore par le corps du jeune homme, mais elle était déserte.

— Carfor nous épiait!... dit-il au bout d'un instant. Keinec est libre. Ah! malheur au pauvre Jahoua! malheur à lui et à Yvonne! Damné sorcier! je fais serment que tout le sang qui sera versé par ta faute, tu me le payeras goutte pour goutte!

Puis, se remettant en marche, il aperçut bientôt les maisons de Penmarckh et la mâture élancée de son lougre qui se balançait sur la mer.

XIX

CARFOR ET RAPHAEL.

Dès que Carfor et Keinec furent arrivés à la baie des Trépassés, ils entrèrent dans la grotte. Keinec était toujours silencieux et sombre. Carfor souriait de ce mauvais sourire du démon triomphant.

— Mon gars, dit-il enfin, tu vois ce que Marcof a tenté contre toi?

— Ne parlons plus de Marcof, répondit Keinec avec impatience; Marcof est mon ami. Quoi que tu dises, Carfor, tu ne parviendras pas à me faire changer d'avis.

— Ainsi tu lui pardonnes de t'avoir violenté?

— Oui.

— Tu l'en remercies même?

— Sans doute, car je juge son intention.

— A merveille, mon gars! N'en parlons plus, comme tu dis, mais tu aurais tort de t'arrêter en si belle voie! Tu pardonnes à Marcof; pendant que tu es en train, pardonne à Yvonne, et remercie-la d'épouser Jahoua.

— Tais-toi, Carfor!... tais-toi!...

— Bah ! pourquoi te contraindre ?...

— Tais-toi, te dis-je ! répéta Keinec d'une voix tellement impérative que Carfor se recula. Si j'ai accepté la liberté que tu m'as rendue ce soir, c'est que je veux me venger.

— Dès aujourd'hui ?...

— Le puis-je donc ?

— N'est-ce pas aujourd'hui qu'a lieu le mariage ?

— Tu te trompes, Carfor ; la mort du marquis de Loc-Ronan a fait remettre la fête de la Soule, et la cérémonie du mariage de Jahoua et d'Yvonne.

— Ah ! tu sais cela ? fit Carfor avec un peu de dépit.

— L'ignorais-tu ?

— Non.

— Alors pourquoi me demander si je me vengerai aujourd'hui, lorsque toi-même tu m'as affirmé qu'il me fallait attendre le jour de la bénédiction nuptiale.

Carfor ne répondit pas. Depuis quelques instants il paraissait réfléchir profondément. Enfin il se leva, sortit de la grotte, interrogea le ciel, et revenant vers le jeune homme :

— Trois heures passées, dit-il. Keinec, il faut que je te quitte. Je m'absenterai jusqu'au soleil levé mais il faut que tu m'attendes ici, il le faut, Keinec, au nom même de ta vengeance, dont le moment est plus proche que tu ne le crois...

— Que veux-tu dire ?

— Je m'expliquerai à mon retour. M'attendras-tu ?

— Oui.

Sans ajouter un mot, Carfor prit son pen-bas et s'éloigna. Après avoir regagné les falaises, le berger longea la route de Quimper et s'enfonça dans les genêts. Il avait sans doute une direction arrêtée d'avance, car il marcha sans hésiter et arriva à une saulaie située à peu de distance d'un petit ruisseau. Au moment où il y pénétrait, un cavalier débouchait de l'autre côté. Ce cavalier était le chevalier de Tessy.

— Palsambleu! s'écria-t-il joyeusement en apercevant Carfor, te voilà enfin! Sais-tu que j'allais parodier le mot fameux de Sa Majesté Louis XIV, et dire: j'ai failli attendre!

— Je n'ai pas pu venir plus tôt, répondit Carfor.

— Tu arrives à l'heure, c'est tout ce qu'il me faut. Ta présence me prouve que tu as trouvé mon message dans le tronc du vieux chêne, ainsi que cela était convenu entre nous...

— Je l'ai trouvé. Que voulez-vous de moi?

— Corbleu! je trouve la question passablement originale. Est-ce que par hasard tu aurais oublié les dix louis que je t'ai donnés et les cinquante autres que je t'ai promis?

— Cent, s'il vous plaît.

— Bravo! tu as bonne mémoire.

— Oui! je n'ai rien oublié.

— Eh bien, si je ne m'abuse, maître sorcier, c'est demain que nous nous occupons de l'enlèvement.

— Cela ne se peut plus.

— Qu'est-ce à dire?

— Il faut que vous attendiez huit jours encore.

— Corps du Christ! je n'attendrai seulement pas une heure de plus que le temps que je t'ai donné, maraud! s'écria le chevalier en mettant pied à terre et en attachant la bride de son cheval à une branche de saule.

Puis il fouetta cavalièrement ses bottes molles avec l'extrémité d'une charmante cravache. Carfor le regardait et ne répondait point.

— Ne m'as-tu pas entendu? demanda le chevalier.

— Si fait.

— Eh bien ?

— Je vous le dis encore, c'est impossible.

— Et moi, je te répète que je ne veux pas attendre.

— Il le faut cependant.

— Pour quelle cause ?

— Le mariage de la jeune fille a été reculé de huit jours.

— A quel propos ?

— A propos de la mort du marquis.

— Damné marquis! grommela le chevalier, il faut que sa mort vienne contrarier tous mes projets; mais, palsambleu! nous verrons bien.

Puis s'adressant au berger :

— Au fait, dit-il, que diable veux-tu que me fasse la mort du marquis de Loc-Ronan dont Satan emporte l'âme ?

— Il ne s'agit pas de la mort du marquis, répondit Carfor, mais bien du mariage qui se trouve reculé par cette mort.

— Eh! mon cher, je ne tiens en aucune façon à ce que la belle ait prononcé des serments au pied des autels. Que je l'enlève, c'est pardieu bien tout ce qu'il me faut!...

— Je comprends cela.

— Eh bien! alors ?

— Ce mariage nous est cependant indispensable pour réussir.

— Que chantes-tu là, corbeau de mauvais augure ?

— La vérité. Ce mariage doit être notre plus puissant auxiliaire.

— Explique-toi clairement.

— Sachez donc que mes mesures étaient prises. Aujourd'hui même, jour de la bénédiction des deux promis, la fête de la Soule devait avoir lieu.

— Qu'est-ce que c'est que la fête de la Soule?

— Une vieille coutume du pays qu'il serait trop long de vous expliquer.

— Passons alors.

— Jahoua, le fiancé d'Yvonne, aurait été tué à cette fête.

— Bah! vraiment?

— Vous comprenez quel tumulte aurait occasionné sa mort.

— Sans doute!

— Dès lors, rien n'était plus facile, par ruse ou par violence, que de s'emparer d'Yvonne.

— Tiens! tiens! tiens! s'écria le chevalier en riant; mais c'était fort bien imaginé tout cela!...

— D'autant plus que j'aurais augmenté ce tumulte par des moyens qui sont à ma disposition, et peut-être réussi à faire un peu de politique en même temps.

— Très-ingénieux, sur ma foi!

— Malheureusement, vous le savez, la fête de la Soule et le mariage sont reculés. Il faut donc ajourner notre expédition.

— Je ne suis pas de ton avis.

— Cependant...

— Je veux enlever Yvonne aujourd'hui, et, morbleu! je l'enlèverai!

— Sans moi?

— Avec toi, au contraire.

— Comment cela?

— Écoute-moi attentivement.

Carfor fit signe qu'il était disposé à ne pas laisser échapper un mot de ce qu'allait dire le chevalier.

— Nous disons, continua celui-ci, qu'il te faut un tumulte quelconque dans le village de Fouesnan?

— Oui, répondit le berger.

— Cela est indispensable?

— Tout à fait.

— Eh bien! mon gars, j'ai ton affaire.

— Je ne comprends pas.

— Tu sauras qu'aujourd'hui même il y aura à Fouesnan, non-seulement un tumulte, mais encore un véritable orage, une émeute même, et peut-être bien un commencement de contre-révolution.

— Expliquez-vous, monsieur le chevalier! s'écria Carfor avec anxiété.

— Comment, tu ne sais rien?

— Rien!

— Toi? un agent révolutionnaire? continua le gentilhomme, ou celui qui en portait l'habit, ravi intérieurement de prouver au berger que lui, Carfor, n'était qu'un de ces agents subalternes qui ne savent jamais tout, tandis que lui, le chevaillier de Tessy, connaissait à fond les intrigues politiques du département.

Carfor, effectivement, laissait voir une vive impatience. Le chevalier reprit :

— Voyons, je veux bien t'éclairer. Tu dois au moins savoir que, depuis quelques mois, une partie de la Bretagne s'agite à propos des prêtres.

— Pour le serment à la constitution?

— C'est cela.

— Oui, les assermentés et les insermentés, les jureurs et les vrais prêtres, comme on les appelle dans le pays.

— Parfaitement.

— Je savais cela, monsieur; mais je savais aussi que, jusqu'ici, la Cornouaille était restée calme, et que le département ne tourmentait pas les recteurs comme dans le pays de Léon, dans celui de Tréguier et dans celui de Vannes...

— Oui, mon cher; mais tu n'ignores pas non plus que l'Assemblée législative a rendu un décret par lequel il est formellement interdit aux prêtres non assermentés d'exercer dans les paroisses? Comme tu viens de le dire, la Cornouaille, autrement dit le département de Finistère, n'avait pas encore sévi contre ses calotins. Mais l'administration a reçu des ordres précis auxquels il faut obéir sans retard.

— Elle va sévir contre les recteurs? demanda vivement Carfor dont l'œil brilla d'espoir.

— Sans doute.

— En êtes-vous certain?

— J'en réponds.

— Et quand cela?

— Tout de suite, te dis-je.

— Bonne nouvelle!

— Excellente, mon cher. Es-tu curieux de connaître l'arrêt de l'administration?

— Certes!...

— J'en ai la copie dans ma poche.

— Oh! lisez vite, monsieur le chevalier!

Le chevalier prit un papier dans la poche de son habit, et il s'apprêta à en donner lecture.

— Écoute, dit-il, je passe sur les formules d'usage et j'arrive au point important :

— Nous, administrateurs, etc., etc. Ordonnons ce qui suit:

« 1° Que toutes les églises et chapelles, autres que les églises paroissiales, seront fermées dans les vingt-quatre heures.

« 2° Que tous les prêtres insermentés demeureront en état d'arrestation.

« 3° Que tout citoyen qui, au lieu de faire baptiser ses enfants par le prêtre constitutionnnel, recourrait aux insoumis, sera déféré à l'accusateur public.

« Arrêté du département du Finistère, 30 juin 1791. »

— Or, continua le chevalier après avoir terminé sa lecture, il résulte des informations que j'ai prises, que le recteur de Fouesnan n'est nullement assermenté. Aujourd'hui même, messieurs les gendarmes se présenteront au presbytère et l'arrêteront. Les gars du village tiennent plus à leur curé qu'à la peau de leur crâne. Crois-tu qu'ils le laisseront emmener?

— Non certes! répondit Carfor.

— En poussant adroitement les masses, et c'est là ton affaire, on arrivera facilement à une petite rébellion. Or, une rébellion, maître Carfor, quelque minime qu'elle soit, ne s'accomplit pas sans beaucoup de tumulte, et, dans un tumulte politique, on garde peu les jeunes filles. Comprends-tu?

— Parfaitement.

— Et tu agiras?

— Vous pouvez vous en rapporter à moi. A quelle heure les gendarmes doivent-ils venir au presbytère de Fouesnan?

— Vers la tombée de la nuit...

— Vous en êtes sûr?

— J'en suis parfaitement certain.

— Alors trouvez-vous avec un bon cheval et un domestique dévoué à l'entrée du village du côté du chemin des Pierres-Noires.

— Bon! à quelle heure?

— A sept heures du soir.

— Tu m'amèneras Yvonne ?

— A mon tour je vous en réponds.

— Seras-tu obligé d'employer du monde ?

— Pourquoi cette question ?

— Parce qu'il me répugne de mettre beaucoup d'étrangers au courant de mes affaires.

— Tranquillisez-vous, j'agirai seul.

— Bravo ! maître Carfor. Tu es décidément un sorcier accompli.

— Voilà le jour qui se lève. Séparons-nous.

— A ce soir, à Fouesnan.

— A sept heures, mais à condition que les gendarmes agiront de leur côté.

— Cela va sans dire.

— Adieu, monsieur le chevalier.

— Adieu, mon gars.

Et le chevalier de Tessy, enchanté de la tournure que prenaient ses affaires, décrocha la bride de son cheval, se mit légèrement en selle et partit au galop. Carfor demeura seul à réfléchir.

— Oh ! les prêtres vont être poursuivis maintenant ! pensait-il, et un éclair joyeux se reflétait sur ses traits amaigris. On va donner la chassse aux recteurs ! Tant mieux ! Les paysans se révolteront, les coups de fusil retentiront. C'est la guerre dans le pays ! La guerre ! Oh ! il sera facile alors de frapper ses ennemis ! Quel malheur que ce marquis de Loc-Ronan soit mort si vite ! Dans quelques mois, j'aurais peut-être pu le tuer moi-même ! N'importe, les autres me restent et Jahoua sera le premier !

Et Carfor, poussant un éclat de rire sauvage, frappa ses mains l'une dans l'autre en murmurant d'une voix vibrante :

— Tous ! ils mourront tous ! et je serai riche et puissant !

XX

UN PRÊTRE NON ASSERMENTÉ.

En 1791, la Bretagne ne se soulevait pas encore ouvertement, mais de sourdes menées faisaient fermenter dans la tête des paysans de vagues idées de lutte contre le nouveau mode de gouvernement établi. Depuis la proclamation de la constitution, une scission s'était opérée dans le clergé, et cette scission menaçait de partager non-seulement les prêtres, mais encore les paroisses.

Au mois de juillet 1790, quelques jours avant la fête de la Fédération, Armand-Gaston Camus, prêtre janséniste, aidé par ses amis, avait provoqué la régularisation du temporel de l'Église. Le temporel est, on le sait, le revenu qu'un ecclésiastique tire de ses bénéfices. D'abord, la proposition fut mal accueillie par l'Assemblée; Camus prétendait vouloir mettre le clergé en communion d'intérêt avec le peuple, mais le côté droit crut apercevoir dans cette motion un moyen employé pour servir la cause de Jansénius, et il la repoussa de toutes ses forces, n'épargnant pas à l'orateur le ridicule ni les injures.

Camus, néanmoins, ne se tint pas pour battu. Le 12 du même mois, il revint à la charge et développa ses idées. Il ne s'agissait de rien moins que d'une révolution dans l'établissement de la constitution existante du clergé. Camus assimilait la division ecclésiastique à la division civile, réduisait les cent trente-cinq évêques à quatre-vingt-trois, détruisait les chapitres, les abbayes, les prieurés, les chapelles et les bénéfices, confiait le choix des évêques et des curés aux mêmes corps électoraux chargés de nommer les administrations civiles, et statuait enfin qu'aucun évêque, à l'avenir, ne pourrait s'adresser au pape pour en obtenir la confirmation. De plus, le casuel était supprimé et remplacé par un traitement fixe.

Après une vive et orageuse discussion, l'Assemblée adopta ce projet que l'on nomma la *Constitution civile du clergé*. Louis XVI, cependant, n'approuva pas immédiatement cette décision; et avant de la sanctionner de son pouvoir royal, il demanda du temps pour réfléchir. Puis il écrivit au pape de venir en aide à sa conscience. Le pape fit longtemps attendre sa réponse, et pendant de longs mois, la constitution devint un obstacle à la concorde générale. Enfin, le 26 décembre, le roi, obsédé par les manœuvres de ceux qui le poussaient, approuva le décret et sanctionna du même coup l'article relatif au serment que devaient donner les prêtres à cette constitution nouvelle, article arrêté depuis peu par l'Assemblée. Le lendemain de ce jour, cinquante-huit ecclésiastiques prêtèrent ce serment au sein de l'Assemblée, et le décret fut bientôt placardé par toute la France avec ordre d'y obéir, en dépit des sages observations de Cazalès qui s'y opposa vivement.

« Les querelles religieuses vont recommencer, s'écria-t-il du haut de la tribune ; le royaume sera divisé et réduit bientôt à cet état de misère et de guerre civile qui rappellera l'époque sanglante de la révocation de l'édit de Nantes!

Le 4 janvier 1791, M. de Bonnac, évêque d'Agen, monte à son tour à la tribune et refuse le serment prêté par l'abbé Grégoire; d'autres prêtres suivent son exemple. La séance devient orageuse; on entend des cris dans les tribunes et au dehors de la salle. Alors l'Assemblée décrète que les membres interpellés répondront seulement *oui* ou *non*. Tous les évêques et tous les ecclésiastiques qui siégent à droite répondent par un refus formel. Le 9, vingt-neuf curés des paroisses de Paris refusent d'accepter la constitution. Le 10, l'abbé Noy envoie à Bailly son serment civique signé de son sang. Le même jour, une caricature, colportée dans tout Paris, représente un prêtre en chaire : une corde, mue par une poulie et tirée par les patriotes, lui fait lever les bras. Enfin, sur huit cents ecclésiastiques employés dans la capitale, plus de six cents préfèrent renoncer à leurs places plutôt que d'obéir à l'ordre de l'Assemblée.

Bientôt la province vint augmenter le nombre de ces réfractaires. Sur les cent trente-cinq évêques, quatre seulement prêtèrent le serment exigé; les autres se renfermèrent dans un refus absolu, déclarant que leur conscience les empêchait d'accéder à ce que l'on exigeait d'eux. Les populations des campagnes, tiraillées en sens contraire, penchaient ouvertement du côté de leurs anciens pasteurs. En Bretagne, surtout, l'émotion fut vive et profonde, bien qu'elle se produisît tardivement en raison de l'éloignement de la province de la capitale et de la façon de vivre de ses paysans. Depuis les premiers jours de 1791 jusqu'à l'époque à laquelle se passe notre récit, cependant, les départements de l'Ouest s'étaient peu à peu occupés de leur clergé menacé, et le schisme s'y faisait jour. Certains ecclésiastiques, adoptant les doctrines à l'ordre du jour, s'étaient empressés de se rallier au parti triomphant, et n'avaient pas hésité à lui jurer fidélité et obéissance. D'autres, au contraire, et surtout les prêtres des départements de l'Ouest, avaient refusé obstinément de reconnaître la constitution, et par conséquent de lui prêter serment.

De là les assermentés et les insermentés. Ces derniers luttaient contre le pouvoir, excitant même le zèle de leurs concitoyens, et les conduisant de l'opposition passive à la révolte ouverte. Agissant soit avec connaissance de cause, soit par ignorance, ils prêchaient la guerre civile. D'un autre côté, les persécutions sans nombre qui devaient les atteindre allaient en faire des martyrs. Puis, il faut le dire, parmi ces prêtres réfractaires, il se trouvait de dignes pasteurs, amis du repos et de la tranquillité, et ne comprenant pas comment eux, ministres du Dieu de miséricorde, étaient ou n'étaient pas déchus de leur sacerdoce, suivant qu'ils avaient prêté ou non un serment entre les mains de citoyens revêtus d'écharpes tricolores. Ils disaient qu'ils servaient Dieu d'abord et non la révolution; ils demandaient simplement qu'on les laissât continuer en paix leur pieuse mission, et qu'on ne les chassât pas des cures qu'ils administraient depuis si longtemps. Mais l'Assemblée législative voyait en eux des agents provocateurs, et, les poursuivant sans relâche, augmentait encore leur influence. Mis en révolte ouverte contre la loi, ils agirent contre elle, et se firent un honneur et un devoir de ne pas céder. Non contents de blâmer ce qu'ils nommaient l'apostasie des prêtres assermentés, ils excitaient les fidèles à chasser ces derniers de leur paroisse, et à les traiter comme des profanateurs et des impies.

Presque toutes les communes avaient repoussé par la force les curés que l'on voulait leur imposer. Dans celles où on les souffrait, l'église était déserte. Les enfants mêmes se sauvaient en désignant le nouveau prêtre sous le nom de « jureur. »

Quant au curés réfractaires, la persécution leur avait donné une sainteté véritable. Chaque paroisse cachait au moins un de ces proscrits. La nuit on leur conduisait, de plusieurs lieues, les enfants nouveau-nés et les malades, pour baptiser les uns et bénir les autres. Tout mariage qui n'eût pas été consacré par eux eût été réputé impur et presque nul. Ne pouvant pas officier de jour dans les églises qui leur étaient fermées, ils improvisaient des autels dans les bruyères, sur quelque pierre druidique, au fond des bois, sur des souches amoncelées, au bord des grèves, sur des rochers laissés à sec par la marée basse. Des enfants de chœur, allant de ferme en ferme, frappaient au petit volet extérieur, et disaient à voix basse :

— Tel jour, telle heure, dans telle bruyère, sur tel autel.

Et le lendemain la population se trouvait au lieu et au moment indiqués pour assister à la célébration de l'office divin. Ces offices avaient toujours lieu la nuit. Souvent les sermons succédant à la messe faisaient germer dans les esprits de sourdes colères, et préparaient peu à peu à la guerre qui devait bientôt éclater.

Les ministres de la paix prêchaient la bataille, et ils étaient prêts à bénir les armes de l'insurrection. Des proclamations étaient presque toujours distribuées à la fin de chaque sermon, proclamations écrites dans un style politico-religieux, et propre à frapper l'imagination de ceux qui les lisaient.

De même que plus tard les Espagnols devaient apprendre de la bouche de leurs moines un catéchisme composé contre les Français, de même les paysans bretons et vendéens recevaient des mains de leurs recteurs des actes religieux dans le genre de ceux-ci.

ACTE DE FOI.

Je crois fermement que l'Église,
Quoi que la nation en dise,
Du Saint-Père relèvera
Tant que le monde durera;

Que les évêques qu'elle nomme,
N'étant point reconnus de Rome,
Sont des intrus, des apostats,
Et les curés des scélerats,
Qui devraient craindre davantage
Un Dieu que leur serment outrage.

ACTE D'ESPÉRANCE.

J'espère, avant que ce soit peu,
Les apostats verront beau jeu,
Que nous reverrons dans nos chaires
Nos vrais pasteurs, nos vrais vicaires;
Que les intrus disparaîtront ;
Que la divine Providence,
Qui veille toujours sur la France,
En dépit de la nation,
Nous rendra la religion.

ACTE DE CHARITÉ.

J'aime, avec un amour de frère,
Les rois d'Espagne et d'Angleterre,
Et les émigrés réunis,
Qui rendront la paix au pays;
J'aime les juges qui sans fautes
Condamneront les patriotes,
Le fer chaud qui les marquera,
Et le bourreau qui les pendra.

Lassés par ces résistances, la plus grande partie des administrateurs essayèrent d'user de rigueur et de réprimer par la force. D'autres fermèrent bénévolement les yeux. Indulgence et sévérité demeurèrent impuissantes.

Jusqu'alors le département du Finistère, et surtout les

côtes méridionales, avaient été à l'abri de ces calamités. Les recteurs réfractaires ou constitutionnels vivaient en paix dans leurs paroisses. Malheureusement cette tranquillité ne pouvait être de longue durée. Ainsi que le chevalier de Tessy l'avait dit à Carfor, l'administration du département, agissant d'après des ordres supérieurs, avait rendu un arrêté contre les prêtres non assermentés, et cet arrêté allait recevoir le jour même à Fouesnan son application rigoureuse.

Vers sept heures du soir, et au moment où le soleil semblait prêt à s'enfoncer dans l'Océan, une douzaine de cavaliers portant l'uniforme de la gendarmerie, commandés par un brigadier, arrivèrent au grand trot par la route de Quimper, se dirigeant vers Fouesnan. En entendant le piétinement des chevaux, les paysans sortaient curieusement de leurs demeures et s'avançaient sur le pas de leur porte.

C'était encore un spectacle nouveau pour eux, dans cette partie de la Cornouaille, que de voir passer un détachement de soldats bleus. Les enfants criaient en courant pour suivre les gendarmes, chacun croyait à une ronde venant au secours de quelque poste de douane. Personne ne devinait le véritable but de la cavalcade. Arrivés sur la place du village, le brigadier et six de ses hommes mirent pied à terre, tandis que les autres gardaient les chevaux.

Les gendarmes s'avancèrent vers le presbytère. Par un singulier hasard, le vieux recteur sortait précisément de l'église, et s'apprêtait à regagner son humble demeure. Son costume l'indiquait trop clairement au brigadier pour qu'il pût y avoir l'ombre d'une hésitation dans son esprit. Le gendarme marcha donc tout droit au prêtre.

En voyant les soldats s'arrêter sur la place au lieu de

continuer leur route, les paysans étaient successivement sortis de leurs maisons et s'étaient rapprochés. Ils formaient un cercle autour des gendarmes. L'un d'eux, qui connaissait le brigadier, s'approcha de lui.

— Bonjour, monsieur Christophe, lui dit-il.

— Bonjour, l'ancien, répondit le brigadier qui parlait assez bien le bas-breton.

— Qu'est-ce qui vous amène donc ici ?

— Une réquisition de corbeaux.

— Qu'est-ce que ça veut dire ?

— Je te l'expliquerai une autre fois, mon gars. Pour le présent, ôte-toi un peu de mon passage ; j'aperçois là-bas l'oiseau que je veux dénicher...

Et le brigadier, écartant brutalement le paysan, passa outre en se dirigeant vers le prêtre. Celui-ci, devinant sans doute que c'était à lui que le sous-officier en voulait, attendait paisiblement sous le porche de l'église. Quand le gendarme fut en face du vieux recteur :

— Le curé de Fouesnan ? demanda-t-il.

— C'est moi, répondit le prêtre.

— Ça marche tout seul, murmura le brigadier avec un sourire.

— Que me voulez-vous, mon ami ?

— Vous demander d'abord, comme la loi l'exige, si vous avez prêté serment à la constitution ?

— Un pauvre ministre du Seigneur ne s'occupe pas de politique. Il prêche la paix, voilà tout.

— Connu ! les grandes phrases et autres frimes pour ne pas répondre ; mais je représente la nation, moi, et la nation n'a pas le temps d'écouter les sermons. Répondez catégoriquement.

Un murmure d'indignation accueillit ces paroles.

— Silence dans les rangs ! commanda le brigadier. A

moins qu'il n'y en ait parmi vous qui aient envie que je leur lie les pouces et que je les emmène avec moi.

Les paysans se regardèrent, mais personne ne répondit.

— Voyons, continua le gendarme en s'adressant au recteur ; répondez, l'ancien !

— Que me voulez-vous ? C'est la seconde fois que je vous le demande.

— Avez-vous, oui ou non, prêté serment à la constitution, ainsi que l'ordonne la loi ?

— Non, répondit le prêtre.

— Vous avouez donc que vous êtes réfractaire ?

— J'avoue que je ne m'occupe que de mes enfants.

Et le recteur désignait du geste les paysans.

— Alors, reprit le brigadier, faites vos paquets, mon vieux, et en route.

— Vous m'emmenez ?

— Parbleu !

— Et où allez-vous me conduire, mon Dieu ?

— A Quimper.

— En prison peut-être ?

— C'est possible ; mais ce n'est pas mon affaire, vous vous arrangerez avec les membres de la commune.

— Mon Dieu ! mon Dieu ! qu'ai-je donc fait ?

— Vous êtes insermenté.

— Monsieur le brigadier...

— Allons ! pas tant de manières, et filons ! interrompit le soldat en portant la main sur le collet de la soutane du prêtre.

Le vieillard se dégagea avec un geste plein de dignité. Mais les murmures des paysans se changeaient en vociférations, et déjà les gars les plus solides et les plus hardis s'étaient jetés entre le prêtre et les gendarmes. Au plus fort du tumulte, le vieil Yvon accourut, son pen-bas à la main. Il se précipita vers son ami le recteur, et s'adressant aux paysans :

— Mes gars! s'écria-t-il, on a tué notre marquis, on veut emprisonner notre recteur. Le souffrirez-vous?

— Non! non! répondirent les paysans en formant autour des gendarmes un cercle plus étroit.

— La Rose! commanda le brigadier à un trompette, sonne un appel!...

Le trompette obéit. Le brigadier, alors, tira de sa ceinture l'arrêté du département, le lut à haute et intelligible voix. Après cette lecture, il y eut un moment d'hésitation parmi la foule. Le brigadier voulut en profiter. Saisissant une seconde fois le vieillard, il fit un effort pour l'entraîner, mais les paysans se précipitèrent de nouveau et le recteur fut dégagé. Jusqu'alors la résistance se bornait à une simple opposition passive. Cependant cette opposition était tellement évidente, que le brigadier frappa la terre de la crosse de sa carabine avec une sourde colère.

Il y avait là douze soldats en présence de près de cinquante paysans. Le gendarme comprenait qu'en dépit des carabines, des pistolets et des sabres, la partie ne serait pas égale.

— A cheval! commanda-t-il à ses hommes.

La foule, croyant qu'il allait donner l'ordre du départ sans exécuter son mandat, lui livra passage. Mais se retournant vers le recteur :

— Au nom de la nation, du roi et de la loi, je vous ordonne de me suivre! dit-il.

— Non! non! hurlèrent les paysans.

— Attention, alors! fit le brigadier en s'adressant à ses soldats.

— Mes enfants ! mes enfants ! disait le prêtre en s'efforçant d'apaiser le tumulte.

Mais sa voix, ordinairement écoutée, se perdait au milieu du bruit. Puis les enfants se glissaient silencieusement dans la foule et apportaient à leurs pères les pen-bas que leur envoyaient les femmes.

— Sabre en main ! ordonna le brigadier.

Les sabres jaillirent hors du fourreau, Les paysans se reculèrent. Le moment était décisif. Tout à coup un bruit de galop de chevaux retentit, et une nouvelle troupe de soldats, plus nombreuse que la première, déboucha sur la place. Le brigadier poussa un cri de joie.

— Gendarmes ! ordonna-t-il en s'élançant, sabrez-moi cette canaille !

— A bas les gendarmes ! à bas les bleus ! répondirent les paysans. Vive le recteur ! à bas la constitution !

— Ah ! vous faites les rebelles, mes petits Bretons ! s'écria la voix du sous-lieutenant commandant le nouveau détachement. Attention, vous autres ! Placez les prisonniers dans les rangs.

Les gendarmes occupaient le centre de la place. Les paysans, refoulés, en obstruaient les issues. Une collision était imminente. Les femmes pleuraient, les enfants criaient, les soldats juraient, et les paysans, calmes et froids, les uns armés de faulx, les autres de fusils, les autres de fourches et de pen-bas, attendaient de pied ferme la charge des cavaliers. Le vieux recteur, dont les gendarmes n'avaient pu s'emparer, était agenouillé sous le porche de l'église et implorait la miséricorde divine.

XXI

LES DEUX RIVAUX.

En voyant les gendarmes serrer leurs rangs et se mettre en bataille, le vieil Yvon s'était précipité vers sa demeure.

— Yvonne ! cria-t-il.
— Mon père ? répondit la jeune fille toute tremblante.
— Où est Jahoua ?
— A Penmarkh, père, vous le savez bien.
— Est-ce qu'il ne va pas revenir ?
— Si, père, je l'attends.

Pendant ces mots échangés rapidement, le vieillard avait décroché un fusil pendu au-dessus de la cheminée.

— Écoute, dit-il à sa fille. Tu vas sortir par le verger.
— Oui, père.
— Tu prendras la traverse par les genêts.
— Oui, père.
— Tu gagneras la route de Penmarckh, tu iras au-devant de Jahoua, et tu lui diras de hâter sa venue...
— Oui, père.
— Nous n'avons pas trop de gars ici...
— Oh ! mon Dieu ! s'écria Yvonne, on va donc se battre ?
— Tu le vois.
— Oh ! mon père, prenez garde...
— Silence, enfant ; songe à mes ordres et obéis.
— Oui, père, répondit la jeune fille en présentant son front au vieillard. Celui-ci embrassa tendrement Yvonne, la poussa vers le verger, et la suivant de l'œil ;

— Au moins, murmura-t-il, elle sera à l'abri de tout danger !

Et Yvon, s'élançant au dehors, rejoignit ses amis. En ce moment, l'officier qui avait pris le commandement renouvelait l'ordre d'exécuter la loi. Les paysans, faisant bonne contenance, répondaient aux menaces par des huées.

§

Une demi-heure avant que les gendarmes ne pénétrassent dans le village de Fouesnan, Jahoua, le fiancé de la jolie Yvonne, suivait en trottant sur son bidet ce chemin des Pierres-Noires, dans lequel il avait couru jadis un si grand danger. L'amoureux fermier, tout entier aux rêves enchanteurs que faisait naître dans son esprit la pensée de son prochain mariage, chantonnait gaiement un noël, laissant marcher son cheval à sa fantaisie.

Ce cheval était le même qui avait eu l'honneur de recevoir Yvonne sur sa croupe rebondie, lors du retour des promis de leur voyage à l'île de Groix. L'imagination emportée dans les suaves régions du bonheur, Jahoua se voyait, dans l'avenir, entouré d'une nombreuse progéniture, criant, pleurant et dansant dans la salle basse de la ferme. De temps en temps il portait la main à la poche de sa veste, en tirait un petit paquet sous forme de boîte, l'ouvrait et s'extasiait. Cette petite boîte renfermait une magnifique paire de boucles d'oreilles qu'un pêcheur, commissionné par le fermier à cet effet, avait rapportée ce jour même de Brest. Jahoua souriait en pensant à la joie qu'allait éprouver sa coquette fiancée. Alors il activait l'allure du bidet. Déjà l'extrémité du clocher de Fouesnan lui apparaissait au-dessus des bruyères. Encore une demi-heure de route et il serait arrivé. C'était précisément à ce moment que les gendarmes opéraient leur entrée dans le village.

Et apercevant le clocher du village, Jahoua précipita l'allure de son cheval ; mais il n'avait pas fait cent pas en avant qu'un homme, écartant brusquement les ajoncs, se dressa devant lui, à un endroit où la route faisait coude.

Cet homme, à la figure pâle, aux yeux égarés, était Keinec.

Jahoua n'avait d'autre arme que son pen-bas Keinec tenait à la main sa carabine. Les deux hommes demeurèrent un moment immobiles, les regards fixés l'un sur l'autre.

Jahoua était brave. En voyant son rival, il devina sur-le-champ qu'une scène tragique allait avoir lieu. Néanmoins son visage n'exprima pas la moindre crainte, et, lorsqu'il parla, sa voix était calme et sonore.

— Que me veux-tu, Keinec ? demanda-t-il

— Tu le sais bien, Jahoua : ne t'es-tu pas demandé quelquefois si tu devais redouter ma vengeance ?

— Pourquoi la redouterais-je ? Qu'as-tu à me reprocher pour me parler ainsi de vengeance ?

— Tu oses le demander, Jahoua ! Faut-il donc te rappeler les serments d'Yvonne et sa trahison ?

— Écoute, Keinec, répondit le fermier, moi aussi, depuis longtemps, je désirais trouver une occasion de te parler sans témoins.

— Toi ? fit le marin avec étonnement.

— Moi-même, car une explication est nécessaire entre nous, et le bonheur et la tranquillité d'Yvonne en dépendent. Keinec, tu me reproches de t'avoir enlevé l'amour de celle que tu aimes. Keinec, tu reproches à Yvonne d'avoir trahi ses serments. Tu nous menaces tous deux de ta vengeance, et si tu n'as pas fait jusqu'à présent un malheur, c'est que la volonté de Dieu s'y est opposée ! Est-ce vrai ?

— Cela est vrai, répondit Keinec.

— Réfléchis, mon gars, avant de songer à commettre un crime. Que t'ai-je fait, moi ? Je ne te connaissais pas. Tu passais pour mort dans le pays. Je vis Yvonne et je l'aimai. Est-ce que j'agissais contre toi, dont j'ignorais l'existence ? De son côté, Yvonne t'avait longtemps pleuré ! Yvonne te croyait à jamais perdu !... Voulais-tu que, jeune et jolie comme elle l'est, elle se condamnât à vivre dans une éternelle solitude ?...

— Jahoua, interrompit Keinec avec violence, je ne suis pas venu pour écouter ici des explications quelles qu'elles soient !...

— Pourquoi es-tu venu alors ?

— Pour te tuer !

— Je suis sans armes, Keinec ; veux-tu m'assassiner ?

— N'as-tu pas assassiné mon bonheur ?

— Tuer un homme qui ne peut se défendre, c'est l'acte d'un lâche !

— Eh bien ! je serai lâche ! que m'importe.

Et Keinec, saisissant sa carabine, l'arma rapidement. Jahoua pâlit, mais il ne bougea point.

— Écoute, dit Keinec, dont le visage décomposé était plus livide et plus effrayant que celui du fermier ; écoute, je ne veux pas tuer l'âme en même temps que le corps. Je t'accorde cinq minutes pour faire ta prière...

— Je refuse ! répondit Jahoua.

— Tu ne veux pas te mettre en paix avec Dieu ?

— Dieu nous voit tous deux, Keinec ; Dieu lit dans nos cœurs ; Dieu nous jugera.

— Voyons ; jures-tu de renoncer à Yvonne ?

— Jamais !

— Alors, malheur à toi, Jahoua ! Tu viens de prononcer ton arrêt ! Tu es décidé à mourir ? Eh bien ! meurs sans prières !... meurs comme un chien !

Et, relevant sa carabine avec impétuosité, il l'épaula, appuya son doigt sur la détente et fit feu. L'amorce brûla seule. Keinec poussa un cri de rage. Jahoua respira fortement.

— Invulnérable ! invulnérable ! s'écria le jeune marin ; Carfor l'avait bien dit !

— Keinec, fit Jahoua avec calme, à ton tour tu es désarmé !

— Eh bien ! répondit Keinec en relevant la tête.

— Tu es désarmé, Keinec, et moi j'ai mon pen-bas !

En disant ces mots, Jahoua franchit d'un seul bond le talus de la route, et se tint debout à trois pas de Keinec. Ce dernier saisit sa carabine par le canon, et la fit tournoyer comme une massue. Les deux hommes se regardèrent face à face, et demeurèrent pendant quelques secondes dans une menaçante immobilité. On devinait qu'entre eux la lutte serait terrible, car ils étaient tous deux de même âge et de même force.

Ils demeurèrent là, les yeux fixés sur les yeux, presque pied contre pied, la tête haute, les bras prêts à frapper. Ils allaient s'élancer. Tout à coup un bruit de fusillade retentit derrière eux dans le lointain.

— C'est à Fouesnan qu'on se bat, s'écria Jahoua.

— Qu'est-ce donc ? fit Keinec à son tour.

— Yvonne est peut-être en danger !

— Eh bien ! si cela est, si, comme tu le dis, un danger menace Yvonne, c'est moi seul qui la sauverai, Jahoua !

Et Keinec, s'élançant sur son ennemi, le saisit à la gorge. D'un commun accord ils avaient abandonné, l'un son pen-bas, l'autre sa carabine. Il voulaient sentir leurs ongles s'enfoncer dans les chairs palpitantes ! Ils restèrent ainsi immobiles de nouveau, essayant mutuellement de s'enlever de terre. Les veines de leurs bras se gonflaient et semblaient des cordes tendues. Leurs yeux injectés de sang lançaient des éclairs fauves. L'égalité de puissance musculaire de chacun d'eux annihilait pour ainsi dire leurs forces.

Jahoua avait franchi l'espace qui le séparait de Keinec, ainsi que nous l'avons dit. Ils luttaient donc tous deux sur le talus coupé à pic de la chaussée. Insensiblement ils se rapprochaient du bord. Enfin Jahoua, dans un effort suprême pour renverser son adversaire, sentit son pied glisser sur la crête du talus. Il enlaça plus fortement Keinec, et tous deux, sans pousser un cri, sans cesser de s'étreindre, roulèrent d'une hauteur de sept ou huit pieds sur les cailloux du chemin.

La violence de la chute les contraignit à se disjoindre. Chacun d'eux se releva en même temps. Silencieux toujours, ils recommencèrent la lutte avec plus d'acharnement encore. Il était évident que l'un de ces deux hommes devait mourir. Déjà Jahoua faiblissait. Keinec, qui avait mieux ménagé ses forces, roidissait ses bras, et ployait lentement en arrière le corps du fermier.

Le sang coulait des deux côtés. Un râle sourd s'échappait de la poitrine des adversaires entrelacés. Enfin Jahoua fit un effort désespéré. Rassemblant ses forces suprêmes, il étreignit son ennemi. Keinec, ébranlé par la secousse, fit un pas en arrière. Dans ce mouvement, son pied posa à faux sur le bord d'une ornière profonde. Il chancela. Jahoua redoubla d'efforts, et tous deux roulèrent pour la seconde fois sur la chaussée, Keinec renversé sous son adversaire.

Profitant habilement de l'avantage de sa position, le

fermier s'efforça de contenir les mouvements de Keinec et de l'étreindre à la gorge pour l'étrangler. Déjà ses doigts crispés meurtrissaient le cou du marin. Keinec poussa un cri rauque, roidit son corps, saisit le fermier par les hanches, et, avec la force et la violence d'une catapulte, il le lança de côté. Se relevant alors, il bondit à son tour sur son ennemi terrassé.

Encore quelques minutes peut-être, et de ces deux hommes il ne resterait plus qu'un vivant. En ce moment, le galop d'un cheval lancé à fond de train retentit sur les pierres de la route dans la direction du village. Ce galop se rapprochait rapidement de l'endroit où luttaient les deux rivaux. Jahoua et Keinec n'y prêtèrent pas la moindre attention, non plus qu'à la fusillade qui retentissait sans relâche. Liés l'un à l'autre, tous deux n'avaient qu'une volonté, qu'une pensée, qu'un sentiment : celui de se tuer mutuellement. La lutte était trop violente pour pouvoir être longue encore.

XXII

YVONNE.

Tandis que les gendarmes procédaient à l'arrestation du recteur de Fouesnan, Yvonne, sur l'ordre de son père, avait pris en toute hâte la route de Penmarckh pour aller au-devant de son fiancé, et presser son arrivée au village. Dans cette circonstance solennelle, le vieil Yvon voulait que son futur gendre fît cause commune avec les gars du pays. Yvonne traversa donc rapidement le verger et s'élança dans les genêts pour couper au plus court. La jeune fille marchait rapidement.

Les gendarmes étaient arrivés vers la chute du jour.

C'était donc à cette heure indécise, où la lumière mourante lutte faiblement avec l'obscurité, que se passaient les événements.

La jolie Bretonne, vive et légère comme l'hirondelle, rasait la terre de son pied rapide. Déjà elle atteignait le rebord de la route, lorsqu'une exclamation poussée près d'elle l'arrêta brusquement dans sa course. Avant qu'elle eût le temps de reconnaître le côté d'où partait ce bruit inattendu, deux bras vigoureux la saisirent par la taille, l'enlevèrent de terre et la renversèrent sur le sol. Yvonne voulut se débattre, et sa bouche essaya un cri. Mais un mouchoir noué rapidement sur ses lèvres étouffa sa voix, et ses mains, attachées par un nœud coulant préparé d'avance, ne purent lui venir en aide pour la résistance. Trois hommes l'entouraient. Sans prononcer un seul mot, l'un de ces hommes prit la jeune fille dans ses bras et courut vers la route. Avant de descendre le talus, il regarda attentivement autour de lui. Assuré qu'il n'y avait personne qui pût gêner ses projets, il s'élança sur la chaussée.

Un vigoureux bidet d'allure était attaché aux branches d'un chêne voisin. L'inconnu déposa Yvonne sur le cou du cheval et sauta lui-même en selle. Ses deux compagnon s'avancèrent alors. Le cavalier prit une bourse dans sa poche et la jeta à leurs pieds. Puis, soutenant Yvonne de son bras droit, et rendant de l'autre la main à sa monture, il partit au galop dans la direction de Penmarckh.

La nuit descendait rapidement. Du côté de Fouesnan, la fusillade augmentait d'intensité. A peine le cheval emportant Yvonne et son ravisseur avait-il fait deux cents pas, que ce dernier aperçut deux ombres se mouvant sur la route d'une façon bizarre.

— Que diable est cela ? murmura-t-il en ralentissant un peu le galop de sa monture.

Il essaya de percer les ténèbres en fixant son regard sur le chemin ; mais il ne distingua pas autre chose qu'une forme étrange et double roulant sur la chaussée. Un moment il parut vouloir retourner en arrière. Mais le bruit de la fusillade, arrivant plus vif et plus pressé, lui fit abandonner ce dessin.

— En avant! murmura-t-il en piquant son cheval et en armant un pistolet qu'il tira de l'une des fontes de sa selle.

La pauvre Yvonne s'était évanouie. Le cheval avançait avec la rapidité de la foudre. Déjà les ombres n'étaient qu'à quelques pas, et l'on pouvait distinguer deux hommes luttant l'un contre l'autre avec l'énergie du désespoir. Le cavalier rassembla son cheval et s'apprêta à franchir l'obstacle. Le cheval, enlevé par une main savante, s'élança, bondit et passa. La violence du soubresaut fit revenir Yvonne à elle-même. Elle ouvrit les yeux. Ses regards s'arrêtèrent sur le visage de son ravisseur. Alors, d'un geste rapide et désespéré, elle brisa les liens qui retenaient ses mains captives ; elle écarta le mouchoir qui lui couvrait la bouche, et elle poussa un cri d'appel.

— Malédiction ! s'écria le cavalier en lui comprimant les lèvres avec la paume de sa main, et il précipita de nouveau la course de son cheval.

Cependant au cri suprême poussé par Yvonne, les deux combattants s'étaient arrêtés en frissonnant. D'un seul bond ils furent debout.

— As-tu entendu ? demanda Keinec.
— Oui, répondit Jahoua.

En ce moment la fusillade retentit avec un redoublement d'énergie. Les deux hommes se regardèrent : ils ne pensaient plus à s'entre-tuer. Tous deux aimaient trop Yvonne pour ne pas sacrifier leur haine à leur amour. Dans l'apparition fantastique de ce cheval emportant deux corps enlacés, dans ce cri de terreur, dans cet appel gémissant poussé presque au-dessus de leurs têtes, ils avaient cru reconnaître la forme gracieuse et la voix altérée d'Yvonne. Puis, voici que la fusillade qui retentissait du côté de Fouesnan venait donner un autre cours à leurs pensées.

— On se bat au village! murmurèrent-ils ensemble.

Et, de nouveau, ils demeurèrent indécis. Mais ces indécisions successives durèrent à peine une seconde. Keinec prit sur-le-champ un parti.

— Jahoua, dit-il, tu es brave; jure-moi de te trouver demain, au point du jour, à cette même place.

— Je te le jure !

— Maintenant, un cri vient de retentir et une ombre a passé sur nos têtes. J'ai cru reconnaître Yvonne.

— Moi aussi.

— Si cela est, elle est en péril...

— Oui.

— Sauvons-la d'abord; nous nous battrons ensuite.

— Tu as raison, Keinec; courons !

— Attends ! On se bat à Fouesnan.

— Je le crois.

— Peut-être avons-nous été le jouet d'une illusion tout à l'heure.

— C'est possible.

— Cours donc à Fouesnan, toi, Jahoua.

— Et toi ?

— Je me mets à la poursuite de ce cheval maudit !

— Non ! non ! je ne te quitte pas. Si on violente Yvonne, je veux la sauver...

— Cependant si nous nous sommes trompés?
— Non; c'était Yvonne, te dis-je! j'en suis sûr!
— Je le crois aussi; il me semble l'avoir reconnue mais encore une fois, cependant, nous pouvons nous être trompés, et dans ce cas nous la laisserions donc à Fouesnan exposée au tumulte et au danger du combat qui s'y livre!
— Eh bien! dit Jahoua, va à Fouesnan, toi!
— Non! non!... Je poursuivrai ce cavalier.

Les deux jeunes gens se regardèrent encore avec des yeux brillants de courroux : leur volonté, qui se contredisait, allait peut-être ranimer la lutte. Jahoua se baissa et ramassa une poignée de petites pierres.

— Que le sort décide! s'écria-t-il. Pair ou non?
— Pair! répondit Keinec.

La main du fermier renfermait six petits cailloux. Le jeune marin poussa un cri de joie.

— Va donc à Fouesnan, dit-il; moi je vais couper le pays et gagner la mer. C'est là que le chemin aboutit.

Jahoua rejeta les pierres avec rage; puis, sans mot dire, il saisit son pen-bas. Keinec reprit sa carabine, et tous deux, dans une direction opposée, s'élancèrent rapidement.

§

Lorsque les gendarmes eurent, sur l'ordre de leur officier, placé les prisonniers au milieu d'eux, ils se préparèrent à forcer l'une des issues de la place. En conséquence, ils s'avancèrent le sabre en main, et au petit pas de leurs chevaux, jusqu'à la barrière vivante qui s'opposait à leur passage. Là, l'officier commanda : Halte!

Suivant les instructions qu'il avait reçues, il devait éviter, autant que possible, l'effusion du sang. Mais, avant tout, il avait mission d'arrêter les prêtres insermentés et de les ramener, coûte que coûte, dans les prisons de Quimper. Il improvisa donc une petite harangue arrangée pour la circonstance, et dans laquelle il s'efforçait de démontrer aux habitants de Fouesnan que, si la nation leur enlevait leur recteur, c'était pour le bien général. En 1794, on n'avait pas encore pris l'habitude de mettre : — *la patrie en danger.* — Les Bas-Bretons écoutèrent paisiblement cette harangue, pour deux motifs : Le premier, et c'est là un trait distinctif du caractère des fils de l'Armorique, c'est que, bonnes ou mauvaises, le paysan breton écoute toujours les raisons données par son interlocuteur ; seulement, il prend pour les écouter un air de stupidité sauvage qui indique sa résolution de ne pas vouloir comprendre. Inutile de dire que ces raisons données ne changent exactement rien à sa résolution arrêtée. En second lieu, et peut-être eussions-nous dû commencer par là, le discours du lieutenant étant en français et les habitants de Fouesnan ne parlant guère que le dialecte breton, il était difficile, malgré tout le talent de l'orateur, qu'il parvînt à persuader son auditoire. Aussi les paysans, la harangue terminée, ne firent-ils pas mine de bouger de place et de livrer passage. Tout au contraire, les cris s'élevèrent plus violents encore.

— Notre recteur ! notre recteur ! hurla la foule.

Le lieutenant commença alors les sommations. Les paysans ne reculèrent pas.

— Chargez ! commanda le gendarme exaspéré par cette froide résistance.

Les cavaliers s'élancèrent. Un long cri retentit dans la foule. Trois paysans venaient de tomber sous les sabres des gendarmes. Alors le combat commença. Les Bas-

Bretons, exaspérés, attaquèrent à leur tour. Une mêlée épouvantable eut lieu sur la place. Quelques chevaux, atteints par le fer des faulx, roulèrent en entraînant leurs cavaliers. Les gendarmes se replièrent et firent feu de leurs carabines. Les paysans ripostèrent. Mal armés, mal dirigés ils ne maintenaient l'égalité de la lutte que par leur nombre; mais il était évident qu'à la fin les soldats devaient l'emporter.

Pendant près d'une heure chacun fit bravement son devoir. De chaque côté les morts et les blessés tombaient à tous moments. Au premier rang des combattants on distinguait le vieil Yvon. Ce fut à ce moment que Jahoua arriva. Le brave fermier se joignit à ses amis, et leur apporta le puissant concours de son bras robuste.

Cependant les soldats gagaient du terrain. Ils étaient parvenus à s'emparer du recteur, et, se rangeant en colonne serrée, ils se préparaient à faire une trouée pour quitter le village. Les paysans reculaient quand une troupe d'hommes, arrivant au pas de course par la route du château, vint tout à coup changer la face du combat.

Cette troupe, composée d'une trentaine de gars armés de carabines, de piques et de haches, s'élança au secours des paysans. C'étaient les marins du *Jean-Louis*, commandés par Marcof. Le patron du lougre était magnifique à voir. Brandissant d'une main une courte hache, tenant de l'autre un pistolet, il bondissait comme un jaguar. Ses yeux lançaient des éclairs, ses narines dilatées respiraient avec joie l'odeur du sang et l'odeur de la poudre. En arrivant en face des gendarmes, il poussa un rugissement de joie farouche.

— Arrière, vous autres, cria-t-il aux paysans en les écartant de la main. Et se retournant vers sa troupe : A moi, les gars! En avant et feu partout! Tue! tue!

— Mort aux bandits! hurla l'officier de gendarmerie. Vive la nation!

— Vive le roi! A bas la constitution! répondit Marcof en fendant la tête du sous-lieutenant qui roula en bas de son cheval.

Alors, entre ces hommes également aguerris aux combats, ce fut une boucherie épouvantable. Au milieu de la mêlée la plus sanglante, et au moment où Marcof, pressé, entouré par cinq gendarmes, se défendait comme un lion, mais ne parvenait pas toujours à parer les coups qui lui étaient portés, un nouvel arrivant s'élança vers lui, et et abattit d'un coup de carabine d'abord, et d'un coup de crosse ensuite, deux de ceux qui menaçaient le plus l'intrépide marin.

— Keinec! s'écria Marcof en se détournant. Merci, mon gars.

Le combat continua. Bientôt les gendarmes se comptèrent de l'œil. Ils n'étaient plus que sept ou huit privés d'officier. Ils firent signe qu'ils se rendaient. Marcof arrêta le feu et s'avança vers eux.

— Vous avez fait bravement votre devoir, leur dit-il; vous êtes de bons soldats; partez vite; regagnez Quimper; car je ne répondrais pas de vous ici.

Les soldats remirent le sabre au fourreau, et s'élancèrent poursuivis par les rires et les huées. Alors les paysans entourèrent leur vieux recteur, et, l'enlevant dans leurs bras, le portèrent en triomphe jusque sur le seuil de l'église. Le vieillard épouvanté de ce qui venait d'avoir lieu, versait des larmes de douleur. Enfin, il étendit les mains vers la foule, et, désignant les blessés et les morts:

— Songez à eux avant tout! dit-il. Transportez au presbytère ceux qui n'ont pas d'asile.

Une heure après, le village, naguère si calme, offrait

encore tous les aspects de l'agitation la plus vive. Marcof, dans la crainte d'un retour de nouveaux soldats, avait placé des vedettes sur les hauteurs. Les hommes étaient réunis dans la maison d'Yvon. Le vieux pêcheur, au milieu de la chaleur du combat, et pendant les premiers instants consacrés aux blessés et aux morts, n'avait pu constater l'absence de sa fille. En rentrant chez lui il aperçut Jahoua qui, tout ensanglanté par sa double lutte de la soirée, accourait vers lui.

— Où est Yvonne? demanda vivement le fermier.
— Yvonne! répéta le vieillard.
— Oui.
— Mais tu dois le savoir.
— Comment le saurai-je?
— Elle est allée au-devant de toi.
— Quand donc?
— Au commencement du combat.
— Alors elle était sur le chemin des Pierres-Noires?
— Oui.
— Et elle n'est pas revenue?
— Non! répondit Yvon frappé de terreur par le bouleversement subit des traits du jeune homme.
— Elle n'est pas revenue! répéta ce dernier.
— Mais tu ne l'as donc pas ramenée avec toi?
— Je ne l'ai même pas rencontrée!...
— Mon Dieu! qu'est-elle donc devenue depuis deux heures?

Les paysans qui entraient successivement dans la maison d'Yvon avaient entendu ce dialogue.

— Mais, fit observer l'un d'eux, peut-être qu'Yvonne aura eu peur et qu'elle se sera cachée.

— C'est possible, répondit le vieillard. Tiens, Jahoua,

cherchons dans la maison, et vous autres, mes gars, cherchez dans le village.

Plusieurs paysans sortirent.

— Ah! murmura Jahoua, c'était bien elle que j'avais vue, et Keinec aussi l'avait bien reconnue!

XXIII

DEUX CŒURS POUR UN AMOUR.

Comme on le pense, les recherches furent vaines. Marcof revint avec les paysans, et là, devant tous, Jahoua raconta sa rencontre avec Keinec, la lutte qui s'en était suivie, et l'apparition étrange qui les avait séparés. Il termina en ajoutant que Keinec s'était mis à la poursuite du cavalier qui, selon toute probabilité, enlevait Yvonne.

— Mais Keinec est ici, interrompit Marcof.

— Il est revenu? s'écria Jahoua.

— Me voici! répondit la voix du marin.

Et Keinec s'avança au milieu du cercle.

— Ma fille? mon Yvonne? demanda le vieillard avec désespoir.

— Je n'ai pu retrouver sa trace! répondit Keinec d'une voix sombre.

— N'importe; raconte vite ce qui est arrivé, ce que tu as fait au moins! dit vivement Marcof.

— C'est bien simple : comme la route des Pierres-Noires n'aboutit qu'à Penmarckh, je me suis élancé sur les falaises pour couper au plus court. J'entendais de loin le galop précipité du cheval. Arrivé au village, j'écoutai pour tâcher de deviner la direction prise, mais je n'entendis plus rien. Alors l'idée me vint que l'on pouvait avoir gagné la mer. Je me laissai glisser sur les pentes et je touchai promptement la plage. Elle était déserte. J'écoutai de nouveau. Rien ! Cependant, en m'avançant sur les rochers, il me sembla voir au loin une barque glisser sur les vagues. Je courus à mon canot. L'amarre avait été coupée et la marée l'avait entraîné. Aucune autre embarcation n'était là. Aucune des chaloupes du *Jean-Louis* n'était à la mer. A bord, j'appris que Marcof et ses hommes étaient ici. Alors une sorte de folie étrange s'empara de moi. Je crus un moment que j'avais fait un mauvais rêve et que rien de ce que j'avais vu et entendu n'était vrai. Je me dis que personne n'avait intérêt à enlever Yvonne, et qu'elle devait être à Fouesnan. D'ailleurs, la fusillade que j'entendais m'attirait de ce côté. Convaincu que je retrouverais la jeune fille au village, je repris la route des falaises. Vous savez le reste.

Un profond silence suivit le récit de Keinec. Aucun des assistants ne pouvant deviner la vérité, se livrait intérieurement à mille conjectures. Marcof, surtout, réfléchissait profondément. Le vieil Yvon s'abandonnait sans réserve à toute sa douleur. Jahoua et Keinec s'étaient rapprochés du père d'Yvonne et s'efforçaient de le consoler. Leurs mains se touchaient presque, et telle était la force de leur passion, qu'ils ne songeaient plus au combat qu'ils s'étaient livré quelques heures auparavant, ni à celui qui devait avoir lieu le lendemain. Marcof se leva, et, frappant du poing sur la table :

— Nous la retrouverons, mes gars ! s'écria-t-il.

Tous se rapprochèrent de lui.

— Que faut-il faire ? demandèrent à la fois le fermier et le jeune marin.

— Cesser de vous haïr, d'abord, et m'aider loyalement tous deux.

Les deux hommes se regardèrent.

— Keinec, dit Jahoua après un court silence, nous aimons tous deux Yvonne, et nous étions prêts tout à l'heure à nous entretuer pour satisfaire notre amour et nous débarrasser mutuellement d'un rival. Aujourd'hui Yvonne est en danger; nous devons la sauver. Tu entends ce que dit Marcof. Quant à ce qui me concerne, je jure, jusqu'au moment où nous aurons rendu Yvonne à son père, de ne plus avoir de haine pour toi, et d'être même un allié sincère et loyal. Le veux-tu?

— J'accepte! répondit Keinec; plus tard, nous verrons.

— Touchez-vous la main! ordonna Marcof.

Les deux jeunes gens firent un effort visible. Néanmoins ils obéirent.

— Bien, mes gars! s'écria Yvon avec attendrissement, bien! Vous êtes braves et vigoureux tous deux; aidez Marcof, et Dieu récompensera vos efforts!

Au moment où les paysans entouraient les deux rivaux devenus alliés, le tailleur de Fouesnan se précipita dans la chambre. La physionomie du bossu reflétait tant de sensations diverses, que tous les yeux se fixèrent sur lui. Il était accouru droit à Yvon.

— Votre fille!... balbutia-t-il comme quelqu'un qui cherche à reprendre haleine, votre fille, père Yvon?

— Sais-tu donc quelque chose sur elle? demanda vivement Marcof.

Le tailleur fit signe que oui.

— Parle! parle vite! s'écrièrent les paysans.

— On l'a enlevée ce soir dans le chemin des Pierres-Noires!

— Comment sais-tu cela?

— J'ai vu celui qui l'enlevait.

— Son nom? s'écria Keinec en se levant avec violence.

— Je l'ignore; mais vous vous rappelez les deux inconnus dont je vous ai parlé, et que j'avais vû rôder autour du château?

— Oui, oui, firent les paysans.

— Eh bien! celui qui emportait Yvonne sur son cheval, est l'un de ces hommes.

— Tu en es sûr? dit Marcof avec vivacité.

— Sans doute. Le jour de la mort de notre regretté seigneur, je les ai suivis tous les deux, et, caché dans les genêts d'abord, sur la corniche des falaises ensuite, j'ai entendu leur conversation presque tout entière. Ils parlaient d'enlèvement; mais je n'avais pas compris qu'il s'agissait de votre fille, père Yvon. Ce soir, en revenant de Penmarckh et au moment où je longeais la grève pour regagner la route, j'ai parfaitement reconnu le plus jeune des deux hommes dont je vous parlais. Il portait une femme dans ses bras. Comme j'étais dans l'ombre, il ne m'a pas vu, et avant que j'aie eu le temps de pousser un cri, il s'élançait dans une barque que montaient déjà deux autres hommes, et ils ont poussé au large... C'est alors que, la lune se levant, il m'a semblé reconnaître Yvonne. Je n'en étais pas certain néanmoins, lorsque leur conversation m'est revenue à la mémoire tout à coup, et j'ai pris ma course vers le village. En arrivant, les femmes m'ont appris qu'Yvonne avait disparu... Alors je n'ai plus douté.

— Et sur quel point de la côte semblaient-ils mettre le cap? demanda Yvon.

— Ils paraissaient vouloir prendre la haute mer, mais j'ai dans l'idée qu'ils s'orientaient vers la baie des Trépassés.

— Et moi j'en suis sûr! dit brusquement Marcof. Allons, mes gars, continua-t-il en s'adressant à Keinec et à Jahoua, en route et vivement. Je laisse ici mes hommes pour la garde du village. Bervic les commandera. Nous reviendrons probablement au point du jour. D'ici là, mes enfants, cachez le recteur, car vous pouvez être certains que les gendarmes reviendront.

Puis, prenant le tailleur à part, il l'entraîna au dehors.

— Tu as entendu toute la conversation de ces deux hommes ? dit-il à voix basse.

— Oui.

— N'a-t-il donc été question que de cet enlèvement ?...

— Oh non !

— Ils ont parlé du marquis, n'est-ce pas ?

— Oui.

— Tu vas me raconter cela, et surtout n'omets rien.

Le tailleur raconta alors minutieusement la conversation qui avait eu lieu entre le comte de Fougueray et le chevalier de Tessy. Seulement la brise de mer, en empêchant parfois le tailleur de saisir tout ce que se communiquaient les cavaliers, avait mis obstacle à ce qu'il comprît qu'il s'agissait d'Yvonne dans la question de l'enlèvement. Le nom de Carfor, revenu plusieurs fois dans la conversation l'avait singulièrement frappé. En entendant prononcer ce nom, Marcof tressaillit.

— Carfor mêlé à toute cette infernale intrigue ! murmura-t-il ; j'aurais dû le prévoir. C'est le mauvais génie du pays ! Merci, continua-t-il en s'adressant au tailleur ; viens demain à bord de mon lougre, et je te remettrai l'argent que le marquis de La Rouairie te fait passer pour tes services.

Un quart d'heure après, Marcof, Keinec et Jahoua suivaient silencieusement la route des falaises, se dirigeant vers la crique où était amarré le *Jean-Louis*. Deux hommes seulement veillaient à bord, mais ils faisaient bonne garde, car les arrivants ne les avaient pas encore pu distinguer, que le cri de « Qui vive ! » retentit à leurs oreilles et qu'ils entendirent le bruit sec que fait la batterie d'un fusil que l'on arme. Marcof, au lieu de répondre, porta la main à sa bouche et imita le cri sauvage de la chouette. A ce signal, un second cri retentit à quelque distance.

— Qu'est-ce que cela? fit Marcof en s'arrêtant. Ce cri vient de terre et je n'y ai laissé personne.

Puis, faisant signe de la main à ses deux compagnons de demeurer à la même place, il s'avança avec précaution en suivant le pied des falaises. Au bout d'une centaine de pas, il recommença le même cri quoique plus faiblement. Aussitôt un homme sortit d'une crevasse naturelle du rocher et s'avança vers lui. Marcof le regarda fixement, puis, lui tendant la main :

— C'est toi, Jean Chouan? fit-il d'un air étonné. Que viens-tu faire en ce pays?

— J'étais prévenu depuis huit jours de l'arrêté que le département allait rendre, répondit le chef si connu des rebelles de l'Ouest, et je suis venu seul dans la Cornouaille pour savoir ce que les gars voudraient faire...

— Eh bien! tu as vu que, pour le premier jour, cela n'avait pas trop mal marché?

— Oui. Ceux de Fouesnan ont agi solidement, et tu les as bien secondés.

— Par malheur je n'ai qu'une cinquantaine d'hommes ici.

— Demain il en arrivera cinq cents dans les bruyères de Bœnnalie. La Rouairie sera avec eux.

— Très-bien.

— Tu sais que les gendarmes reviendront au point du jour et brûleront les fermes. Il faudrait faire prévenir les gars.

— Je m'en charge.

— Tu feras conduire le recteur dans les bruyères et tu y amèneras tes hommes.

— Cela sera fait.

— C'est tout ce que j'avais à te dire, Marcof.

— Adieu, Jean Chouan.

Et le futur général de l'insurrection, dont le nom était alors presque inconnu, disparut en remontant vers le village. Marcof revint à ses deux compagnons, et tous trois s'élancèrent à bord du lougre. Marcof leur donna des armes et des munitions, puis ils mirent un canot à la mer, et, s'embarquant tous trois, ils poussèrent vigoureusement au large.

— Sur quel point de la côte mettons-nous le cap? demanda Keinec en armant un aviron.

— Sur la baie des Trépassés, répondit Marcof.

— Nous allons à la grotte de Carfor?

— Oui.

— Dans quel but?

— Dans le but de forcer le sorcier à nous dire où on a conduit Yvonne, répondit Marcof; et, par l'âme de mon père, il le dira. J'en réponds!

Keinec et Jahoua, se courbant sur les avirons, nageaient avec force pendant que Marcof tenait la barre.

§

En reconnaissant le chevalier de Tessy pour l'homme qui enlevait Yvonne, le tailleur de Fouesnan ne s'était pas trompé. Ainsi que cela avait été convenu entre lui et Carfor, le chevalier, accompagné d'un domestique, sorte de Frontin qui avait dix fois mérité les galères, était venu se poster sur la route de Penmarckh. Carfor avait compté se glisser dans le village, et, sous un prétexte quelconque, isoler Yvonne, s'en faire suivre ou l'enlever. Il pénétrait par le verger dans la maison d'Yvon, lorsqu'il entendit le vieillard donner à sa fille l'ordre au-devant de Jahoua. Le hasard servait donc le berger beaucoup mieux qu'il n'aurait pu l'espérer. En conséquence, il se retira vivement et courut dans les genêts prévenir le chevalier. Tous trois se tinrent prêts, et, ainsi qu'on l'a vu, ils accomplirent leur audacieux projet sans éprouver la moindre résistance.

A peine le chevalier fut-il à cheval, que Carfor et le valet gagnèrent la grève par le sentier des falaises. Pour première précaution ils coupèrent les amarres du canot de Keinec, le seul qui se trouvât sur la côte. Puis ils allèrent à la crique et armèrent promptement une embarcation préparée d'avance. Cela fait, ils attendirent. Le chevalier ne tarda pas à arriver avec la jeune fille. Il sauta à terre. Le valet prit le cheval et le conduisit dans une grange dont la porte était ouverte. Ensuite ils s'embarquèrent. Carfor, assez bon pilote, dirigea l'embarcation, et ils franchirent les brisants. Yvonne s'était évanouie de nouveau, et cette circonstance, en empêchant la jeune fille de se débattre et de crier, facilitait singulièrement leur fuite. En moins d'une heure ils doublèrent la baie des Trépassés et mirent le cap sur l'île de Seint; mais, arrivés à la hauteur d'Audierne, ils coururent une bordée vers la côte. Le vent les poussait rapidement. Ils abordèrent dans une petite baie déserte. Le comte de Fougueray les y attendait avec des chevaux frais.

— Eh bien? demanda-t-il au chevalier en lui voyant mettre le pied sur la plage.

— J'ai réussi, Diégo, répondit celui-ci.

— Bravo! A cheval, alors!

— A cheval!

— Et la belle Bretonne ?

— Elle est toujours évanouie.

— Viens ! Hermosa a tout préparé pour la recevoir. Débarrasse-toi d'abord du berger.

— C'est juste.

Et le chevalier, emmenant Carfor à l'écart, lui remit une nouvelle bourse complétant la somme promise.

— Maintenant, lui dit-il, tu peux partir.

— Quand vous reverrai-je ? demanda Carfor.

— Bientôt : mais il ne serait pas prudent que nous ayons une conférence avant quelques jours.

— Vous m'écrirez ?

— Oui.

— La lettre toujours dans le tronc du grand chêne ?

— Toujours.

— Bonne chance, alors, monsieur le chevalier.

— Merci.

Le chevalier et le comte se mirent en selle. Le chevalier prit Yvonne entre ses bras, et, suivis du valet, ils s'éloignèrent rapidement. Carfor les suivit des yeux un instant et se rembarqua. Il revint vers la baie des Trépassés...

La route qu'avaient prise le comte et le chevalier s'enfonçait dans l'intérieur des terres. Le chevalier pressait sa monture.

— Corbleu ! fit le comte en l'arrêtant du geste. Pas si vite, Raphaël, et songe que le cheval porte double poids.

— J'ai hâte d'arriver, répondit le chevalier.

— Nous ne courons aucun danger, très-cher, et nous avons devant nous une des plus belles routes de la Bretagne.

— Je voudrais être à même de donner des soins à Yvonne. Voici près de trois heures qu'elle est sans connaissance, et cet évanouissement prolongé m'effraye.

— Bah! sans cette pâmoison venue si à propos, nous ne saurions qu'en faire.

— N'importe, hâtons-nous.

— Soit, galopons.

— Dis-moi, Diégo, reprit Raphaël après un moment de silence, tu es content de l'asile que tu as trouvé?

— Enchanté! Personne ne viendra nous chercher là.

— C'est un ancien couvent, je crois?

— Oui, très-cher. Les nonnes en ont été expulsées par ordre du département, et j'ai obtenu la permission de m'y installer à ma guise. Or, à dix lieues à la ronde, tout le monde croit le cloître inhabité.

— N'y a-t-il pas des souterrains?

— Oui; et de magnifiques.

— C'est là qu'il faudra nous installer.

— Sans doute; et j'ai donné des ordres en conséquence?

— Est-ce que tu as commis l'imprudence d'amener nos gens avec toi?

— Allons donc, Raphaël; pour qui me prends-tu? Emmener nos gens!... quelle folie! Hermosa est seule là-bas avec Henrique, et nous n'aurons avec nous que le fidèle Jasmin.

Et du geste le comte désignait le valet qui suivait.

— Très-bien, fit le chevalier.

— Jasmin! appela le comte.

— Monseigneur? répondit le laquais en s'avançant au galop.

— Prends les devants, et préviens madame la baronne de notre arrivée.

Jasmin obéit; et, piquant son cheval, il partit à fond de train.

— J'aperçois les clochetons de l'abbaye, dit alors le comte.

— Ah! Yvonne revient à elle! s'écria le chevalier.

La jeune fille, en effet, venait de rouvrir ses beaux yeux. Elle promena autour d'elle un regard étonné. La nuit était sur son déclin, et l'aurore commençait à blanchir l'horizon. Yvonne poussa un soupir. Puis sa tête retomba sur sa poitrine, et elle parut succomber à un nouvel évanouissement. Mais cette sorte de torpeur dura peu. Elle se ranima insensiblement et fixa ses yeux sur l'homme qui la tenait entre ses bras. Alors elle se jeta en arrière, et, rassemblant toutes ses forces, elle s'écria :

— Au secours! au secours?

— Qu'est-ce que je disais? fit le comte. Mieux la valait évanouie; heureusement nous sommes arrivés.

Les cavaliers, en effet, entraient en ce moment dans la cour d'une vaste habitation, dont le style et l'architecture indiquaient la destination religieuse.

FIN DE LA PREMIÈRE PARTIE.

DEUXIÈME PARTIE.

L'ABBAYE DE PLOGASTEL.

I

L'ABBAYE DE PLOGASTEL.

L'abbaye de Plogastel, située à quelques lieues des côtes, dans la partie sud-ouest du département du Finistère, était depuis longtemps le siége d'une communauté religieuse, ouverte aux jeunes filles nobles de la province. Les pauvres nonnes, peu soucieuses des affaires du dehors, vivaient en paix dans leurs étroites cellules, lorsque l'Assemblée constituante d'abord, et l'Assemblée législative ensuite, jugèrent à propos de désorganiser les couvents et d'exiger surtout ce fameux serment à la constitution, qui devait faire tant de mal dans ses effets, et qui était si peu utile dans sa cause. L'abbesse du couvent de Plogastel refusa fort nettement de reconnaître d'autre souveraineté que celle du roi, et ne voulut, en aucune sorte, se soumettre à celle de la nation. Comme on le pense, cet état de rébellion ouverte ne pouvait durer. Les autorités du département délibérèrent, décrétèrent et ordonnèrent. En conséquence de ces délibérations, décrets et ordonnances, les nonnes furent expulsées de l'abbaye, le couvent fermé, et la propriété du clergé mise en vente. Aucun acquéreur ne se présenta. L'abbaye resta donc déserte. Le comte de Fougueray, en apprenant par hasard tous ces détails, résolut d'aller visiter l'abbaye de Plogastel. L'ayant trouvée fort à son goût et lui présentant tous les avantages de la retraite isolée qu'il cherchait, il se rendit chez le maire, fit valoir les lettres de ses amis de Paris, et toutes étant de chauds patriotes, il obtint facilement l'autorisation d'habiter temporairement le couvent désert. D'anciens souterrains, conduisant dans la campagne, offraient des moyens de fuite inconnus aux paysans eux-mêmes. Le comte choisit l'aile du bâtiment qu'habitait jadis l'abbesse et qui était encore fort bien décorée. En quelques heures il eut tout fait préparer, et ainsi que nous l'avons vu, il s'y était installé pendant l'absence du chevalier.

En arrivant dans la cour, les deux hommes mirent pied à terre. Le chevalier enleva Yvonne qui criait et se débattait, et l'emporta dans l'intérieur du couvent, tandis que Jasmin prenait soin des chevaux. Le comte jeta autour de lui un coup d'œil satisfait et suivit son compagnon.

— Corpo di Bacco! dit-il tout à coup en patois napolitain et avec un accent de mauvaise humeur très-marqué. Au diable les amoureux et leurs donzelles!... Celle-ci me fend les oreilles avec ses criailleries. Sang du Christ! pourquoi lui as-tu enlevé son bâillon?

— Elle étouffait, répondit le chevalier.

— A d'autres! Tu donnes dans toutes ces simagrées? Voyons, tourne à droite, maintenant; là, nous voici dans l'ancienne cellule de l'abbesse. Il y a de bons verrous extérieurs, tu peux déposer la Bretonne ici.

Le chevalier assit Yvonne sur un magnifique fauteuil brodé au petit point. Mais la jeune fille, s'échappant de ses bras et poussant des cris inarticulés, se précipita vers la porte. Le comte la retint par le poignet.

— Holà! ma mignonne... dit-il, on ne nous quitte pas ainsi! C'est que, par ma foi! elle est charmante cette tourterelle effarouchée, continua-t-il en regardant attentivement la pauvre enfant.

— Que faire pour la calmer? demanda le chevalier.

— Rien, mon cher; une déclaration d'amour ne serait pas de mise. La fenêtre est grillée, sortons et enfermons-la! nous reviendrons, ou, pour mieux dire, tu reviendras plus tard. D'ici là, nous consulterons Hermosa, et tu sais qu'elle est femme de bon conseil.

— Soit, repondit le chevalier; maintenant que la petite est ici, je ne crains plus qu'elle m'échappe, et j'ai, pour la revoir, tout le temps nécessaire. D'ailleurs, j'aime autant éviter les larmes.

— Ah! tu es un homme sensible, toi, Raphaël! Les pleurs d'une jolie femme t'ont toujours attendri... témoin notre dernière aventure dans les gorges de Tarente. Vois, pourtant, si je t'avais écouté et que nous eussions épargné cette petite Française, où en serions-nous aujourd'hui? Tu porterais encore la veste déguenillée du lazzarone Raphaël, et peut-être même, ajouta-t-il en baissant la voix, bien qu'il parlât toujours italien, et peut-être même ramerions-nous à bord de quelque tartane de Sa Majesté le roi de Naples.

Le chevalier frissonna involontairement en entendant ces paroles si étranges; puis jetant un coup d'œil sur Yvonne qui était agenouillée et priait avec ferveur :

— Viens! dit-il.

Les deux hommes sortirent et poussèrent les verrous extérieurs. Ils traversèrent un long corridor et pénétrèrent dans une sorte d'antichambre ornée de torchères d'argent massif. Trois portes différentes s'ouvraient sur cette pièce. Le comte souleva familièrement une portière en s'effaçant pour livrer passage au chevalier.

— Entre, mio caro ! fit-il railleusement. Hermosa se plaint de ne pas t'avoir vu depuis vingt-quatre heures !

La nouvelle pièce sur le seuil de laquelle se trouvaient Diégo et Raphaël (car désormais nous ne leur donnerons plus que ces noms qui sont véritablement les leurs), cette nouvelle pièce, disons-nous, servait évidemment d'oratoire à l'abbesse de Plogastel. Elle avait encore conservé une partie de ses somptuosités. Une tenture en soie de couleur violette, toute parsemée d'étoiles d'argent, tapissait les murailles. Des vitraux admirablement peints ornaient les fenêtres ogivales. Deux tableaux de sainteté, chefs-d'œuvre des grands maîtres italiens, étaient appendus aux murs.

On comprenait, en voyant toutes ces choses, que les religieuses, ne pouvant croire à une expulsion violente, n'avaient pris aucune précaution, et que les gendarmes les avaient surprises et arrachées au luxe des cloîtres (si luxueux alors), sans qu'elles eussent le temps de sauver les débris. Les bandes noires n'étaient pas alors suffisamment organisées, de sorte que les richesses laissées sans gardiens avaient cependant été respectées.

Dans le fond de la pièce, étendue mollement dans une vaste bergère, on apercevait une femme qui, vue à distance, produisait cette impression que cause la souveraine beauté. En se rapprochant même, on voyait que cette femme, quoiqu'elle eût depuis longtemps dépassé les limites de la première jeunesse, pouvait soutenir encore un examen attentif. De magnifiques cheveux noirs, que la poudre n'avait jamais touchés en dépit de la mode. Un nez romain, d'une finesse et d'un dessin irréprochables. Une bouche mignonne, aux lèvres rouges. Des yeux de Sicilienne, surmontés de sourcils mauresques. Le teint était brun et mat comme celui des femmes du Midi, qui ne craignent pas de braver les rayons de flamme de leur soleil.

Mais, en examinant avec plus d'attention, on apercevait aux tempes quelques rides habilement dissimulées. Les plis de la bouche étaient un peu fanés. Les contours du visage avaient perdu de leur fraîcheur et s'étaient arrêtés. Néanmoins, si l'on veut bien joindre à l'ensemble, un cou remarquable de forme, une taille bien prise, une poitrine fort belle, une main d'enfant et un pied patricien, on conviendra que, telle qu'elle était encore, cette femme pouvait passer pour une créature fort séduisante. Seulement, on demeurait émerveillé en songeant à ce qu'elle avait dû être à vingt ans.

Au moment où les deux hommes pénétraient dans l'oratoire, Hermosa avait auprès d'elle un jeune garçon de dix à onze ans, blond et rose comme une fille, et qui semblait fort gravement occupé à tirer les longues oreilles d'un magnifique épagneul couché aux pieds de la dame. De temps en temps le chien poussait un petit cri de douleur et secouait sa tête intelligente, puis il se prêtait de bonne grâce à la continuation de ce jeu qui devait souverainement lui déplaire, mais qui charmait l'enfant.

— Tableau de famille! s'écria le comte. D'honneur! je sentirais mes yeux humides de larmes si j'avais l'estomac moins affamé!

— Fi! Diégo, répondit Hermosa en se levant; vous parlez comme un paysan!

— C'est que je me sens un véritable appétit de manant, chère amie.

— On va servir, répondit Hermosa.

Puis, se tournant vers le chevalier :

— Bonjour, Raphaël, dit-elle en lui tendant la main.

— Bonjour, petite sœur.

— Que m'a-t-on dit? que vous étiez en expédition amoureuse?

— Par ma foi! on ne vous a pas menti.

— Et vous avez réussi?

— Comme toujours.

— Fat!

— Corbleu! interrompit le comte avec impatience, vous vous ferez vos confidences plus tard. Pour Dieu! mettons-nous à table!...

— Cher Diégo, répondit Hermosa en souriant, depuis que vous avoisinez la cinquantaine, vous devenez d'un matérialisme dont rien n'approche! Cela est véritablement désolant.

— Il est bien convenu que depuis que je n'ai plus trente ans et que je possède une taille largement arrondie, j'ai hérité de tous les défauts qui vous sont le plus antipathiques. Je l'admets; mais, corps du Christ! si je consens à être affublé de tous ces vices que vous me donnez si généreusement, je veux au moins en avoir les bénéfices! Encore une fois, je meurs de faim!

— Et vous, chevalier? demanda Hermosa.

— Lui! interrompit le comte, il est trop amoureux pour être assujetti aux besoins de l'estomac.

— Et vous ne l'êtes pas, vous?

— Quoi?

— Amoureux!

— Amoureux? Ce serait joli, à mon âge.

Hermosa haussa les épaules et sortit. Cinq minutes

après, Jasmin dressait un couvert dans un angle de la pièce, et après avoir encombré la table de mets abondants, il se disposa à servir ses maîtres.

— Maintenant, dit Hermosa, pendant que Diégo entre en conversation réglée avec ce pâté de perdrix, racontez-moi, chevalier, votre expédition de cette nuit.

— Avec d'autant plus de plaisir, chère sœur, que j'ai grand besoin de votre aide et de vos conseils, répondit Raphaël.

— Vraiment?

— Oui; la jeune fille se révolte.

— Bah! Ces cris que j'ai entendus étaient donc les siens?

— Précisément.

— Eh bien! il faut avant tout commencer par la calmer. Cette petite doit être nerveuse...

— J'y pensais, fit le comte sans perdre une bouchée.

— Mangez, cher, et laissez-nous causer, dit Hermosa.

§

Dès que Diégo et Raphaël eurent quitté la cellule dans laquelle ils avaient conduit Yvonne, la jeune fille se redressa vivement. Ses yeux rougis se séchèrent. Une résolution soudaine et hardie se refléta sur son joli visage. Elle fit lentement le tour de la pièce. Elle s'assura d'abord que la porte était verrouillée au dehors; puis elle alla droit à la fenêtre et essaya de l'ouvrir; mais elle ne put en venir à bout. Cette fenêtre était grillée.

— Où m'ont-ils conduite? Que me veulent-ils? murmura la pauvre enfant en demeurant immobile, le front appuyé sur la vitre. Qu'est-il arrivé à Fouesnan depuis mon absence? Que doit penser mon pauvre père? Et ces deux hommes que j'ai cru voir sur la route des Pierres-Noires!... Il m'a semblé reconnaître Jahoua et Keinec. Mon Dieu! mon Dieu!... que s'est-il passé?

Et le désespoir s'emparant de nouveau de son cœur, Yvonne éclata en sanglots.

— Oh! reprit-elle au bout de quelques instants, si je ne m'étais pas évanouie, j'aurais pu voir; je saurais où ils m'ont amenée! Où suis-je, Seigneur? où suis-je?

Puis à ces crises successives qui, depuis plusieurs heures, brisaient l'organisation délicate de la pauvre enfant, succéda une prostration complète. A demi ployée sur elle-même, Yvonne demeura accroupie sur le fauteuil, sans pensée et sans vue. Des visions fantastiques, forgées par son imagination en délire, dansaient autour d'elle et lui faisaient oublier sa situation présente. Le sang montait avec violence au cerveau. Les artères de ses tempes battaient à se rompre. Son visage s'empourprait. Ses yeux s'injectaient de sang. Enfin ses extrémités se glacèrent, et elle se laissa glisser sans force et sans mouvement sur le sol. Puis, par une réaction subite, le sang reflua tout à coup vers le cœur. Alors une crise de nerfs, crise épouvantable, s'empara de son corps brisé. Elle roula sur les dalles de la cellule, se meurtrissant les bras, frappant sa tête contre les meubles, et poussant des cris déchirants. La porte s'ouvrit, et Hermosa entra suivie du chevalier. Ils s'empressèrent de relever Yvonne.

— Faites dresser un lit dans cette pièce, dit Hermosa à Raphaël qui s'empressa de faire exécuter l'ordre par Jasmin.

Dès que le lit fut prêt, Hermosa, demeurée seule avec la jeune fille, la déshabilla complètement et la coucha.

Yvonne était plus calme ; mais une fièvre ardente et un délire affreux s'étaient emparés d'elle. Hermosa envoya chercher le comte.

— Vous êtes un peu médecin, Diégo, lui dit-elle dès qu'il parut. Voyez donc ce qu'a cette enfant, et ce que nous devons faire...

Le comte s'approcha du lit, prit le bras de la malade, et après avoir réfléchi quelques minutes :

— Raphaël a fait une sottise qui ne lui profitera guère, répondit-il froidement.

— Pourquoi ?

— Parce que la petite est atteinte d'une fièvre cérébrale, que nous n'avons aucun médicament ici pour la soigner, et qu'avant quarante-huit heures elle sera morte.

— Yvonne sera morte ? s'écria Raphaël qui venait d'entrer.

— Tu as entendu ? Eh bien, j'ai dit la vérité !

— Et ne peux-tu rien, Diégo ?

— Je vais la saigner ; mais mon opinion est arrêtée : mauvaise affaire, cher ami, mauvaise affaire ; c'est une centaine de louis que tu as jeté à la mer.

Et le comte, prenant une petite trousse de voyage qu'il portait toujours sur lui, en tira une lancette et ouvrit la veine de la jeune fille, qui ne parut pas avoir conscience de cette opération.

§

Le comte de Fougueray, en venant habiter l'abbaye déserte de Plogastel, avait choisi pour corps-de-logis l'aile où étaient situés les appartements de l'ancienne abbesse. Ce couvent, l'un des plus considérables de la Bretagne, renfermait jadis plus de quatre cents religieuses. Simple chapelle aux premières années de la Bretagne chrétienne, il s'était peu à peu transformé en imposante abbaye. Aussi les divers bâtiments qui le composaient avaient-ils chacun le cachet d'une époque différente. Le style gothique surtout y dominait et découpait sur la façade du centre ses plus riches dessins et ses plus merveilleuses dentelles.

Placé jadis sous la protection toute spéciale des ducs de Bretagne, qui avaient vu plusieurs des filles de leur sang princier quitter le monde pour se retirer au fond de cette magnifique abbaye, le cloître, l'un des plus riches de la province, avait acquis une réputation méritée de sainteté et d'honneur. Comme dans les chapitres nobles de l'Allemagne, il fallait faire ses preuves pour voir les portes du couvent s'ouvrir devant la vierge qui désertait la famille pour se fiancer au Christ. Aussi est-il facile de se figurer l'élégance et le caractère solennel de ces bâtiments spacieux, aérés, adossés à un splendide jardin dont eût, à bon droit, été jaloux plus d'un parc seigneurial.

L'aile opposée à celle occupée par Diego et les siens s'étendait vers le nord. Autrefois consacrée aux religieuses, elle ne contenait que des cellules étroites et sombres; c'est ce qui l'avait fait dédaigner par le comte. Seulement, celui-ci ignorait qu'au-dessous des étages des cellules s'élevant sur le sol, existait un second étage souterrain d'autres cellules plus étroites encore, et naturellement plus sombres que les premières. Rien, extérieurement, ne pouvait indiquer l'existence de ces sortes de caves organisées en habitation. Il fallait faire jouer un ressort habilement caché dans la muraille, pour découvrir la porte donnant sur l'escalier qui y conduisait. Du côté des souterrains, souterrains que le comte avait entièrement parcourus, aucun indice ne laissait soupçonner ces cachettes impénétrables. Le couvent de Plogastel, construit au moyen-âge par des moines et des gentilshommes entrés en religion, offrait le type complet de ces établissements mystérieux, où la partie des bâtisses s'élevant au soleil n'était pas toujours la plus importante. Ainsi, passages secrets, in-pace, souterrains, prisons, oubliettes, s'y trouvaient à profusion et semblaient défier la curiosité.

Dans cet étage de cellules construites sous le sol, dans l'une de ces pièces obscures et étroites qui reçoivent toute leur lumière d'un petit soupirail artistement dissimulé au dehors par des arabesques sculptées dans le mur, se trouvait une belle jeune femme de trente à trente-cinq ans, aux yeux bleus et doux, aux blonds cheveux à demi cachés par une coiffe blanche. Cette femme portait l'ancien costume des nonnes de l'abbaye : la robe de laine blanche, la coiffure de toile blanche et la ceinture violette. Sous ce vêtement d'une simplicité extrême, la religieuse était belle, de cette beauté que les peintres s'accordent à prêter aux anges.

Agenouillée devant sa modeste couche surmontée d'un Christ en ivoire, elle priait dévotement en tenant entre ses mains un chapelet surchargé de médailles d'or et d'argent. A peine terminait-elle ses oraisons, qu'un coup frappé discrètement à la petite porte la fit tressaillir.

— Entrez ! dit-elle en se relevant.

La porte s'ouvrit, et un homme de haute taille, enveloppé dans un ample manteau, entra doucement.

— Bonjour, mon ami, fit la religieuse en tendant à l'étranger une main sur laquelle celui-ci posa ses lèvres avec un mélange de respect profond et d'amour brûlant.

— Bonjour, chère Julie, répondit l'inconnu. Comment avez-vous passé la nuit?

— Bien, je vous remercie ; et vous?
— Parfaitement.
— Vous vous accoutumez un peu à cette existence étrange que vous vous êtes faite?
— Je m'accoutumerai à tout pour avoir le bonheur de vous voir, vous le savez bien.
— Chut! Philippe. N'oubliez pas l'habit que je porte!
— Hélas! Julie, cet habit fait mon plus cruel remords!
— Ne parlez pas ainsi! Dites-moi plutôt si vous avez eu soin de fermer la porte des souterrains.
— Sans doute. Pourquoi cette demande?...
— C'est que depuis hier nous avons de nouveaux habitants dans l'abbaye.
— Qui donc?
— Je l'ignore.
— Je le saurai, Julie.
— N'allez pas commettre d'imprudence, Philippe!...
— Oh! ne craignez rien, ce n'est que la curiosité qui me pousse ; car ici nous sommes en sûreté, et nous pouvons braver tous les regards extérieurs.
— Où est Jocelyn? demanda la religieuse après un court silence.
— Me voici, madame, répondit notre ancienne connaissance, le vieux serviteur du marquis de Loc-Ronan en paraissant sur le seuil de la cellule.
— Avez-vous apporté des provisions, mon ami?
— Oui, madame la marquise.
— Dis : « Sœur Julie, » mon bon Jocelyn, interrompit l'inconnu. Madame ne veut plus être nommée autrement.
— Oui, monseigneur! répondit Jocelyn.
L'étranger alors écarta son manteau et le jeta sur une chaise. Cet homme était le marquis de Loc-Ronan.

VII

LA RELIGIEUSE.

Le vieux Jocelyn s'empressa de placer sur la petite table un frugal repas, bien différent de celui auquel avaient pris part les habitants de l'aile opposée du couvent. Le marquis offrit la main à la religieuse, et tous deux s'assirent en face l'un de l'autre. Jocelyn demeura debout, appuyé contre le chambranle de la porte, et, aux éclairs de joie que lançaient ses yeux, il était facile de deviner tout le bonheur qu'éprouvait le fidèle et dévoué serviteur. Le marquis se pencha vers la religieuse et lui fit une question à voix basse.

— Mais sans doute, Philippe, répondit-elle vivement; vous savez bien que vous n'avez pas besoin de ma permission pour agir ainsi...

Le marquis se retourna.

— Jocelyn, dit-il, depuis trois jours tu as partagé ma table.

— Vous me l'avez ordonné, monseigneur.

— Et madame permet que je te l'ordonne encore, mon vieux Jocelyn. Viens donc prendre place à nos côtés...

— Mon bon maître, n'exigez pas cela!...

— Comment, tu refuses de m'obéir?

— Monseigneur, songez donc qui je suis!...

— Jocelyn, dit vivement la jeune femme, c'est parce que M. le marquis se rappelle qui vous êtes, que nous vous prions tous deux de vous asseoir auprès de nous; venez, mon ami, venez, et songez vous-même que vous faites partie de la famille... Vous n'êtes plus un serviteur, vous êtes un ami...

Et la religieuse, avec un geste d'une adorable bonté, tendit la main au vieillard. Jocelyn, les yeux pleins de larmes, s'agenouilla pour baiser cette main blanche et fine. Puis, comme un enfant qui n'ose résister aux volontés d'un maître qu'il craint et qu'il aime tout à la fois, il prit place timidement en face du marquis et de sa gracieuse compagne.

— Mon Dieu, Julie! dit Philippe avec émotion, que vous êtes bonne et charmante!

— Je m'inspire de Dieu qui nous voit et de vous que j'aimerai toujours, mon Philippe! répondit la religieuse.

— Oh! que je suis heureux ainsi! Je vous jure que depuis dix ans, voici le premier moment de bonheur que je goûte, et c'est à vous que je le dois...

— Il ne manque donc rien à ce bonheur dont vous parlez?

— Hélas! mon amie, le cœur de l'homme est ainsi fait qu'il désire toujours! Je serais véritablement heureux, je vous l'affirme, si devant moi je voyais encore un ami...

— Qui donc?

— Marcof.

— Marcof?... En effet, Philippe, jadis déjà, lorsque nous habitions Rennes, ce nom vous échappait parfois... c'est donc celui d'un homme que vous aimez bien tendrement?

— C'est celui d'un homme, chère Julie, envers lequel la destinée s'est montrée aussi cruelle qu'envers vous...

— Mais quel est-il, cet homme?

— C'est mon frère!

— Votre frère, Philippe! s'écria la religieuse.

— Votre frère, monseigneur! répéta Jocelyn.

— Oui, mon frère, mes amis, et pardonnez-moi de vous avoir jusqu'ici caché ce secret qui n'était pas entièrement le mien! Aujourd'hui, si je vous le révèle, c'est que les circonstances sont changées; c'est que, passant pour mort vis-à-vis du reste du monde, je crois utile de ne pas laisser ensevelir à tout jamais ce mystère... Marcof, lui, ce noble cœur, ne voudra point déchirer le voile qui le couvre, et cependant il doit y avoir après moi des êtres qui soient à même de dire la vérité... la vérité tout entière!...

Un silence suivit ces paroles du marquis.

La religieuse attachait sur le marquis des regards investigateurs, n'osant pas exprimer à haute voix la curiosité qu'elle ressentait. Quant à Jocelyn, qui avait été témoin des relations fréquentes de son maître avec Marcof, il n'avait cependant jamais supposé qu'un lien de parenté aussi sérieux alliât le noble seigneur à l'humble corsaire. Le marquis reprit :

— Ce secret, je vais vous le confier tout entier. Jocecelyn, parmi les papiers que nous avons emportés du château, il est un manuscrit relié en velours noir?

— Oui, monseigneur.

— Va le chercher, mon ami, et apporte-le promptement...

Jocelyn sortit aussitôt pour exécuter les ordres de son maître.

§

Avant d'aller plus loin, je crois utile d'expliquer brièvement comme il se fait que nous retrouvions dans les cellules souterraines du couvent de Plogastel, le marquis de Loc-Ronan, aux funérailles duquel nous avons assisté.

On se souvient sans doute de la conversation qui avait eu lieu entre le marquis et les deux frères de sa première femme. On se rappelle les menaces de Diégo et de Raphaël, et la proposition qu'ils avaient osé faire au gentilhomme breton. Celui-ci se sentant pris dans les griffes de ces deux vautours, plus altérés de son or que de son sang, avait résolu de tenter un effort suprême pour s'arracher à ces mains qui l'étreignaient sans pitié.

Le marquis de Loc-Ronan avait rapporté jadis, d'un voyage qu'il avait fait en Italie, un narcotique tout-puissant, dû aux secrets travaux d'un chimiste habile, narcotique qui parvenait à simuler entièrement l'action destructive de la mort. Ne voyant pas d'autre moyen de reconquérir sa liberté individuelle, il avait résolu depuis longtemps d'avoir recours à ce breuvage, à l'effet duquel il ajoutait une foi entière.

Le marquis était honnête homme, et homme d'honneur par excellence. A l'époque de son mariage avec mademoiselle de Fougueray, il n'avait pas tardé à s'apercevoir de l'indigne conduite de celle à laquelle il avait eu la faiblesse de confier l'honneur de son nom. Aussi, lorsqu'il anéantit son acte de mariage, sa conscience ne lui reprocha-t-elle rien. Pour lui, c'était faire justice; peut être se trompait-il, mais à coup sûr, il était de bonne foi.

Marié une seconde fois et adorant sa femme, il avait vu son bonheur se briser, grâce à l'adresse infernale du comte de Fougueray et du chevalier de Tessy. A partir de ce moment, son existence était devenue celle des damnés. Mademoiselle de Château-Giron s'était réfugiée dans un cloître, et lui était demeuré en butte aux extorsions continuelles de ses beaux-frères. Donc le marquis avait résolu d'en finir, coûte que coûte, avec cette domination intolérable. Ne confiant son dessein qu'à son fidèle serviteur, et ne pouvant prévenir Marcof qui, on le sait, avait pris la mer à la suite de sa conférence avec son frère, le marquis avait mis sans retard ses projets à exécution. Nous en connaissons les résultats.

Dès que le corps avait été enfermé dans le suaire, Jocelyn, faisant valoir deux ordres écrits de son maître, avait exigé qu'après la cérémonie funèbre lui seul procédât à la fermeture du cercueil. Tout le monde s'était donc éloigné de la chapelle. Jocelyn alors avait enlevé le soi-disant cadavre et l'avait déposé dans une chambre secrète réservée derrière le maître-autel. Puis il avait enveloppé dans le linceuil un énorme lingot de cuivre préparé d'avance. Cela fait, et la bierre refermée, on avait procédé à la descente du cercueil dans les caveaux du château.

La nuit venue, le marquis était sorti de son sommeil léthargique, et s'appuyant sur Jocelyn, avait quitté mystérieusement sa demeure à l'heure à laquelle Marcof arrivait à Penmarckh. Le gentilhomme et son serviteur se dirigèrent à pied vers le couvent de Plogastel, dans lequel le marquis savait que s'était nouvellement retirée sa femme. Seulement il ignorait l'expulsion récente des nonnes. Aussi, lorsqu'à l'aube du jour il pénétra dans le cloître, grande fut sa stupéfaction en trouvant l'abbaye déserte.

Le marquis parcourut ce vaste bâtiment solitaire. Désespéré, il prit la résolution de se cacher jusqu'à la nuit dans les souterrains. Alors il se mettrait en quête de la cause de cette solitude désolée. Jocelyn connaissait les habitations mystérieuses pour y avoir autrefois pénétré. Son père avait été jardinier du couvent de Plogastel, et l'enfant avait joué bien souvent dans ces cellules obscures que se réservaient les religieuses les plus austères. Ils descendirent donc tous les deux, et cherchèrent à s'orienter au milieu de ce dédale de voûtes et de corridors sombres. Bref, Jocelyn, guidé par ses souvenirs, parvint à introduire son maître dans ces réduits inconnus de tous.

Au moment où ils y pénétraient, ils furent frappés par la clarté d'une petite lampe dont les rayons filtraient sous la porte mal jointe d'une cellule. Convaincus que quelque gardien du couvent s'était retiré dans les souterrains, ils avancèrent sans hésiter, espérant obtenir des renseignements sur ce qu'étaient devenues les nonnes. Mais à peine eurent-ils franchi le seuil de la cellule, qu'un double cri de joie s'échappa de leur poitrine. Dans la religieuse demeurée fidèle à son cloître, le marquis et Jocelyn venaient de reconnaître mademoiselle Julie de Château-Giron, marquise de Loc-Ronan.

Cette rencontre avait eu lieu la veille du jour où nous avons nous-même introduit le lecteur près de la belle religieuse. Le marquis passa les heures de cette première journée à raconter à sa femme et les événements survenus et la résolution qu'il avait prise.

Julie avait conservé pour son mari le plus tendre attachement. Si elle avait pris le voile lors de la découverte du fatal secret, cela avait été dans l'espoir d'assurer la tranquillité à venir du marquis. La courageuse femme, faisant abnégation de sa jeunesse et de sa beauté, s'était dévouée, s'offrant en holocauste pour apaiser la colère de Dieu.

Elle avait même obtenu la permission de changer de cloître et de quitter celui de Rennes pour celui de Plogastel, dans le seul but de se rapprocher de l'endroit où vivait le marquis de Loc-Ronan, et dans l'espoir d'entendre quelquefois prononcer ce nom si connu dans la province.

La religieuse accueillit donc son mari, non comme un

époux dont elle était séparée depuis longtemps, mais comme un frère et comme un ami pour lequel elle eût volontiers donné sa vie entière. Elle approuva aveuglément ce qu'avait fait le marquis. Puis elle lui raconta que, lors de l'expulsion de la communauté, elle se trouvait seule dans les cellules souterraines. La crainte l'avait empêchée de se montrer en présence des soldats, et, les gendarmes une fois partis, ne sachant que faire, elle avait résolu de conserver l'asile que la Providence lui avait ménagé; seule, une vieille fermière des environs était dans le secret de sa présence et lui apportait chaque jour ses provisions qu'elle déposait à l'entrée des souterrains. Dès lors il fut convenu que le marquis et Jocelyn habiteraient une cellule voisine et qu'ils ne sortiraient que la nuit, revêtus tous deux du costume des paysans bretons, costume que la religieuse se chargeait de se procurer avec l'aide de la fermière. C'est donc à la seconde visite seulement du marquis auprès de sa femme, que nous assistons en ce moment. Les deux époux, calmes et heureux, ignoraient qu'à quelques pas de leur retraite et dans le même corps de bâtiment, demeuraient ceux qui leur avait fait tant de mal et avaient brisé à jamais leurs deux existences.

§

Après quelques minutes, Jocelyn revint apportant un in-folio relié en velours noir, rehaussé de garnitures en argent massif, et fermé à l'aide d'une double serrure dont la clef ne quittait jamais le gentilhomme. Le marquis ouvrit le manuscrit, l'appuya sur la table, et s'adressant à sa femme :

— Julie, lui dit-il, lorsque vous aurez pris connaissance de ce que contient ce volume, vous connaîtrez dans leur entier tous les secrets de ma famille. Écoutez-moi donc attentivement. Toi aussi, mon fidèle serviteur, continua-t-il en se retournant vers Jocelyn. Toi aussi, n'oublie jamais ce que tu vas entendre; et, si Dieu me rappelle à lui avant que j'aie accompli ce que je dois faire, jurez-moi que vous réunirez tous deux vos efforts pour exécuter mes volontés suprêmes! Jurez-moi, Julie, que vous considérerez toujours, et quoi qu'il arrive, Marcof le Malouin comme votre frère! Jure-moi, Jocelyn, qu'en toutes circonstances tu lui obéiras comme à ton maître.

— Je le jure, monseigneur! s'écria Jocelyn.

— J'en fais serment sur ce Christ! dit la religieuse en étendant la main sur le crucifix cloué à la muraille.

— Bien, Julie! Merci, Jocelyn!

Et le marquis, après une légère pose, reprit avant de commencer sa lecture :

— L'époque à laquelle nous allons remonter est à peu près celle de ma naissance. Vous n'étiez pas au monde, chère Julie; vous n'étiez pas encore entrée dans cette vie qui devrait être si belle et si heureuse, et que j'ai rendue, moi, si tristement misérable...

— M'avez-vous donc entendue jamais me plaindre, pour que vous me parliez ainsi, Philippe? répondit vivement la religieuse en saisissant la main du marquis.

— Vous plaindre, vous, Julie ! Est-ce que les anges du Seigneur savent autre chose qu'aimer et que pardonner?

— Ne me comparez pas aux anges, mon ami, répondit Julie avec un accent empreint d'une douce mélancolie. Leurs prières sont entendues de Dieu, et, hélas! les miennes demeurent stériles; car, depuis dix années, j'implore la miséricorde divine pour que votre âme soit calme et heureuse; et vous le savez, Philippe, vous venez de l'avoner vous-même, vous n'avez fait que souffrir longuement, cruellement, sans relâche !...

Le marquis baissa la tête et sembla se plonger dans de sombres réflexions. Enfin il se redressa, et prenant la main de Julie :

— Qu'importe ce que j'ai souffert, dit-il, si maintenant je dois être heureux par vous et près de vous...

— Un bonheur fugitif, mon ami. L'habit que je porte ne vous indique-t-il pas que j'appartiens à Dieu seul ?

— Ne pouvez-vous être relevée de vos vœux ?

— Et que deviendrions-nous, Philippe ?

— Nous fuirions loin, bien loin d'ici... Nous cacherions, dans une patrie nouvelle et ignorée, notre amour et notre bonheur !...

— Vous ne pouvez en ce moment abandonner la cause royale !

— Cela est vrai.

— Puis, lors même que nous parviendrions à fuir, en quel endroit de la terre trouverions-nous la tranquillité ?

— Hélas !... Julie, ces misérables nous poursuivraient sans trêve et sans pitié s'ils découvraient que je suis encore vivant ! C'est là ce que vous voulez dire, n'est-ce pas ?

Julie garda le silence.

— Oh ! murmura le marquis dont l'indignation douloureuse s'accroissait à chaque parole, oh ! les infâmes. Ne pourrai-je donc jamais les écraser sous mes pieds comme de venimeux reptiles !...

— Taisez-vous, Philippe ! s'écria la jeune femme. N'oubliez pas que notre religion interdit toute vengeance !

Le marquis ne répondit pas ; mais il lança un regard étincelant à Jocelyn, et tous deux sourirent, mais d'un sourire étrange.

— Oubliez ces rêves, Philippe ; oubliez cet avenir impossible ! continua Julie. Pour rompre mes vœux, il faudrait un bref de Sa Sainteté ; et croyez-vous qu'un tel acte puisse s'accomplir dans le mystère ? On s'informerait de la cause qui me fait agir, et on ne tarderait pas à découvrir la vérité.

— Peut-être ! répondit lentement le marquis. Lorsque vous connaîtrez davantage l'homme dont je vais lire l'histoire, histoire tracée de sa propre main, vous changerez sans doute d'opinion, et vous penserez avec moi que celui qui fut capable de faire ce qu'il a fait, peut nous sauver tous deux, et assurer notre bonheur à venir...

— Lisez donc, mon ami. J'écoute.

Alors e marquis se pencha vers le manuscrit, et commença à voix haute sa lecture.

VIII

L'ENFANT PERDU.

« Vers la fin de l'année 1756, habitait à Saint-Malo un pauvre pêcheur nommé Marcof. Cet homme vivait seul, sans famille, du produit de son industrie. D'un caractère taciturne et sauvage, il fuyait la société des autres hommes plutôt qu'il ne la recherchait.

Un soir qu'il était, comme toujours, isolé et morose sur le seuil de son humble cabane, occupé à refaire les mailles de ses filets, il vit venir à lui un cavalier qui semblait en quête de renseignements. Ce cavalier, qu'à son costume il était facile de reconnaître pour un riche gentilhomme, jeta un regard en passant sur le pêcheur. Puis il s'arrêta, le considéra attentivement, et, mettant pied à terre, il passa la bride de son cheval dans son bras droit et se dirigea vers la cabane.

— Comment t'appelles-tu? demanda-t-il en dialecte breton.

— Que vous importe? répondit le pêcheur.

— Plus que tu ne penses, peut-être...

— Est-ce donc moi que vous cherchez?

— C'est possible.

— Vous devez vous tromper...

— C'est ce que je verrai quand tu auras répondu à ma question. Comment te nommes-tu.

— Marcof le Malouin.

— Quel est ton état.

— Vous le voyez, fit le paysan en désignant ses filets.

— Pêcheur?

— Oui.

— Tu es né dans ce pays?

— A Saint-Malo même, comme l'indique mon nom.

— Tu n'es pas marié?

— Non!

— Tu n'a pas de famille?

— Je suis seul au monde.

— As-tu des amis?

— Aucun.

— Alors, bien décidément, c'est à toi que j'ai affaire, dit le gentilhomme en attachant son cheval à un piquet, tandis que le pêcheur le regardait avec étonnement. Entrons chez toi.

— Pourquoi ne pas rester ici?

— Parce que ce que j'ai à te dire ne doit pas être dit en plein air...

— C'est donc un secret?

— D'où dépend ta fortune; oui.

Le pêcheur sourit avec incrédulité. Néanmoins il ouvrit sa porte, et livra passage à son singulier interlocuteur. Le gentilhomme entra et s'assit sur un escabeau.

— Que possèdes-tu ? demanda-t-il brusquement.

— Rien que ma barque et mes filets.

— Si ta barque ne vaut pas mieux que tes filets, tu ne possèdes pas grand'chose.

— C'est possible ; mais je ne demande rien à personne.

— Tu es fier ?

— On le dit dans le pays.

— Tant mieux.

— Tant mieux ou tant pis, peu importe ! Je suis tel qu'il a plu au bon Dieu de me faire.

— Si on t'offrait cent louis, les accepterais-tu ?

— Non.

— Pourquoi ? fit le gentilhomme en levant à son tour un œil étonné.

— Lorsqu'un grand seigneur, comme vous paraissez l'être, offre une telle somme à un pauvre homme comme moi, c'est pour l'engager à faire une mauvaise action, et j'ai l'habitude de vivre en paix avec ma conscience ; d'autant que c'est ma seule compagne, ajouta simplement le pêcheur.

— Allons, tu es honnête.

— Je m'en vante.

— De mieux en mieux !

— Vous voyez bien qu'il vous faut chercher ailleurs.

— Non, j'ai jeté les yeux sur toi ; tu es l'homme qui me convient, et tu me serviras.

— Je ne crois pas.

— C'est ce que nous allons voir.

Marcof était d'une nature violente. Il chercha de l'œil

son pen-bas. Le gentilhomme sourit en suivant son regard.

— Honnête, fier, brave ! murmura-t-il ; c'est la Providence qui m'a conduit vers lui !...

Marcof attendait.

— Ecoute, reprit le gentilhomme, il est inutile que je reste plus longtemps près de toi ; je vais t'adresser une seule question. Tu y répondras. Si nous ne nous entendons pas, je partirai.

— Faites.

— Tu m'as dit que tu refuserais une somme qui te serait offerte pour accomplir une mauvaise action.

— Je l'ai dit, et je le répète.

— Et s'il s'agissait, au contraire, de faire une bonne action ?

— Je ne prendrais peut-être pas l'argent, mais je ferais le bien... si cela était en mon pouvoir...

— Parle net. Ou tu prendras la somme en accomplissant une œuvre charitable, ou tu refuseras l'une et l'autre. Il s'agit, je te le répète, d'une bonne action qui te rapportera cent louis. Acceptes-tu ?

— Eh bien..... dit le pêcheur en hésitant.

— Dis oui ou non !

— J'accepte...

— Très bien ! s'écria le gentilhomme en se levant, je reviendrai demain à pareille heure.

Et sortant de la cabane, il remonta à cheval et s'éloigna rapidement. Marcof se gratta la tête ; réfléchit quelques instants, puis, haussant les épaules, il se remit à travailler.

Le lendemain, le gentilhomme fut exact au rendez-vous. Seulement, cette fois, il venait à pied et tenait par la main un jeune garçon âgé d'environ trois ans. Il entra dans la cabane, et déposa sur la table une bourse gonflée d'or. Le marché qu'il avait à proposer au pêcheur était de prendre l'argent et l'enfant. Le pêcheur accepta.

— Comment s'appelle le petit? demanda-t-il.
— Il porte ton nom.
— Mon nom?
— Sans doute; il sera ton fils et s'appellera Marcof.
— C'est bien. Vous reverrai-je?
— Jamais.
— Et si je vous rencontrais?
— Tu ne me rencontreras pas.
— Quand l'enfant sera grand, que lui dirai-je?
— Rien.
— Mais plus tard, il apprendra dans le pays qu'il n'est pas mon fils et il me demandera où sont ses parents...
— Tu lui diras que tu l'as trouvé dans un naufrage, et que ses parents sont sans doute morts.
— Est-il baptisé, au moins?
— Oui.
— Alors c'est bien; je garde l'enfant. Vous pouvez partir.

Le gentilhomme fit quelques pas dans la cabane. Il semblait ému. Enfin, s'approchant brusquement de l'enfant, il l'enleva dans ses bras, le pressa sur son cœur, l'embrassa, puis, le déposant à terre, il s'élança au dehors. Depuis ce jour, on ne le revit plus dans le pays...

Le marquis de Loc-Ronan interrompit sa lecture.

— Ce gentilhomme, dit-il, était mon père, et cet enfant était son fils.

— Et il l'abandonnait ainsi? s'écria Julie.

— Oui, répondit le marquis; mais cet abandon a été pendant toute sa vie le sujet d'un remords cuisant! Ce fut à son lit d'agonie et de sa bouche même que tous ces détails me furent confirmés. Il me donna, en outre, les moyens de reconnaître un jour mon frère naturel, ainsi que vous le verrez plus tard. Je continue.

Et le marquis se remit à lire :

« Le pêcheur tint sa promesse et éleva l'enfant ; seulement, c'était une nature singulière que celle de ce Marcof : l'argent que lui avait donné le gentilhomme lui pesait comme une mauvaise action. Il le fit distribuer aux pauvres, et n'en garda pas pour lui la moindre part. Bientôt l'enfant devint fort et vigoureux, au point que son père adoptif crut devoir l'emmener avec lui, quand il prenait la mer, dans sa barque de pêche. Le dur métier de mousse développa ses membres, et l'aguerrit de bonne heure à tous les dangers auxquels sont exposés les marins. A dix ans, il était le plus adroit, le plus intrépide et le plus batailleur de tous les gars du pays.

Bon par nature, il protégeait les faibles et luttait avec les forts. Un jour, un méchant gars de dix-huit à vingt ans frappait un enfant pauvre et débile que sa faiblesse empêchait de travailler. Le jeune Marcof voulut intervenir. Le brutal paysan le menaça d'un châtiment semblable à celui qu'il infligeait à sa triste victime. Marcof le défia.

Ceci se passait sur la grève devant une douzaine de matelots, qui riaient de l'arrogance du « moussaillon, » comme ils le nommaient. Le jeune homme s'avança vers Marcof. Celui-ci ne recula pas ; seulement il se baissa, ramassa une pierre, et, au moment où son adversaire étendait la main pour le saisir au collet, il lui lança le projectile en pleine poitrine. La pierre ne fit pas grand mal au paysan, mais elle excita sa colère outre mesure.

— Ah ! fahis gars !... s'écria-t-il, tu vas la danser !...

Et, prenant un bâton, il courut sus au pauvre enfant. Marcof devint pâle, puis écarlate. Ses yeux parurent prêts à jaillir de leurs orbites. Un charpentier présent à la discussion était appuyé sur sa hache. Marcof la lui arracha, et, la brandissant avec force, tandis que le paysan levait son bâton pour le frapper :

— Allons, dit-il, je veux bien !... coup pour coup !

Le paysan recula. Les matelots applaudirent, et emmenèrent l'enfant avec eux au cabaret, où ils le baptisèrent « matelot. » Marcof était enchanté.

L'année suivante, Marcof avait onze ans à peine, le pêcheur tomba gravement malade. En quelques jours la maladie fit de rapides progrès. Un vieux chirurgien de marine déclara sans la moindre précaution que tous les remèdes seraient inutiles, et qu'il fallait songer à mourir. En entendant cette cruelle et brutale sentence, Marcof, qui prodiguait ses soins à celui qu'il croyait son père, Marcof se laissa aller à un profond désespoir.

Le pêcheur reçut courageusement l'avertissement du docteur, et se prépara à entreprendre ce dernier voyage, qui s'achève dans l'éternité. Comme presque tous les marins, il craignait peu la mort, pour l'avoir souvent bravée, et ses sentiments religieux lui promettaient une seconde vie plus heureuse que la première. Aussi, le docteur parti, il se fit donner sa gourde, avala à longs traits quelques gorgées de rhum, et, ensuite, il alluma sa pipe.

Au moment de mourir, les souffrances avaient disparu, et le vieux matelot se sentait calme et tranquille. Il profita de cet instant de repos pour appeler près de lui son fils adoptif. Marcof accourut en s'efforçant de cacher ses larmes.

— Tu pleures, mon gars ? lui dit le pêcheur d'une voix douce.

— Oui, père, répondit l'enfant.

— Et à cause de quoi pleures-tu ?

— A cause de ce que m'a dit le médecin.

— Le médecin est un bon matelot qui a bien fait de me larguer la vérité. Vois-tu, mon gars, je file ma dernière écoute. Je suis comme un vieux navire qui chasse sur son ancre de miséricorde... Dans quelques heures je vais m'en aller à la dérive et courir vers le bon Dieu sous ma voile de fortune. Ne t'afflige pas comme ça, mon gars! Je n'ai jamais fait de mal à personne; ma conscience est nette comme la patente d'un caboteur, et quand la mort va venir me jeter le grappin sur la carcasse, je ne refuserai pas l'abordage. La bonne sainte Vierge et sainte Anne d'Auray me conduiront aux pieds du Seigneur, et, comme j'ai toujours été bon matelot et bon Breton, le paradis me sera ouvert... Sois donc tranquille et ne t'occupe plus de moi!...

Marcof pleurait sans répondre. Le pêcheur se reposa pendant quelques secondes, et reprit:

— Voyons, mon gars, quand les amis m'auront conduit au cimetière, qu'est-ce que tu feras?

— Je ne sais pas! fit l'enfant en sanglotant.

— Dame! mon gars, nous ne sommes point riches ni l'un ni l'autre. J'ai bien encore, dans un vieux sabot enterré sous le foyer une dizaine de louis; mais ça ne peut te mettre à même de vivre longtemps... Tu n'es pas encore assez fort pour conduire seul une barque de pêche! Et pourtant, avant de m'en aller, je voudrais te savoir à l'abri du besoin, car je t'aime, moi...

— Et moi aussi, père, je vous aime de toutes mes forces!... répondit Marcof en embrassant le mourant.

— Tu m'aimes, bien vrai?

— Dame! je n'aime que vous au monde!

Le pêcheur réfléchit profondément. De vagues pensées assombrissaient son visage. Il se rappelait la visite du gentilhomme et la promesse qu'il avait faite de ne pas révéler à l'enfant la manière dont il avait été abandonné. Mais l'étrange divination qui précède la mort lui conseillait de tout dire à son fils adoptif. Il craignait d'être coupable envers lui en lui cachant la vérité. Puis il aimait sincèrement Marcof, et il pensait aussi qu'un jour peut-être il pourrait retrouver ses parents qui, sans aucun doute, étaient riches et puissants. Alors le pauvre enfant se verrait non-seulement à l'abri de la misère, mais encore dans une position brillante et heureuse. Cependant, avant de prendre un parti, il envoya chercher un prêtre. Il se confessa et raconta naïvement ce qui s'était passé entre lui et le gentilhomme. Il demanda au recteur ce qu'il devait faire. Celui-ci était un homme de sens droit et profond. Il conseilla au pêcheur de suivre l'inspiration de sa conscience, et de ne rien cacher à son fils adoptif de ce qu'il savait sur son passé. Malheureusement, il ne savait pas grand'chose.

Néanmoins, le prêtre étant présent à l'entretien, le pêcheur dévoila à Marcof le mystère qui avait entouré sa venue dans la cabane de celui qu'il avait coutume d'appeler son père. Ce récit ne produisit pas une bien grande impression sur l'enfant.

— Si mon véritable père m'a abandonné, dit-il avec fermeté, c'est que probablement il avait ses raisons pour le faire. Je ne chercherai jamais à retrouver ceux qui ont eu honte de moi. Je ne connais qu'un homme qui mérite de ma part ce titre de père, et cet homme, c'est vous! continua-t-il en s'agenouillant devant le lit du mourant. Bénissez-moi donc, mon père, et ne voyez en moi que votre enfant...

Le pêcheur, attendri, leva ses mains amaigries sur la tête de Marcof. Puis, les yeux fixés vers le ciel, il pria longuement, implorant pour l'enfant la miséricorde du

Seigneur. Le prêtre aussi joignait ses prières à celles de l'agonisant. Il ne fut plus question, entre le pêcheur et Marcof, du gentilhomme qui était venu jadis.

Le lendemain, le marin rendait son âme à Dieu. Marcof le pleura amèrement. Il employa la meilleure partie des dix louis qui composaient l'actif de la succession, à faire célébrer un enterrement convenable, à orner la fosse d'une pierre tumulaire, sur laquelle on grava une courte inscription. Le soir, Marcof revint dans la cabane, qui lui parut si triste et si désolée depuis qu'il s'y trouvait seul, qu'il résolut de quitter non-seulement sa demeure, mais encore Saint-Malo. Il partit pour Brest.

On était alors en 1765. Marcof avait douze ans à peine. Il trouva un engagement comme novice à bord d'un navire dont le commandant avait une réputation de dureté et d'habileté devenue proverbiale dans tous les ports de la Bretagne. Le navire allait aux Indes, et, de là, à la Virginie. Marcof resta deux ans et demi absent. A son retour, son engagement était terminé. Mais le vieux loup de mer qui se connaissait en hommes, le retint à son bord en qualité de matelot.

Bref, à dix-neuf ans, Marcof le Malouin, car il avait hérité du surnom de son père adoptif, avait navigué sur tous les océans connus. Il avait essuyé de nombreuses tempêtes, fait cinq ou six fois naufrage, et il avait manqué quatre fois de mourir de faim et de soif sur les planches d'un radeau. Comme on le voit, son éducation maritime était complète. Aussi était-il connu de tous les officiers dénicheurs de bons marins, et les armateurs eux-mêmes engageaient souvent les commandants de leurs navires à embarquer le jeune homme dont la reputation de bravoure, d'honnêteté, de courage et d'habileté grandissait chaque jour.

Jusqu'alors l'existence de Marcof avait été heureuse, sauf, bien entendu, les dangers inséparables de la vie de l'homme de mer. Cependant on le voyait parfois triste et soucieux. Il se sentait mal à l'aise en ce cadre étroit dans lequel il végétait. Parfois, dans ses rêves, il voyait devant lui un avenir large et brillant, où son ambition nageait en pleine eau; puis, au réveil, la réalité lui faisait pousser un soupir. En un mot, il fallait à cette nature énergique et puissante, à cette intelligence élevée et hardie, une existence remplie de périls, d'aventures, de jouissances de toutes sortes. Il n'allait pas tarder à voir son ambition satisfaite, et ces périls qu'il appelait n'allaient pas lui faire défaut.

IX

LA FIDÉLITÉ.

Vers la fin de 1773, un des riches armateurs de la Bretagne qui avait perdu successivement sept navires, tous pris et coulés par les navires mulsumans qui sillonnaient la Méditérannée depuis des siècles, eut le désir bien légitime de venger ces désastres. De plus, le digne négociant pensa avec raison que voler des voleurs étant une œuvre pie, pirater des pirates serait une action bien plus méritoire encore, puisqu'elle aurait le double avantage de leur prendre ce qu'ils avaient pris, et de les punir ensuite. En conséquence, il fit construire, à Lorient, un charmant brick savamment gréé, élancé de carène, propre à donner la chasse, et qui portait dans son entre-pont vingt jolis canons de douze. Le brick, une fois lancé et prêt à prendre la mer, fut baptisé sous le nom de *la Félicité*, et on obtint du ministre des lettres de marque pour le capitaine qui le commanderait. C'était ce capitaine qu'il s'agissait de trouver.

Il faut dire qu'à cette époque vivait à Brest un officier de marine nommé Charles Cornic. Charles Cornic était né à Morlaix, et était un émule des Jean-Bart et des Duguay-Trouin. Malheureusement pour lui, Cornic était aussi ce que l'on nommait alors un « officier bleu. »

Pour comprendre la valeur négative de ce titre, il faut savoir qu'à l'époque dont nous parlons, le corps des officiers de marine se divisait en deux catégories bien tranchées. Les officiers nobles d'une part, et les officiers sans naissance de l'autre. Ces derniers étaient en butte continuellement aux vexations des premiers qui, non-seulement refusaient souvent de leur obéir, mais encore ne voulaient pas toujours les prendre sous leurs ordres. Et cependant, pour de simple matelot devenir officier, il fallait avoir fait preuve d'un courage et d'une habileté bien rares. Mais le préjugé était là, comme une barrière infranchissable, et les parvenus, les intrus, comme on les nommait aussi, se voyaient toujours l'objet des risées des élégants gentilhommes.

Cornic, surtout, était presque un objet d'horreur parmi les officiers nobles. Brave, fier, hautain, il répondait par le mépris aux provocations, et, lorsqu'on le contraignait à mettre l'épée à la main, il revenait à son bord en laissant un cadavre derrière lui. Deux fois le ministre avait voulu lui donner un commandement, et deux fois il s'était vu contraint par le corps des gentilshommes de le lui retirer. Fatigué de prodiguer son sang et son intelligence, blessé dans son orgueil et déçu dans ses légitimes espérances, Cornic, alors, avait abandonné la marine royale et avait accepté le commandement d'un petit corsaire. Il courut les mers des Indes faire la chasse à tout ce qui portait un pavillon ennemi.

Un jour, après un combat sanglant, il s'empara d'une

frégate anglaise de guerre, à bord de laquelle il y avait six officiers de la marine française prisonniers. Tous les six étaient nobles. Tous les six étaient connus de Cornic, qu'ils avaient toujours repoussé. Grand fut leur désappointement de devoir la liberté à un officier bleu. Cornic, pour toute vengeance, leur demanda avec ironie un très-humble pardon de les avoir délivrés, ajoutant que c'était trop d'honneur pour lui, pauvre officier de fortune, d'avoir châtié des Anglais qui avaient eu l'audace de faire prisonniers des gentilshommes français, marins comme lui. Puis il les ramena à Brest sans leur avoir adresé la parole pendant tout le temps que dura la traversée.

Une fois à terre, l'aventure se répandit à la grande gloire du corsaire et à la profonde humiliation des officiers nobles. Aussi jurèrent-ils d'en tirer une vengeance éclatante. Quelques jours après, Cornic reçut, dans la même matinée, huit provocations différentes. Il fixa le même jour et la même heure, à ses huit adversaires. Puis, une fois sur le terrain, il mit l'épée à la main, et les blessa successivement tous les huit. Ce duel eut un retentissement énorme. Les familles des blessés portèrent plainte, et, quoique l'officier bleu eût combattu loyalement, il se vit contraint de s'éloigner de Brest.

Ce fut sur ces entrefaites que l'armateur de *la Félicité* s'adressa à lui et lui proposa le commandement du nouveau corsaire. Cornic accepta. Seulement, il mit pour condition qu'il prendrait un second à sa guise ; et comme il était lié avec Marcof, il lui demanda s'il voulait embarquer à bord du corsaire. Marcof remercia chaleureusement Cornic, et signa l'engagement avec une ardeur impatiente. Tous deux, alors, composèrent un équipage de cent cinquante hommes, tous dignes de combattre sous de tels chefs. Puis *la Félicité* prit la mer.

Le nouveau corsaire avait pour mission de louvoyer sur les côtes d'Afrique, mais de ne donner la chasse aux pirates qu'autant que ces derniers, par leur ventre arrondi et leurs lourdes allures, indiqueraient qu'ils avaient dans leurs flancs la cargaison de quelque riche navire de commerce. Les débuts de *la Félicité* furent brillants. En quittant le détroit de Gibraltar et en entrant dans la Méditerranée, le brick, déguisé en bâtiment marchand, se laissa donner la chasse par un pirate algérien. Puis, lorsque les deux navires furent presque bord à bord, la toile peinte, qui masquait les sabords de *la Félicité*, tomba subitement à la mer et une grêle de boulets balaya le pont du pirate stupéfait. Moins d'une heure après, la cargaison du navire algérien passait dans la cale du corsaire ; les pirates étaient pendus au bout des vergues, et le vautour, devenu victime de l'épervier, coulait bas aux yeux des marins français qui dansaient joyeusement en poussant des cris de triomphe.

Six mois plus tard, *la Félicité* rentrait à Brest, et Cornic remettait entre les mains de son armateur, pour près de cinq millions de diamants et de marchandises de toute espèce. On procéda alors à la répartition de ces richesses. Marcof emporta deux cent mille livres. Le soir même, il montait dans une chaise de poste, et, précédé d'un courrier, il prenait avec fracas la route de Paris. Il avait compris que Brest était une trop petite ville pour pouvoir y dépenser rapidement son or. Il voulait connaître toutes les merveilles de la capitale et se procurer toutes les jouissances que rêvait son ardente imagination. Pendant quatre mois, il gaspilla follement cet or gagné au prix de sa vie ; pendant quatre mois il mena cette existence curieuse du marin grand seigneur, qui n'admet aucun obstacle pour son plaisir, satisfait toutes ses fantaisies, et brise ce qui s'oppose à ses volontés et à ses caprices.

Ce temps écoulé, Marcof s'aperçut un beau matin que son portefeuille était vide et sa bourse à peu près à sec. Il reprit philosophiquement la route de Brest, et il arriva au moment où Cornic réengageait un nouvel équipage et s'apprêtait à reprendre la mer. Marcof le suivit de nouveau.

Comme la première fois, *la Félicité* mit le cap sur la Méditerranée, et, comme la première fois encore, elle ouvrit la campagne sous les plus heureux auspices. Le corsaire avait déjà fait amener pavillon à deux pirates de l'archipel grec et se disposait à continuer ses courses sur le littoral de l'Afrique, lorsqu'à la hauteur de Malte il fut assailli par une tempête qui le rejeta entre les côtes d'Italie et celles de Sardaigne.

Pendant les trois premiers jours, *la Félicité* tint bravement contre le vent et les vagues; mais, vers le commencement du quatrième, elle se démâta de son misaine et une voie d'eau se déclara dans sa cale. La tempête ne ralentissait pas de fureur. Cornic essaya de gagner la côte. Ce fut en vain. Les pompes ne suffisaient plus à alléger le navire de l'eau qui montait de minute en minute. Il fallut abandonner le brick.

Les deux canots qui n'avaient pas été brisés où entraînés par les lames, furent mis à la mer. L'équipage se sépara en deux parties. La première, commandée par Cornic, monta dans l'une des embarcations; la seconde, ayant pour chef Marcof, se jeta dans l'autre.

Durant quelques heures, les deux canots firent route de conserve; mais la tempête les sépara bientôt. Celui de Cornic put atteindre Naples et s'y réfugier. Celui de Marcof fut moins heureux. Entraîné vers la haute mer, il doubla la Sicile.

Pendant trois jours la frêle barque fut ballottée au gré des flots. N'ayant pas eu le temps d'emporter des vivres, les pauvres naufragés mouraient de fatigue et de faim. Déjà on parlait de tirer au sort et de sacrfier une victime pour essayer de sauver ceux qui survivraient, lorsque, la nuit suivante, le canot fut jeté sur les côtes de la Calabre médirionale, et se brisa sur les rochers. A l'exception de Marcof, tous les marins périrent. Seul il parvint à gagner la plage. Une fois en sûreté sur la terre ferme, les forces l'abandonnèrent et il tomba évanoui.

Combien de temps dura cet évanouissement? Marcof l'ignora toujours. Lorsqu'il reprit ses sens, il se trouvait au milieu d'une vaste salle meublée, ou plutôt démeublée, comme le sont d'ordinaire les hôtelleries italiennes. Il faisait grand jour. Les rayons de l'ardent soleil des Calabres, perçant les couches épaisses de poussière qui encrassaient les vitres des croisées, se ruaient dans la pièce en l'inondant d'un flot de lumière dorée.

Autour de Marcof se tenaient, dans des attitudes différentes, une quinzaine d'hommes à figure sinistre, à costume indescriptible, tenant le milieu entre celui du montagnard et celui du soldat. Les uns, appuyés sur de longues carabines, les autres, chantant ou causant, tous buvant à plein verre le vin blanc capiteux des coteaux de la Sicile, ce *Marsalla* dont on a à peine l'idée dans les autres contrées de l'Europe, car il perd tout son arome en subissant un transport lointain. Marcof, en ouvrant les yeux, fit un léger mouvement.

— Eh bien! Piétro? demanda l'un de ceux qui étaient debout, en s'adressant à un jeune homme assis près du marin.

— Eh bien! capitaine, je crois que le noyé n'est pas mort.

— Sainte madone! il peut se vanter alors d'avoir la vie dure, et il devra bien des cierges à son patron.

— Tenez! voici qu'il remue.

Marcof, en effet, se dressait sur son séant. La conversation qui précède avait eu lieu en patois napolitain. Marcof, en sa qualité de navigateur, avait une légère teinture de toutes les langues qui se parlent sur les côtes, et depuis, surtout, les courses de *la Félicité* dans la Méditerranée, il avait appris assez d'italien pour comprendre les paroles qui se prononçaient, et, au besoin même, pour converser avec les hommes auprès desquels il se trouvait. Celui qu'on avait qualifié de capitaine s'avança gravement vers le naufragé.

— Comment te trouves-tu? lui demanda-t-il.

— Je n'en sais trop rien, répondit naïvement Marcof, qui, le corps brisé et la tête vide, était effectivement incapable de constater l'état de santé dans lequel il était.

— D'où viens-tu?

— De la mer.

— Par saint Janvier! je le sais bien, puisque nous t'avons trouvé évanoui sur la plage. Ce n'est pas cela que je te demande. Tu es Français?

— Oui.

— Et marin?

— Oui.

— Ton navire a donc fait naufrage?

— Oui! répondit une troisième fois Marcof, incapable de prononcer un mot plus long.

— Tu es laconique! fit observer son interlocuteur d'un air mécontent.

Marcof fit un effort et rassembla ses forces.

— Il y a trois jours que je n'ai mangé, balbutia-t-il; par grâce, donnez-moi à boire, je meurs de faim, de soif et de fatigue !

Le jeune homme qui le veillait parut ému.

— Tenez! fit-il vivement en lui offrant une gourde; buvez d'abord, je vais vous donner à manger.

Marcof prit la gourde et la porta avidement à ses lèvres.

Le capitaine appela Piétro.

— Nous retournons à la montagne, lui dit-il. Tu vas rester près de cet homme; demain nous reviendrons, et, s'il le veut, nous l'enrôlerons parmi nous. Il paraît vigoureux, ce sera une bonne recrue.

Quelques instants après, on servait à Marcof un mauvais dîner, et on lui donnait ensuite un lit plus mauvais encore. Mais, dans la position où se trouvait le marin, on n'a pas le droit d'être bien difficile. Il mangea avec avidité et dormit quinze heures consécutives. A son réveil, il se sentit frais et dispos. Piétro était près de lui; il entama la conversation. Le jeune Calabrais était bavard comme la plupart de ses compatriotes; il parla longtemps, et Marcof apprit qu'il avait été recueilli par une de ces bandes si redoutées de bandits des Abruzzes. N'ayant rien sur lui qui pût tenter la cupidité de ces hommes, il reçut cette confidence avec le plus grand calme.

Dans la journée, les bandits de la veille revinrent dans l'hôtellerie. Le chef, qui se nommait Cavaccioli, proposa, sans préambule, à Marcof de s'enrégimenter sous ses ordres, lui vantant la grâce et les séductions de l'état. Marcof hésitait.

Ce mot de bandit sonnait désagréablement à ses oreilles. Mais, d'un autre côté, il réfléchissait qu'il se trouvait sur une terre étrangère, sans aucun moyen d'existence. Son navire était perdu, ses compagnons avaient tous péri. Quelle ressource lui restait-il ! Aucune. Cavaccioli renouvela ses offres. Marcof n'hésita plus.

— J'accepte, dit-il, à une condition.

— Laquelle ?

— C'est que je serai entièrement libre de ma volonté quant à ce qui concernera mon séjour parmi vous.

— Accordé ! fit le bandit en souriant, tandis qu'il murmurait à part : Une fois avec nous, tu y resteras ; et si tu veux fuir, une balle dans la tête nous répondra de ta discrétion.

Marcof fut présenté officiellement à la bande et accueilli avec acclamations. Piétro, surtout, paraissait des plus joyeux. Marcof lui en demanda la cause.

— Je l'ignore, répondit le jeune homme ; mais dès que je vous ai vu rouvrir les yeux hier, cela m'a fait plaisir ; il me semblait que vous étiez pour moi un ancien camarade.

— Allons, murmura Marcof, il y a de bonnes natures partout.

Le soir même, il y eut festin dans l'hôtellerie, et Marcof en eut les honneurs. Chacun fêtait la nouvelle recrue dont les membres athlétiques indiquaient la force peu commune, et inspiraient la crainte à défaut de la sympathie. Le lendemain, au point du jour, Marcof, devenu bandit calabrais, s'enfonçait dans la montagne en compagnie de ses nouveaux camarades.

En acceptant les propositions de Cavaccioli, le marin avait songé qu'il pourrait promptement gagner Naples ou Reggio, et de là s'embarquer pour la France. Il était trop bon matelot pour se trouver embarrassé dans un port de mer, quel qu'il fût.

X

LES CALABRES.

Quinze jours après, Marcof parcourait, la carabine au poing et la cartouchière au côté, les routes rocheuses des Abruzzes. Les bandits calabrais étaient alors en guerre ouverte avec les troupes régulières du roi de Naples. Douze heures se passaient rarement sans voir livrer quelque combat plus ou moins meurtrier. Cette existence aventureuse ne déplaisait pas au marin qui trouvait constamment à faire preuve d'adresse, de courage et d'intrépidité. Bientôt ses compagnons reconnurent en lui un homme supérieur. Il acquit ainsi une sorte de supériorité morale, et son nom, répété avec éloges, était connu dans la montagne pour celui d'un combattant intrépide.

Piétro lui avait bien décidément voué une amitié véritable. Il en faisait preuve en toutes circonstances. Au reste, cette amitié s'était encore accrue de ce que, dans deux combats successifs, Marcof avait arraché Piétro des mains des carabiniers royaux et des gardes suisses. Or, être prisonnier des troupes napolitaines, se résumait pour tout bandit dans une prompte et haute pendaison. Marcof, en réalité, avait donc deux fois sauvé la vie au jeune homme. Aussi l'amitié de Piétro s'était-elle peu à peu transformée en véritable adoration. Marcof était son dieu.

Bientôt les troupes royales, lassées par cette guerre dans laquelle elles trouvaient rarement un ennemi à combattre mais où elles étaient sans cesse harcelées, se replièrent sur Naples. Puis elles rentrèrent dans la ville et laissèrent, comme par le passé, les Abruzzes et les Calabres sous la souveraineté des brigands. Alors ceux-ci retournèrent à leurs anciennes habitudes. Les embuscades, le pillage, le vol, l'assassinat devinrent le but de leurs travaux. Mais lorsqu'au lieu de combattre vaillamment des hommes armés, il fallut attaquer, assassiner et voler des êtres sans défense, tuer lâchement des femmes qui demandaient inutilement merci, égorger d'une main ferme de faibles enfants qui tendaient leurs petits bras avec des cris et des larmes, Marcof sentit tout ce qu'il y avait de noble dans sa nature se révolter en lui.

A la première expédition de ce genre, il brisa sa carabine contre un rocher. A la seconde, il refusa nettement d'accompagner les bandits. Cavaccioli, étonné, lui commanda impérativement d'obéir. Marcof lui répondit qu'il n'était ni un lâche, ni un infâme, et que s'il allait avec les brigands s'embusquer sur le passage des chaises de poste et des mulets, ce serait, non pour attaquer les voyageurs, mais bien pour les défendre.

— Rappelle-toi, ajouta-t-il avec énergie, que j'ai été corsaire et non pirate ; que je sais me battre et non pas assassiner. J'ai honte et horreur de demeurer plus longtemps parmi des êtres de l'espèce de ceux qui m'entoutourent ; demain je partirai.

— Tu insultes tes amis ! s'écria le chef avec colère.

— Tu m'insultes toi-même en supposant que ces hommes me soient quelque chose !

A ces mots, prononcés à voix haute, des rumeurs et des cris menaçants s'élevèrent de toute part. Quelques-uns des bandits portèrent la main à leur poignard. Marcof leva la tête, croisa ses bras nerveux sur sa vaste poitrine et marcha droit vers le groupe le plus menaçant. En présence de cette contenance froide et calme, les bandits se turent. Marcof revint vers le chef.

— Tu m'as entendu? dit-il; demain soir même je partirai. Jusque-là, je ne t'obéirai plus.

Puis il s'éloigna à pas lents, sans daigner tourner la tête. Marcof avait l'habitude de se retirer vers le soir dans une sorte de petit jardin naturel situé au milieu des rochers. Une fontaine voisine, jaillissant d'un bloc de porphyre, entretenait dans ce lieu une fraîcheur agréable. La nature sauvage qui dominait ce site pittoresque en rehaussait encore la beauté. C'était là que, mollement étendu sur son manteau, le marin rêvait à la France, à ses compagnons, à ses combats passés, à son avenir dès qu'il aurait quitté la Calabre.

Le jour où eut lieu la scène dont nous venons de parler, Marcof, suivant sa coutume, s'était dirigé vers le lieu habituel de ses rêveries solitaires. La nuit venue, il prépara ses armes et se disposa à veiller, car il connaissait assez ses compagnons pour se défier d'une attaque.

Les premières heures se passèrent dans le calme et dans le silence; mais au moment où la lune se voilait sous un nuage, il crut percevoir un léger bruit dans le feuillage. Il écouta attentivement. Le bruit devint plus distinct; il résultait évidemment d'un corps rampant sur les rochers. Était-ce un serpent? était-ce un homme? Marcof prit un pistolet et l'arma froidement.

Sans doute le froissement sec de la batterie avait été entendu de celui qui se glissait ainsi vers le marin, car le bruit cessa tout à coup. Marcof attendit néanmoins, toujours prêt à faire feu. Enfin les branches s'entr'ouvrirent, et une voix amie fit entendre un appel. Marcof avait reconnu Piétro. Le jeune homme s'élança vivement près du marin.

— Que me veux-tu donc? demanda Marcof étonné des allures mystérieuses de son fidèle camarade.

— Silence! fit Piétro à voix basse et en indiquant du geste à Marcof qu'il parlait trop haut.

— Que me veux-tu? répéta le marin.

— Te sauver d'une mort inévitable. Nos compagnons dorment; j'étais de veille cette nuit, et j'ai abandonné mon poste pour te prévenir. Si Cavaccioli s'apercevait de mon absence il me casserait la tête; mais comme il s'agissait de toi, j'ai tout bravé.

— Que se passe-t-il?.. Parle vite!

— Dès que tu fus parti, dit Piétro avec volubilité et en baissant encore la voix, tous nos hommes se rassemblèrent; eux et Cavaccioli étaient furieux de la manière dont tu les avais traités.

— Que m'importe! interrompit Marcof.

— Laisse-moi achever! Ils résolurent de te tuer.

— Bah! vraiment?... Et qui diable voudra se charger de la commission? demanda le marin avec ironie.

— C'est précisément ce choix qui a causé un long débat.

— Et l'on a décidé?...

— On a décidé que, connaissant ta force et ton courage à toute épreuve, on aurait recours à la ruse.

— Les lâches! murmura Marcof. Après?

— On sait que tu viens tous les soirs à cet endroit, et il a été convenu que demain cinq de nous te précéderaient, s'embusqueraient derrière ce rocher au pied duquel tu te couches, et lorsque tu serais sans défiance, cinq balles de carabine te frapperaient d'un même coup.

— Et quels sont ceux qui doivent prendre part à cette ingénieuse expédition?

— Je ne le sais pas encore; demain on tirera au sort.

— Et tu as risqué ta vie pour venir m'avertir?

— J'ai fait ce que je devais. Ne m'as-tu pas deux

fois sauvé de la corde en m'arrachant aux carabiniers?

— Tu as une bonne nature, Piétro, et si tu veux, je t'emmènerai avec moi.

— Tu vas partir, n'est-ce pas?

— La nuit prochaine.

— Quoi! pas cette nuit?

— J'aurais l'air de fuir.

— Mais ils te tueront demain!

— Ceci est mon affaire.

— Songe donc...

— J'ai songé, interrompit Marcof, et mon plan est fait; ne crains rien. Seulement sache bien que dans vingt-quatre heures je quitterai la bande de Cavaccioli, et je te propose de venir avec moi.

— Je ne puis quitter la montagne.

— Pourquoi?

— Je suis amoureux d'une jeune fille de Lorenzana que je dois épouser dans quelques mois, puis mon père est infirme et a besoin de moi.

— Alors quitte ce métier infâme.

— Et lequel veux-tu que je fasse? Il n'y en a pas d'autre dans les Calabres.

— C'est vrai, répondit Marcof.

Puis après un moment de réflexion :

— Tu es bien décidé? reprit-il.

— Oui, Marcof, répondit Piétro. Seulement je te conjure de partir cette nuit même.

— Encore une fois ne t'inquiète de rien, mon brave : j'ai mon projet. Maintenant regagne vite ton poste, et merci.

Marcof serra vivement la main du jeune homme. Piétro allait s'éloigner.

— Encore un mot, cependant, fit le marin en l'arrêtant. Quand et comment les assassins doivent-ils se rendre ici ?

— Je te l'ai dit : quelques instants avant l'heure où tu as l'habitude d'y venir.

— Et ils arriveront tous les cinq ensemble?

— Oh! non pas! Pour que tu ne puisses concevoir aucun soupçon, Cavaccioli leur donnera publiquement un ordre différent à chacun ; puis ils arriveront ici l'un par un sentier, l'autre par une autre voie, de manière à se trouver réunis à l'heure convenue.

— Merci. C'est tout ce que je voulais savoir.

— Tu n'as plus rien à me demander?

— Non.

— Alors je retourne à mon poste.

— Va, cher ami ; mais tâche que le sort ne tombe pas sur toi demain pour faire partie de l'expédition.

— Je briserais ma carabine ! s'écria Piétro vivement.

— Non ; mais tu t'arrangerais de façon à arriver le dernier, voilà tout. Va donc maintenant, et merci encore ! Puisque je n'ai rien à redouter pour cette nuit, je vais dormir.

Et Marcof, serra de nouveau la main de Piétro, s'étendit sur la terre, et s'endormit aussi profondément et aussi tranquillement que lorsqu'il était balancé dans son hamac à bord de *la Félicité*.

Le lendemain, Marcof alla se promener dans la montagne. Il rencontra Cavaccioli et échangea avec lui quelques phrases banales, annonçant, comme toujours, pour la nuit même, le départ dont il avait parlé.

Cavaccioli poussa l'amabilité jusqu'à lui proposer un guide et à lui donner un sauf-conduit pour la route. Marcof accepta, lui disant que le soir venu il lui rappellerait ses promesses. Puis les deux hommes se quittèrent, l'un calme et froid, l'autre aimable et souple comme tous ses compatriotes lorsqu'ils veulent tromper quelqu'un ou lui tendre une embûche.

Marcof continua sa promenade, pour s'assurer qu'il n'était ni épié ni suivi. Bien convaincu qu'il était libre de ses mouvements, il prit un sentier détourné et revint promptement à l'endroit où devait s'accomplir le crime projeté contre lui. Sans s'arrêter à la source, il gravit le rocher derrière lequel Piétro l'avait averti que s'embusqueraient les assassins; puis, profitant d'une large crevasse qui l'abritait à tous les regards, il s'y blottit vivement.

A sa droite s'élevait un chêne gigantesque qui, enfonçant ses racines près de la source, étendait ses branches énormes au-dessus des rochers. Marcof posa ses armes contre lui, puis il tira de ses poches une large feuille de papier blanc qu'il plaça sur ses pistolets, et un bout de corde d'une vingtaine de pieds de longueur. A l'aide de son couteau il partagea la corde en cinq parties égales, à chacune desquelles il fit artistement un nœud coulant qu'il maintint ouvert au moyen d'une petite branche. Cela fait, il mit les bouts à portée de sa main, en ayant soin de les séparer les uns des autres, puis il demeura dans une immobilité complète, toujours caché dans la crevasse du rocher. Il n'attendit pas longtemps.

Un bruit de pas retentit à sa gauche. Aussitôt il se replia sur lui-même dans la position d'un tigre qui va bondir sur sa proie, et l'œil ardent, la lèvre légèrement crispée, il se prépara à s'élancer en avant. Un bandit, sa carabine armée à la main, parut à l'extrémité du sentier qui aboutissait à la source. Le misérable regarda attentivement autour de lui.

Convaincu que l'endroit était désert et que Marcof n'était pas encore arrivé, il se dirigea rapidement vers le rocher et l'escalada avec une agilité d'écureuil. Au moment où il atteignait le sommet, Marcof lui apparut face à face. Le bandit n'eut le temps ni de se servir de sa carabine ni même de pousser un cri d'alarme. Marcof, l'étreignant à la gorge, l'avait renversé sous lui. Puis, tandis que d'une main de fer il étranglait son ennemi, de l'autre il attirait à lui une des cordes et la passait autour du cou du brigand avec une dextérité digne d'un muet du sérail. Alors se relevant d'un bond, il appuya son pied sur la poitrine du Calabrais, et tira sur l'extrémité de la corde.

Il sentit le corps qu'il foulait frémir dans une suprême convulsion. La face du bandit, déjà empourprée, devint violette et bleuâtre ; les yeux parurent prêts à jaillir hors de la tête, la bouche s'ouvrit démesurément ; enfin le corps demeura immobile. Marcof le repoussa du pied pour ne pas qu'il gênât ses opérations à venir, et reprit sa place dans la crevasse.

Ce qu'il avait fait pour le premier, il l'accomplit pour les quatre suivants ; de sorte qu'une demi-heure après, il avait cinq cadavres autour de lui. Alors il s'approcha du chêne, passa successivement les cordes autour d'une branche, les y attacha solidement, et lança les corps dans le vide. Les cinq bandits se balançaient dans l'air, au-dessus de l'endroit même où avait coutume de se coucher Marcof.

Le marin ouvrit une veine à l'un des pendus, trempa dans le sang noir qui en coula lentement l'extrémité d'un roseau, et prenant la feuille de papier blanc qu'il avait apportée, il traça dessus en lettres énormes :

AVIS AUX LACHES !

Puis il se lava les mains dans l'eau pure de la source, reprit ses armes et s'éloigna tranquillement. Cinq minutes après, il faisait son entrée au milieu du cercle des brigands qui, à son aspect, reculèrent muets de surprise et d'épouvante. Ces hommes, convaincus de la mort du marin, crurent à une apparition surnaturelle.

Quant à Marcof, il ne se préoccupa pas le moins du monde de l'impression qu'il produisait, et marcha droit à Cavaccioli. Arrivé en face du chef, il tira un pistolet de sa ceinture.

— Je t'engage, lui dit-il, à ordonner à tes hommes de ne pas faire un geste; car si j'entendais seulement soulever une carabine, je te jure, foi de chrétien, que je te brûlerais la cervelle avant qu'une balle m'eût atteint.

Puis, se retournant à demi sans cesser d'appuyer le canon de son pistolet sur la poitrine de Cavaccioli :

— Vous autres, continua-t-il en s'adressant aux bandits, vous pouvez, si bon vous semble, aller voir ce que sont devenus ceux qui devaient m'assassiner; mais si vous tenez à la vie de votre capitaine, je vous engage à vous retirer, car j'ai à lui parler seul à seul.

Les brigands, interdits et dominés par l'accent impératif de celui qui leur parlait, se reculèrent à distance respectueuse. Marcof et Cavaccioli demeurèrent seuls.

— Tu veux me tuer? demanda le chef en pâlissant.

— Ma foi, non, répondit Marcof; à moins que tu ne m'y contraignes.

— Que veux-tu de moi alors ?

— Je veux te faire mes adieux.

— Tu pars donc ?

— Cette nuit même, ainsi que je l'avais annoncé ce matin.

— Cela ne se peut pas, fit Cavaccioli en frappant du pied.

— Et pourquoi donc ?

— Parce que tu tomberas entre les mains des troupes royales.
— Cela me regarde.
— Et puis...
— Et puis quoi?
— Tu sais nos secrets.
— Je ne les révélerai pas.
— Tu connais nos points de refuge dans la montagne.
— Je ne suis pas un traître; je les oublierai en vous quittant.
— Enfin, pourquoi agir comme tu le fais?
— Parce qu'il me plaît d'agir ainsi.
— Qu'as-tu fait de ceux qui t'attendaient?
— Pour me tuer? interrompit Marcof.
Cavaccioli ne répondit pas.
— Je les ai pendus, continua le marin.
— Pendus tous les cinq?
— Tous les cinq!
— A toi seul?
— A moi seul.
Cavaccioli regarda fixement son interlocuteur et baissa la tête. Il semblait méditer un projet.

XI

L'AVENTURIER.

— Écoute, dit le chef. Jamais je ne me suis trouvé en face d'un homme aussi brave que toi.
— Parbleu, répondit Marcof, tu n'as vu jusqu'ici que des figures italiennes, et moi je suis Français, et qui plus est, Breton!

— Si tu veux demeurer avec nous, j'oublierai tout, e je te prends pour chef après moi.

— Inutile de tant causer, je suis pressé.

— Adieu, alors.

— Un instant.

— Que désires-tu?

— Que tu tiennes tes promesses.

— Tu veux un guide?

— Piétro m'en servira; c'est convenu.

— Et ensuite?

— Un sauf-conduit pour tes amis.

— Mais... fit le chef en hésitant.

— Allons, dépêche! dit Marcof en lui saisissant le bras.

Cavaccioli s'apprêta à obéir.

— Surtout, continua Marcof, pas de signes cabalistiques, pas de mots à double sens! Que je lise et que je comprenne clairement ce que tu écris! Tu entends?

— C'est bien, répondit le bandit en lui tendant le papier; voici le sauf-conduit que tu m'as demandé. A trente lieues d'ici environ tu trouveras la bande de Diégo; sur ma recommandation il te fournira les moyens d'aller où bon te semblera.

— Maintenant tu vas ordonner à tous tes hommes de rester ici; tu vas y laisser tes armes et tu m'accompagneras jusqu'à la route. Songe bien que je ne te quitte pas, et que lors même que je recevrais une balle par derrière j'aurais encore assez de force pour te poignarder avant de mourir.

Cavaccioli se sentait sous une main de fer; il fit de point en point ce que lui ordonnait Marcof. Piétro prit les devants, et tous trois quittèrent l'endroit où séjournait la bande. Arrivés à une distance convenable, Marcof lâcha Cavaccioli.

— Tu es libre, maintenant, lui dit-il. Retourne à tes hommes et garde-toi de la potence.

Cavaccioli poussa un soupir de satisfaction et s'éloigna vivement. Le chef des bandits ne se crut en sûreté que lorsqu'il eut rejoint ses compagnons. Quant à Marcof et à Piétro ils continuèrent leur route en s'enfonçant dans la partie méridionale de la péninsule italienne.

Marcof voulait gagner Reggio. Il savait ce petit port assez commerçant, et il espérait y trouver le moyen de passer d'abord en Sicile puis de là en Espagne et en France. Marcof avait la maladie du pays. Il lui tardait de revoir les côtes brumeuses de la vieille et poétique Bretagne. Tout en cheminant il parlait à Piétro de Brest, de Lorient, de Roscoff. Le Calabrais l'écoutait; mais il ne comprenait pas qu'on pût aimer ainsi un pays qui n'était pas chaudement éclairé par ce soleil italien si cher à ceux qui sont nés sous ses rayons ardents.

Bref, tout en causant, les voyageurs avançaient sans faire aucune mauvaise rencontre, se dirigeant vers l'endroit où se trouvait la bande de ce Diégo, pour lequel Cavaccioli avait donné un sauf-conduit à Marcof. Il leur fallait trois jours pour franchir la distance. Vers la fin du troisième, Piétro se sépara de son compagnon. Marcof se trouvait alors dans un petit bois touffu sous les arbres duquel il passa la nuit.

A la pointe du jour il se remit en marche. N'ayant rien à redouter des carabiniers royaux qui ne s'aventuraient pas aussi loin, Marcof quitta la montagne et suivit une sorte de mauvais chemin décoré du titre de route. Il marchait depuis une heure environ lorsqu'un bruit de fouets et de pas de chevaux retentit derrière lui.

Étonné qu'une voiture se hasardât dans un tel pays, Marcof se retourna et attendit. Au bout de quelques minutes il vit passer une chaise de poste armoriée traînée par quatre chevaux, et dans laquelle il distingua deux jeunes gens et une femme. La femme lui parut toute jeune et fort jolie. Puis Marcof continua sa route. Mais Piétro s'était probablement trompé dans ses calculs, ou Marcof s'était fourvoyé dans les sentiers, car la nuit vint sans qu'il découvrît ni le vestige d'un gîte quelconque ni l'ombre d'un être humain quel qu'il fût.

— Bah! se dit-il avec insouciance, j'ai encore quelques provisions, je vais souper et je coucherai à la belle étoile. Demain Dieu m'aidera. Pour le présent, il s'agit de découvrir une source, car je me sens la gorge aride et brûlante comme une véritable fournaise de l'enfer.

Marcof fit quelques pas dans l'intérieur des terres, et rencontra promptement ce qu'il cherchait. L'endroit dans lequel il pénétra était un délicieux réduit de verdure tout entouré de rosiers sauvages, et abrité par des orangers et des chênes séculaires. Au milieu, sur un tapis de gazon dont la couleur eût défié la pureté de l'émeraude, coulait une eau fraîche et limpide sautillant sur des cailloux polis, murmurant harmonieusement ces airs divins composés par la nature. Marcof, charmé et séduit, se laissa aller sur l'herbe tendre, étala devant lui ses provisions frugales, et se disposa à faire un véritable repas de sybarite, grâce à la beauté de la salle à manger.

Mais au moment où il portait les premières bouchées à ses lèvres une vive fusillade retentit à une courte distance. Marcof bondit comme mu par un ressort d'acier. Il écouta en se courbant sur le sol.

La fusillade continuait, et il lui semblait entendre des cris de détresse parvenir jusqu'à lui. Oubliant son dîner et sa fatigue, Marcof visita les amorces de ses pistolets, suspendit sa hache à son poignet droit, à l'aide d'une chaînette d'acier et se dirigea rapidement vers l'endroit d'où venait le bruit. La nuit était descendue jetant son manteau parsemé d'étoiles sur la voûte céleste. Marcof marchait au hasard. Deux fois il fut obligé de faire un long détour pour tourner un précipice qui ouvrait tout à coup sous ses pieds sa gueule large et béante.

La fusillade avait cessé ; mais plus il avançait et plus les cris devenaient distincts. Puis à ces cris aigus et désespérés s'en joignaient d'autres d'un caractère tout différent. C'était des éclats de voix, des rires, des chansons. Marcof hâta sa course. Bientôt il aperçut la lumière de plusieurs torches de résine qui éclairaient un carrefour. Il avança avec précaution. Enfin il arriva, sans avoir éveillé un moment l'attention des gens qu'il voulait surprendre, jusqu'à un épais massif de jasmin d'où il pouvait voir aisément ce qui se passait dans le carrrefour.

Il écarta doucement les branches et avança la tête. Un horrible spectacle s'offrit ses regards. Quinze à vingt hommes, qu'à leur costume et à leur physionomie il était facile de reconnaître pour de misérables brigands, étaient les uns accroupis par terre, les autres debout appuyés sur leurs carabines. Ceux qui étaient à terre jouaient aux dés, et se passaient successivement le cornet. Ceux qui étaient debout, attendant probablement leur tour de prendre part à la partie, les regardaient. Presque tous buvaient dans d'énormes outres qui passaient de mains en mains, et auxquelles chaque bandit donnait une longue et chaleureuse accolade. Près de la moitié de la bande était plongée dans l'ivresse. A quelques pas d'eux gisaient deux cadavres baignés dans leur sang, et transpercés tous deux par la lame d'un poignard. Ces cadavres étaient ceux de deux hommes jeunes et richement vêtus. L'un tenait encore dans sa main crispée un tronçon d'épée. Un peu plus loin, une jeune femme demi-nue était attachée au tronc d'un arbre. Enfin, au fond du carrefour, on distinguait une voiture encore attelée.

Marcof reconnut du premier coup d'œil la chaise de poste qu'il avait vue passer sur la route. Il ne douta pas que les deux hommes tués ne fussent ceux qui voyageaient en compagnie de la jeune femme qu'il reconnut également dans la pauvre créature attachée au tronc du chêne. Elle poussait des cris lamentables dont les bandits ne semblaient nullement se préoccuper. Les postillons qui conduisaient la voiture riaient et jouaient aux dés avec les misérables. Comme presque tous les postillons et les aubergistes calabrais, ils étaient membres de la bande des voleurs. Marcof connaissait trop bien les usages de ces messieurs pour ne pas comprendre leur occupation présente. Les bandits avaient trouvé la jeune femme fort belle, et ils la jouaient froidement aux dés. Au point du jour elle devait être poignardée.

Marcof écarta davantage alors les branches, et pénétra hardiment dans le carrefour. Il n'avait pas fait trois pas, qu'à un cri poussé par l'un des bandits huit ou dix carabines se dirigèrent vers la poitrine du nouvel arrivant.

— Holà! dit Marcof en relevant les canons des carabines avec le manche de sa hache. Vous avez une singulière façon, vous autres, d'accueillir les gens qui vous sont recommandés.

— Qui es-tu? demanda brusquement l'un des hommes.

— Tu le sauras tout à l'heure. Ce n'est pas pour vous dire mon nom et vous apprendre mes qualités que je suis venu troubler vos loisirs.

— Que veux-tu, alors?... Parle!

— Oh! tu es bien pressé!

— Corps du Christ ! s'écria le bandit ; faut-il t'envoyer une balle dans le crâne pour te délier la langue ?

— Le moyen ne serait ni nouveau ni ingénieux, répondit tranquillement Marcof. Allons ! ne te mets pas en colère. Tu es fort laid, mio caro, quand tu fais la grimace. Tiens, prends ce papier et tâche de lire si tu peux.

Le bandit, stupéfait d'une pareille audace, étendit machinalement la main pour prendre le sauf-conduit.

— Un instant ! fit Marcof en l'arrêtant.

— Encore ! hurla le bandit exaspéré de la froide tranquillité de cet homme qui ne paraissait nullement intimidé de se trouver entre ses mains.

— Écoute donc ! il faut s'entendre avant tout ; connais-tu Diégo ?

— Diégo ?

— Oui.

— C'est moi-même.

— Ah ! c'est toi ?

— En personne.

— Alors tu peux prendre connaissance du papier.

Et Marcof le remit au bandit. Celui-ci le déploya tandis que ses compagnons, moitié curieux, moitié menaçants, entouraient Marcof qui les toisait avec dédain. À peine Diégo eût-il parcouru l'écrit que, se tournant vers le marin :

— Tu t'appelles Marcof ? lui dit-il.

— Comme toi Diégo.

— Corps du Christ, je ne m'étonne plus de ton audace ! Tu fais partie de la bande de Cavaccioli ?

— C'est-à dire que j'ai combattu avec ses hommes les carabiniers du roi ; mais je n'ai jamais fait partie de cette bande d'assassins.

— Hein ? fit Diégo en se reculant.

— J'ai dit ce que j'ai dit ; c'est inutile que je le répète. Tu m'as demandé si je me nommais Marcof, je t'ai répondu que tel était mon nom. Tu as lu le papier de Cavaccioli ; feras-tu ce qu'il te prie de faire?

— Il te recommande à moi. Tu veux sans doute t'engager sous mes ordres, et, comme ta réputation de bravoure m'est connue, je te reçois avec plaisir.

Marcof secoua la tête.

— Tu refuses? dit Diégo étonné.
— Sans doute.
— Pourquoi?
— Ce n'est pas là ce que je veux.
— Et que veux-tu?
— Un guide pour me conduire à Reggio.
— Tu quittes les Calabres?
— Oui.
— Pour quelle raison?
— Cela ne te regarde pas.
— Tu es bien hardi d'oser me parler ainsi.
— Je parle comme il me plaît.
— Et si je te punissais de ton insolence?
— Je t'en défie.
— Oublies-tu que tu es entre mes mains?
— Oublies-tu toi-même que ta vie est entre les miennes? répondit Marcof d'un ton menaçant, et en désignant sa hache.

Les deux hommes se regardèrent quelques instants au milieu du silence général. Les bandits semblaient ne pas comprendre, tant leur stupéfaction était grande. Marcof reprit :

— J'ai quitté Cavaccioli parce que je ne suis ni assez lâche ni assez misérable pour me livrer à un honteux métier. Il a voulu me faire assassiner. J'ai pendu de ma main les cinq drôles qu'il m'avait envoyés. Maintenant, contraint par moi, il m'a remis ce sauf-conduit. Songe à suivre ces instructions, ou sinon ne t'en prends qu'à toi du sang qui sera versé !

— Allons ! répondit Diégo en souriant, tu ne fais pas mentir ta réputation d'audace et de bravoure.

— Alors tu vas me donner un guide ?

— Bah ! nous parlerons de cela demain. Il fera jour.

— Non pas ! je veux en parler sans tarder d'une minute !

— Allons ! tu n'y songes pas ! Tu es un brave compagnon ; ta hardiesse me plaît. Demeure avec nous ! Vois ! ce soir j'ai fait une riche proie, continua le bandit en désignant du geste les cadavres et la jeune femme. Je ne puis t'offrir une part du butin puisque tu es arrivé trop tard pour combattre, mais si cette femme te plaît, si tu la trouves belle, je te permets de jouer aux dés avec nous,

— Et si je la gagne, je l'emmènerai avec moi ?

— Non ! Elle sera poignardée au point du jour. Elle pourrait nous trahir.

— Alors je refuse.

— Et tu fais bien, répondit un bandit en s'adressant à Marcof ; car je viens de gagner la belle et je ne suis nullement disposé à la céder à personne.

En disant ces mots le misérable, trébuchant par l'effet de l'ivresse, s'avança vers la victime. Il posa sa main encore ensanglantée sur l'épaule nue de la jeune femme, Au contact de ces doigts grossiers, celle-ci tressaillit. Elle poussa un cri d'horreur ; puis, rassemblant ses forces :

— Au secours ! murmura-t-elle en français.

— Une Française ! s'écria Marcof en repoussant rudement le bandit qui alla rouler à quelques pas. Que personne ne porte la main sur cette femme !

XII

L'INCONNUE.

— De quoi te mêles-tu? demanda vivement Diégo.
— De ce qui me convient, répondit Marcof en se plaçant entre la jeune femme et les misérables qui l'entouraient en tumulte.
— Écarte-toi! tu as refusé de jouer cette femme, un autre l'a gagnée; elle ne t'appartient pas.
— Eh bien! que celui qui la veut ose donc venir la chercher!
— A mort! crièrent les bandits furieux de cette atteinte portée à leurs droits.
— Écoutez-moi tous! fit le marin dont la voix habituée à dominer la tempête s'éleva haute et fière au-dessus du tumulte; écoutez-moi tous! Cette femme est faible et sans défense. La massacrer serait la dernière des lâchetés; la violenter serait la dernière des infamies! Elle est Française comme moi. Je la prends sous ma protection. Malheur à qui l'approcherait.

Il y eut parmi les bandits ce moment d'hésitation qui précède les combats. La plupart, avons-nous dit, gisaient ivres-morts et incapables de comprendre ce qui se passait. Dix seulement avaient conservé assez de raison pour opposer une résistance sérieuse à la volonté du marin. Il était aisé de comprendre qu'une scène de carnage allait avoir lieu, et en voyant un homme seul en menacer dix autres, on pouvait prévoir l'issue de la lutte. Cependant il y avait tant d'énergie et tant d'audace dans l'œil expressif de Marcof que les brigands n'osaient avancer, sentant bien que le premier qui ferait un pas tomberait mort. Diégo s'était mis à l'écart et armait sa carabine.

Marcof jetait autour de lui un coup d'œil rapide. Il voyait à l'expression de la physionomie des brigands que le combat était certain. Aussi, voulant avoir l'avantage de l'attaque, il n'attendit pas et bondit sur les misérables. De ses deux coups de pistolets il en abattit deux. Cela se passa en moins de temps que nous n'en mettons à l'écrire. Les bandits reculèrent. Puis les carabines s'abaissèrent dans la direction de l'ennemi commun. Mais encore sous l'influence du vin sicilien, les Calabrais avaient oublié dans leur précipitation de recharger leurs armes dont ils avaient fait usage dans le combat contre les deux gentilshommes.

Les chiens s'abattirent, mais deux détonations seules firent vibrer les échos de la forêt. Marcof se jeta rapidement à terre, et évita facilement le premier feu. Cependant l'une des deux balles tirée plus bas que l'autre lui effleura l'épaule et lui fit une légère blessure. Alors le marin poussa un cri tellement puissant que les brigands reculèrent encore. En même temps, il fondit sur eux.

Sa hache s'abaissait, se relevait et s'abaissait encore avec la rapidité de la foudre. Frappant sans trêve et sans relâche, déployant toute l'agilité et toute la puissance de sa force herculéenne, il s'entoura d'un cercle de morts et de mourants. Trois des bandits étaient étendus à ses pieds, ce qui, joint aux deux premiers tués des deux coups de pistolets, faisait cinq hommes hors de combat.

La terreur se peignait sur le front des autres. Au reste, c'est à tort que l'on a fait aux bandits calabrais une réputation d'audace et de bravoure qu'ils sont loin de mériter. Ils ne savent pas ce que c'est que d'affronter le péril en face. Ils ignorent le combat à nombre égal. S'ils veulent attaquer deux voyageurs, ils se mettront cinquante. Encore s'embusqueront-ils la plupart du temps pour surprendre ceux qu'ils veulent assassiner.

Bref, en voyant le carnage que faisait la hache du marin, les bandits commencèrent à lâcher pied. Marcof frappait toujours. Diégo avait disparu. Les trois brigands, encore debout, croyant avoir à combattre un démon invulnérable, ne songèrent plus qu'à fuir. Tous trois s'échappèrent en prenant des directions différentes.

Marcof, entraîné par l'ardeur du carnage, les poursuivit, et atteignit un dernier qu'il étendit à ses pieds. Puis, couvert de sang et de poussière, il revint auprès de la jeune femme. Elle était complètement évanouie. Comprenant le danger, car il ne doutait pas du retour des brigands avec des forces nouvelles, Marcof détacha rapidement celle qu'il venait de sauver et l'enleva dans ses bras. Espérant ne pas être éloigné de la mer, et se dirigeant d'après les étoiles, il courut vers l'orient.

Toute la nuit, il marcha sans trêve et sans relâche, bravant la fatigue et portant soigneusement son précieux fardeau. Aux premiers rayons du soleil, il atteignit le sommet d'une petite colline. D'un regard rapide, il embrassa l'horizon. La mer était devant lui. Marcof poussa un cri de joie. En entendant ce cri, la jeune femme rouvrit les yeux. Marcof la déposa sur l'herbe et la contempla quelques moments. C'était une belle et charmante personne âgée au plus de dix-huit ans. Ses grands cheveux noirs, dénoués, flottant autour d'elle, faisaient ressortir la blancheur de sa peau, doucement veinée. Elle porta ses deux mains à son front et rejeta ses cheveux en arrière. Puis elle promena autour d'elle ses regards étonnés. Enfin elle les fixa sur Marcof. Celui-ci lui adressa quelques questions. La jeune fille ne répondit pas. Marco renouvela ses demandes. Alors elle le regarda encore, puis ses lèvres s'entr'ouvrirent, et elle poussa un éclat de rire effrayant. La malheureuse était devenue folle.

Marcof et sa compagne étaient alors en vue d'un petit village situé à l'extrémité de la pointe Stilo, dans le golfe de Tarente. Le marin avait d'abord pensé à laisser la jeune femme à l'endroit où ils étaient arrêtés, et à aller lui-même aux informations. Mais, en constatant le triste état dans lequel elle se trouvait, il résolut de ne pas la quitter un seul instant.

Comme elle était presque nue, il se dépouilla de son manteau et l'en enveloppa. Elle se laissa faire sans la moindre résistance. Alors il reprit la jeune femme dans ses bras et se dirigea vers le village.

Au moment où il allait atteindre les premières cabanes, il aperçut sur la grève un pêcheur en train d'armer sa barque. Changeant aussitôt de résolution, il appela cet homme. Le pêcheur vint à lui.

— Tu vas mettre à la mer? lui demanda Marcof, qui, pendant son séjour dans les montagnes, s'était familiarisé avec le rude patois du pays, au point de le parler couramment.

— Oui, répondit le pêcheur.

— Où vas-tu?

— Dans le détroit de Messine.

— Où comptes-tu relâcher en premier?

— A Catane.

— Veux-tu nous prendre à ton bord, cette jeune femme et moi?

— Je veux bien, si vous payez généreusement.

— J'ai trois sequins dans ma bourse; je t'en donnerai deux pour le passage.

— Embarquez alors.

La traversée fut courte et heureuse. En touchant à

Catane, Marcof conduisit sa compagne dans une auberge et s'informa d'un médecin. On lui indiqua le meilleur docteur de la ville. Marcof le pria de venir visiter la jeune femme, et, après une consultation longue, le médecin déclara que la pauvre enfant était folle, et qu'il fallait lui faire suivre un traitement en règle. Encore le médecin ajouta-t-il qu'il ne répondait de rien. Marcof ne possédait plus qu'un sequin. Il raconta sa triste situation au docteur.

— Mon ami, lui dit celui-ci, je ne suis pas assez riche pour soigner chez moi cette jeune femme; mais je puis vous donner une lettre pour l'un de mes confrères de Messine. Il dirige l'hôpital des fous, et il y recevra celle dont vous prenez soin si charitablement.

Marcof accepta la lettre, partit pour Messine, et, grâce à la recommandation du médecin de Catane, il vit sa protégée installée à l'hospice des aliénés. Mais le voyage terminé, il ne lui restait pas deux paoli.

— Excellent cœur! dit la religieuse en interrompant le marquis.

— Oui, Marcof est une noble nature! répondit Philippe de Loc-Ronan; c'est une âme grande et généreuse, forte dans l'adversité, toujours prête à protéger les faibles.

— Et cette jeune femme, quel était son nom?

— Marcof ne l'a jamais su; elle avait été complètement dépouillée par les bandits; rien sur elle ne pouvait indiquer son origine, et son état de santé ne lui permettait de donner aucun renseignement à cet égard. La seule remarque que fit mon frère fut que le mouchoir brodé que la pauvre folle portait à la main était marqué d'un F surmonté d'une couronne de comte.

— La revit-il?

— Jamais.

— Alors il ignore si elle a recouvré la raison.

— Il l'ignore.

— Mais, monseigneur, dit Jocelyn, cette jeune femme appartenait probablement à une puissante famille. Sa disparition et celle des cavaliers qui l'accompagnaient eussent dû être remarquées ?

— J'étais à la cour à cette époque, Jocelyn, et je n'ai jamais entendu parler de ce malheur.

— C'est étrange !

— Et que devint Marcof ? Que fit-il après avoir conduit sa protégée à l'hôpital des fous ? demanda la religieuse.

— Il trouva à s'embarquer et revint en France. A cette époque, la guerre d'Amérique venait d'éclater. Marcof résolut d'aller combattre pour la cause de l'indépendance. C'est ici que commence la seconde partie de sa vie; mais cette seconde partie est tellement liée à mon existence, continua le marquis, que je vais cesser de lire, chère Julie, et que je vous raconterai.

Le marquis se recueillit quelques instants, puis il reprit :

— Six ans après que Marcof eut quitté la Calabre, c'est-à-dire vers 1780, il y a bientôt douze années, chère Julie, et vous devez d'autant mieux vous souvenir de cette date que cette année dont je vous parle fut celle de notre séparation, je m'embarquai moi-même pour l'Amérique, où M. de La Fayette, mon ami, me fit l'accueil le plus cordial.

Je n'entreprendrai pas de vous raconter ici l'odyssée des combats auxquels je pris part. Je vous dirai seulement qu'au commencement de 1783, me trouvant avec un parti de volontaires chargé d'explorer les frontières de la Virginie, nous tombâmes tout à coup dans une embuscade tendue habilement par les Anglais. Nous nous battîmes avec acharnement.

Blessé deux fois, mais légèrement, je prenais à l'action une part que mes amis qualifièrent plus tard de glorieuse, quand je me vis brusquement séparé des miens et entouré par une troupe d'ennemis. On me somma de me rendre. Ma réponse fut un coup de pistolet qui renversa l'insolent qui me demandait mon épée. Dès lors il s'agissait de mourir bravement, et je me préparai à me faire des funérailles dignes de mes ancêtres. Bientôt le nombre allait l'emporter. Mes blessures me faisaient cruellement souffrir; la perte de mon sang détruisait mes forces; ma vue s'affaiblissait, et mon bras devenait lourd. J'allais succomber, quand une voix retentit soudain à mes oreilles, et me cria en excellent français :

— Courage, mon gentilhomme! nous sommes deux maintenant.

Alors, à travers le nuage qui descendait sur mes yeux, je distinguai un homme qu'à son agilité, à sa vigueur, à la force avec laquelle il frappait, je fus tenté de prendre pour un être surnaturel. Il me couvrit de son corps et reçut à la poitrine un coup de lance qui m'était destiné. Je poussai un cri.

Lui, sans se soucier de son sang qui coulait à flots, ivre de poudre et de carnage, il était à la fois effrayant et admirable à contempler. Pendant cinq minutes il soutint seul le choc des Anglais, et cinq minutes, dans une bataille, sont plus longues que cinq années dans toute autre circonstance. Enfin nos amis, qui avaient d'abord lâché pied, revinrent à la charge et nous délivrèrent.

Après le combat, je cherchai partout mon généreux sauveur, mais je ne pus le découvrir. Transporté au poste des blessés, j'appris, le lendemain, qu'après s'être fait panser il s'était élancé à la poursuite des Anglais.

Six mois après, chère Julie, au milieu d'un autre combat, et dans des circonstances à peu près semblables, je dus encore la vie au même homme, qui fut encore blessé pour moi. Cette fois, malheureusement, sa blessure était grave, et il lui fallut consentir à être transporté à l'ambulance. Le chirurgien qui le soigna demeura stupéfait en voyant ce corps sillonné par plus de quatorze cicatrices.

Une fièvre ardente s'empara du blessé et le tint trois semaines entre la vie et la mort. Enfin, la vigueur de sa puissante nature triompha de la maladie. Il entra en convalescence. J'ignorais encore qui il était. Je lui avais prodigué mes soins, et un jour qu'il essayait ses forces en s'appuyant sur mon bras, je tentai de l'interroger.

— Vous êtes Français, lui dis-je, cela s'entend ; mais dans quelle partie de la France êtes-vous né ?

— Je n'en sais rien, me répondit-il.

— Quoi ! vous ignorez l'endroit de votre naissance ?

— Absolument.

— Et vos parents ?

— Je ne les ai jamais connus.

— Vous êtes orphelin ?

— Je l'ignore.

— Comment cela ?

— Je suis un enfant perdu.

— Alors le nom que vous portez ?

— Est celui d'un brave homme qui a pris soin de mon enfance.

— Et où avez-vous été élevé ?

— En Bretagne.

— Dans quelle partie de la province ?

— A Saint-Malo.

— A Saint-Malo ! m'écriai-je.

— Oui, me répondit-il. Est-ce que vous-même vous seriez né dans cette ville ?

— Non. Je suis Breton comme vous, mais je suis né à Loc-Ronan, dans le château de mes ancêtres.

Puis, après un moment de silence, je repris avec une émotion que je pouvais à peine contenir :

— Vous m'avez dit que vous portiez le nom du brave homme qui vous avait élevé ?

— Oui.

— Quelle profession exerçait-il ?

— Celle de pêcheur.

— Et il se nommait ?

— Marcof le Malouin.

En entendant prononcer ce nom, j'eus peine à retenir un cri prêt à jaillir de ma poitrine ; mais cependant je parvins à le retenir et à comprimer l'élan qui me poussait vers mon sauveur.

XIII

LES DEUX FRÈRES.

— Pour comprendre cette émotion profonde que je ressentais, continua le marquis de Loc-Ronan, il me faut vous rappeler les recommandations faites par mon père à son lit de mort. Je vous ai déjà dit que l'abandon de cet enfant, fruit d'une faute de jeunesse, avait assombri le reste de ses jours. Lui-même avait cherché, mais en vain, à retrouver plus tard les traces de ce fils délaissé, et confié à des mains étrangères. Aussi, lorsqu'il m'eut révélé dans ses moindres détails le secret qui le tourmentait, lorsqu'il m'en eut raconté toutes les circonstances, me disant et le nom du pêcheur, et l'âge que devait avoir mon frère, et le lieu dans lequel il l'avait abandonné ; lorsqu'après m'avoir fait jurer de ne pas repousser ce frère si le hasard me faisait trouver face à face avec lui, mon père mourut content de mon serment, je me mis en devoir de faire toutes les recherches nécessaires pour accomplir ma promesse. Mais les recherches furent vaines. Je fouillai inutilement toutes les côtes de la Bretagne. A Saint-Malo, depuis plus de dix ans que le vieux pêcheur était mort, on n'avait plus entendu parler de son fils adoptif. A Brest, une fois, ce nom de Marcof le Malouin frappa mon oreille ; mais ce fut pour apprendre que le corsaire qu'il montait s'était perdu jadis corps et bien sur les côtes d'Italie.

Lorsque mon père avait tenté ses recherches, Marcof était en Calabre. Lorsque je tentai les miennes, il était déjà en Amérique. Et voilà qu'au moment où j'y songeais le moins, au moment où j'avais perdu tout espoir de rencontrer ce frère inconnu que je cherchais, un hasard providentiel me mettait sur sa route, et, dans ce second fils de mon père, je reconnaissais celui qui deux fois m'avait sauvé la vie au péril de la sienne ; celui qui, deux fois, avait prodigué son sang pour épargner le mien ! Maintenant vous comprenez, n'est-ce pas, les élans de mon cœur ? Et cependant, je vous l'ai dit, je parvins à me contenir et à ne rien laisser deviner. J'avais mes projets.

Nous étions en 1784. Nous venions d'apprendre que la France avait reconnu enfin l'indépendance des États-Unis, et que la guerre allait cesser. J'avais résolu de revenir en Bretagne et d'y ramener avec moi ce frère si miraculeusement retrouvé. Je voulais que ce fût seulement dans le château de nos aïeux qu'eût lieu cette reconnaissance tant souhaitée. Je me faisais une joie de celle qu'éprouverait Marcof en retrouvant une famille et en apprenant le nom de son père. Je lui proposai donc de m'accompagner en France.

La guerre était terminée; il n'avait plus rien à faire en Amérique; il consentit. Deux mois après, nous abordâmes à Brest. Le lendemain nous étions à Loc-Ronan. Tu te rappelles notre arrivée, Jocelyn?

— Oh! sans doute, mon bon maître, répondit le vieux serviteur.

Le marquis continua:

— L'impatience me dévorait. Le soir même j'emmenai Marcof dans ma bibliothèque, et là je le priai de me raconter son histoire. Il le fit avec simplicité. Lorsqu'il eut terminé:

— Ne vous rappelez-vous rien de ce qui a précédé votre arrivée chez le pêcheur? lui demandai-je.

— Rien, me répondit-il.

— Quoi! pas même les traits de celui qui vous y conduisit?

— Non; je ne crois pas. Mes souvenirs sont tellement confus, et j'étais si jeune alors.

— Soupçonnez-vous quel pouvait être cet homme?

— Je n'ai jamais cherché à le deviner.

— Pourquoi?

— Parce que, si j'avais supposé que cet homme dont vous parlez fût mon père, cela m'eût été trop pénible.

— Et si c'était lui, et qu'il se fût repenti plus tard?

— Alors je le plaindrais.

— Et vous lui pardonneriez, n'est-ce pas?

— Lui pardonner quoi? demanda Marcof avec étonnement.

— Mais, votre abandon.

— Un fils n'a rien à pardonner à son père; car il n'a pas le droit de l'accuser. Si le mien a agi ainsi, c'est que la Providence l'a voulu. Il a dû souffrir plus tard, et j'espère que Dieu lui aura pardonné; quant à moi, je ne puis avoir, s'il n'est plus, que des larmes et des regrets pour sa mémoire.

Toute la grandeur d'âme de Marcof se révélait dans ce peu de mots. Je le quittai et revins bientôt, apportant dans mes bras le portrait de mon père; ce portrait, qui est d'une ressemblance tellement admirable que, lorsque je le contemple, il me semble que le vieillard va se détacher de son cadre et venir à moi. Je le présentai à Marcof.

— Regardez ce portrait! m'écriai-je, et dites-moi s'il ne vous rappelle aucun souvenir?

Marcof contempla la peinture. Puis il recula, passa la main sur son front et pâlit.

— Mon Dieu! murmura-t-il, n'est-ce point un rêve?

— Que vous rappelle-t-il? demandai-je vivement en suivant d'un œil humide l'émotion qui se reflétait sur sa mâle physionomie.

— Non, non, fit-il sans me répondre; et cependant il me semble que je ne me trompe pas? Oh! mes souvenirs! continua-t-il en pressant sa tête entre ses mains.

Il releva le front et fixa de nouveau les yeux sur le portrait.

— Oui! s'écria-t-il, je le reconnais. C'est là l'homme qui m'a conduit chez le pêcheur de Saint-Malo.

— Vous ne vous trompez pas, lui dis-je.

— Et cet homme est-il donc de votre famille?

— Oui.

— Son nom?

— Le marquis de Loc-Ronan.

— Le marquis de Loc-Ronan! répéta Marcof qui vint tout à coup se placer en face de moi. Mais alors, si ce que vous me disiez était vrai, ce serait...

Il n'acheva pas.

— Votre père! lui dis-je.

— Et vous! vous?...

— Moi, Marcof, je suis ton frère!

Et j'ouvris mes bras au marin qui s'y précipita en fondant en larmes. Pendant deux semaines j'oubliai presque mes douleurs quotidiennes. Votre charmante image, Julie, venait seule se placer en tiers entre nous.

— Quoi! s'écria vivement la religieuse, auriez-vous confié à votre frère...

— Rien! interrompit le marquis; il ne sait rien de ma vie passée. Connaissant la violence de son caractère, je n'osai pas lui révéler un tel secret. Marcof, par amitié pour moi, aurait été capable d'aller poignarder à Versailles même les infâmes qui se jouaient de mon repos et menaçaient sans cesse mon honneur. Non, Julie, non, je ne lui dis rien; il ignore tout. Marcof aurait trop souffert.

Le marquis baissa la tête sous le poids de ces cruels souvenirs, tandis que la religieuse lui serrait tendrement les mains.

— Et que devint Marcof? demanda-t-elle pour écarter les nuages qui assombrissaient le front de son époux.

— Je vais vous le dire, répondit Philippe en reprenant son récit.

Moins pour obéir à mon père que pour suivre les inspirations de mon cœur, je conjurai mon frère d'accepter une partie de ma fortune, et de prendre avec la terre de Brévelay le nom et les armes de la branche cadette de notre famille, branche alors éteinte, et qu'il eût fait dignement revivre, lors même que son écussson eût porté la barre de bâtardise. Mais il refusa.

— Philippe, me dit-il un jour que je le pressais plus vivement d'accéder à mes prières, Philippe, n'insiste pas.

Je suis un matelot, vois-tu, et je ne suis pas fait pour porter un titre de gentilhomme. J'ai l'habitude de me nommer Marcof; laisse-moi paisiblement continuer à m'appeler ainsi. Si demain tu me reconnaissais hautement pour être de ta famille, on fouillerait dans mon passé, et on ne manquerait pas de le calomnier. Mes courses à bord des corsaires, on les traiterait de pirateries. Mon séjour dans les Calabres, on le considérerait comme celui d'un voleur de grand chemin. Enfin, on accuserait notre père, Philippe, sous prétexte de me plaindre, et nous ne devons pas le souffrir. Demeurons tels que nous sommes. Soyons toujours, l'un le noble marquis de Loc-Ronan; l'autre le pauvre marin Marcof. Nous nous verrons en secret, et nous nous embrasserons alors comme deux frères.

— Réfléchis! lui dis-je; ne prends pas une résolution aussi prompte.

— La mienne est inébranlable, Philippe; n'insiste plus.

En effet, jamais Marcoff ne changea de façon de penser, et rien de ce que je pus faire ne le ramena à d'autres sentiments. Bientôt même je crus m'apercevoir que le séjour du château commençait à lui devenir à charge. Je le lui dis.

— Cela est vrai, me répondit-il naïvement; j'aime la mer, les dangers et les tempêtes; je ne suis pas fait pour vivre paisiblement dans une chambre. Il me faut le grand air, la brise et la liberté.

— Tu veux partir, alors?
— Oui.
— Mais ne puis-je rien pour toi?
— Si fait, tu peux me rendre heureux.
— Parle donc!
— Je refuse la fortune et les titres que tu voulais me donner; mais j'accepte la somme qui m'est nécessaire

pour fréter un navire, engager un équipage et reprendre ma vie d'autrefois.

— Fais ce que tu voudras, lui répondis-je; ce que j'ai t'appartient.

Le lendemain Marcof partit pour Lorient. Il acheta un lougre qu'il fit gréer à sa fantaisie, et trois semaines après, il mettait à la voile. Nous fûmes deux ans sans nous revoir. Pendant cet espace de temps, il avait parcouru les mers de l'Inde et fait la chasse aux pirates. Puis il retourna en Amérique et continua cette vie d'aventures qui semble un besoin pour sa nature énergique.

Chaque fois qu'il revenait et mouillait, soit à Brest, soit à Lorient, il accourait au château. Enfin, il finit par adopter pour refuge la petite crique de Penmarckh. Lorsque les événements politiques commencèrent à agiter la France et à ébranler le trône, Marcof se lança dans le parti royaliste. C'est là, chère Julie, où nous en sommes, et voici ce que je connais de l'existence et du caractère de mon frère. »

Un long silence succéda au récit de Philippe. La religieuse et Jocelyn réfléchissaient profondément. Le vieux serviteur prit le premier la parole.

— Monseigneur, dit-il, lorsque le capitaine est venu au château, il y a quelques jours, l'avez-vous prévenu de ce qui allait se passer?

— Non, mon ami, répondit le marquis; j'ignorais alors que le moment fût si proche, n'ayant pas encore vu les deux misérables que tu connais si bien.

— Mais il vous croit donc mort? s'écria la religieuse.

— Non, Julie.

— Comment cela?

— Marcof, d'après nos conventions, devait revoir le marquis de La Rouairie. Il avait été arrêté entre eux qu'ils se rencontreraient à l'embouchure de la Loire. Le matin même qui suivit notre dernière entrevue, il mettait à la voile pour Paimbœuf. Il devait, m'a-t-il dit, être douze jours absents. Or, en voici huit seulement qu'il est parti. Demain dans la nuit, Jocelyn se rendra à Penmarckh; je lui donnerai les instructions nécessaires, et il préviendra mon frère.

Le marquis ignorait le prompt retour du *Jean-Louis* et la subite arrivée de Marcof. Il ne savait pas que le marin, le croyant mort, avait pénétré dans le château et s'était emparé des papiers que le marquis lui avait indiqués.

— Le capitaine sera-t-il de retour? fit observer Jocelyn.

— Je l'ignore, répondit Philippe; mais peu importe! Écoute-moi seulement, et retiens bien mes paroles.

— J'écoute, monseigneur.

— Il a été convenu jadis entre mon frère et moi que toutes les fois qu'il aborderait à terre et que tu ne lui porterais aucun message de ma part, il pénétrerait dans le parc de Loc-Ronan par la petite porte donnant sur la montagne, et dont je lui ai remis une double clé. Une fois entré, il se dirigerait vers la grande coupe de marbre placée sur le second piédestal à droite. C'est à l'aide de cette coupe que nous échangions nos secrètes correspondances. Bien des fois nous avons communiqué ainsi lorsque des importuns entravaient nos rencontres. Demain, ou plutôt cette nuit même, Jocelyn, je te remettrai une lettre que tu iras déposer dans la coupe.

— Mais, interrompit Jocelyn, si, en débarquant à terre, le capitaine apprend la fatale nouvelle déjà répandue dans tout le pays, il croira à un malheur véritable, et qui sait alors s'il viendra comme d'ordinaire dans le parc?

— C'est précisément ce à quoi je songeais, répondit le marquis. Je connais le cœur de Marcof; je sais combien il m'aime, et son désespoir, quelque court qu'il fût, serait affreux.

— Mon Dieu! inspirez-nous! dit la religieuse avec anxiété. Que devons-nous faire?

— Je ne sais.

— Et moi, je crois que j'ai trouvé ce qu'il fallait que je fisse, dit Jocelyn.

— Qu'est-ce donc?

— Tout le monde vous pleure, monseigneur; mais on ignore ce que je suis devenu, et l'on doit penser au château que je reviendrai d'un instant à l'autre.

— Eh bien?

— Maintenant que vous êtes en sûreté ici, rien ne s'oppose à ce que je retourne à Loc-Ronan.

— Je devine, interrompit le marquis. Tu guetteras l'arrivée du *Jean-Louis*?

— Sans doute. Je veillerai nuit et jour, et dès que le lougre sera en vue, je l'attendrai dans la crique.

— Bon Jocelyn! fit le marquis.

— Si vous le permettez même, monseigneur, je partirai cette nuit.

— Je le veux bien.

— Et si le capitaine me demande où vous vous trouvez, faudra-t-il le lui dire?

— Certes.

— Et l'amener?

Le marquis regarda la religieuse comme pour solliciter son approbation. Julie devina sa pensée.

— Oui, oui, Jocelyn, dit-elle vivement, amenez ici le frère de votre maître.

Le marquis s'inclina sur la main de la religieuse et la remercia par un baiser.

— Ange de bonté et de consolation! murmura-t-il.

A peine se relevait-il qu'un bruit léger retentit dans le souterrain et fit pâlir la religieuse et Jocelyn.

— Mon Dieu! dit Julie à voix basse, avez-vous entendu?
— Silence! fit Jocelyn en se levant.

Le marquis avait porté la main à sa ceinture et en avait retiré un pistolet qu'il armait. Jocelyn se glissa hors de la cellule. Il avança doucement dans la demi-obscurité et se dirigea vers la petite porte secrète qui faisait communiquer la partie du cloître cachée sous la terre avec les galeries souterraines dont nous avons déjà parlé.

Arrivé à cet endroit, il s'arrêta et se coucha sur le sol. Il appuya son oreille contre la porte. D'abord il n'entendit aucun bruit. Puis il distingua des pas lourds et irréguliers comme ceux d'une personne dont la marche serait embarrassée.

Il entendit le sifflement d'une respiration haletante. Enfin, les pas se rapprochèrent, s'arrêtèrent, une main s'appuya contre la porte secrète, Jocelyn écoutait avec anxiété. Il s'attendait à voir jouer le ressort. Il n'en fut rien; mais le bruit mat d'un corps roulant lourdement sur la terre parvint jusqu'à lui. Ce bruit fut suivi d'un soupir. Puis tout rentra dans le plus profond silence.

XIV

LA CELLULE DE L'ABBESSE.

Si le lecteur ne se fatigue pas d'un séjour trop prolongé dans le couvent de Plogastel, nous allons le prier de quitter le cloître souterrain et de retourner avec nous dans cette partie de l'abbaye où nous l'avons conduit déjà.

Nous avons abandonné la jolie Bretonne au moment où

le comte de Fougueray s'apprêtait à la saigner, tout en se livrant à de sinistres pronostics à l'endroit de la jeune malade.

Avec un sang-froid et une habileté dignes d'un disciple d'Esculape, le beau-frère du marquis de Loc-Ronan procéda aux préliminaires de l'opération. Il releva la manche de la jeune fille, mit à nu son bras blanc et arrondi, et, gonflant la veine par la pression du pouce, il la piqua de l'extrémité acérée de sa lancette. Le sang jaillit en abondance.

Hermosa soutenait d'un bras la jeune fille, tandis que le chevalier lui baignait les tempes avec de l'eau fraîche. Mais qu'il y avait loin de la contenance froide et presque indifférente de ces trois personnages aux soins affectueux que prodiguent d'ordinaire ceux qui entourent un malade aimé! Le comte regardait Yvonne d'un œil calme et cruel, agissant plutôt comme opérateur que comme médecin. Hermosa se préoccupait d'empêcher les gouttelettes de sang de tacher sa robe. Le chevalier insouciant de l'état alarmant de la jeune fille, promenait ses regards animés sur les charmes que lui révélait le désordre de toilette dans lequel se trouvait la malade.

— Crois-tu qu'elle en revienne? demanda-t-il au comte.

— Je n'en sais rien, répondit celui-ci.

Puis, jugeant la saignée suffisamment abondante, il l'arrêta et banda le bras de la jeune fille.

— Maintenant, dit-il, nous n'avons plus rien à faire ici. Laissons la nature agir à sa guise. Le sujet est jeune et vigoureux; il y a peut-être de la ressource.

— Faut-il la veiller? demanda Hermosa; j'enverrais Jasmin.

— Inutile, ma chère; qu'elle dorme, cela vaut mieux

— Au diable cette maladie subite ! s'écria le chevalier. Nous allons avoir une succession d'ennuis à la place des jours de plaisirs que j'espérais.

— Oui, cela est contrariant, Raphaël, mais que veux-tu ? il faut prendre son mal en patience. Si la petite doit mourir ici, mieux vaut que ce soit aujourd'hui que demain ; nous en serons débarrassés plus tôt.

— C'est qu'elle est charmante, et qu'elle me plaît énormément.

— Elle ne peut t'entendre en ce moment, mon cher ; tes galanteries sont donc en pure perte. Laisse-la reposer quelques heures, et peut-être qu'à son réveil tu pourras causer avec elle ; en attendant, quittons cette chambre.

— Nous pouvons la laisser seule ?...

— Pardieu ! Elle ne songera pas à fuir, je t'en réponds ; y songeât-elle, que les grilles et les verrous s'opposeraient à son dessein. Partons ! c'est, je le répète, ce qu'il y a de mieux à faire en ce moment. Il ne faut pas nous dissimuler, Raphaël, que tu es un peu cause de l'état dans lequel se trouve ta bien-aimée. Tu l'entends ?... elle délire. Je pense que ma saignée et le repos ramèneront le calme et la raison. Néanmoins, si à son réveil elle voyait quelque chose qui l'effrayât, le délire pourrait revenir plus violent encore. Donc, allons-nous-en et attendons.

— Soit ! fit le chevalier en quittant la cellule ; attendons... je reviendrai dans deux heures !

Et sans plus se préoccuper de celle que son infâme conduite et ses violences avaient amenée aux portes du tombeau, Raphaël descendit l'escalier de l'abbaye et se rendit aux écuries pour s'assurer que ses chevaux étaient convenablement soignés.

— Bien décidément, se dit-il tout en passant la main sur la croupe arrondie et luisante de son cheval favori, bien décidément, cette petite est charmante, et je serais fâché qu'elle mourût sitôt ! En tout cas, je remonterai tout à l'heure, et si elle est en état de m'entendre, je lui parlerai fort nettement. De cette façon, j'éviterai les premières scènes de larmes et de cris, car elle sera trop faible pour me répondre.

Et le chevalier après avoir pris cette froide résolution, se promena dans la cour. Le comte et sa compagne le suivaient du regard à travers l'étroite fenêtre.

— Pauvre chevalier ! fit le comte en se penchant vers Hermosa et en donnant à ses paroles un accent d'ironie amère, pauvre chevalier ! sa douleur me fait mal !

— Tu sais bien que Raphaël n'a jamais eu de cœur ! répondit Hermosa à voix basse.

— J'aurais pourtant cru que la petite lui avait monté la tête.

— Lui ?... Tu oublies, Diégo, que l'amour de l'or est le seul amour que connaisse Raphaël. Il craint de s'ennuyer ici, et s'il a enlevé cette enfant, c'est pour lui servir de passe-temps.

— On dirait que tu n'aimes pas ce cher ami, Hermosa ?
— Je le hais !
— Très-bien !
— Pourquoi ce très-bien ?
— Je m'entends, fit le comte avec un sourire.
— Et moi je ne t'entends pas.
— Quoi ! il te faut des explications ?
— Sans doute.

— Eh bien ! chère Hermosa, continua le comte en refermant la porte de la cellule où se trouvait Yvonne et en entraînant sa compagne vers son appartement, combien avons-nous rapporté du château de Loc-Ronan ?

— Mais environ cinquante mille écus, tant en or et en traites qu'en bijoux et en pierreries.

— Ce qui fait, après le partage?...

— Soixante-quinze mille livres chacun.

— C'est peu, n'est-ce pas?

— Fort peu.

— Surtout après ce que nous avions rêvé!

— Hélas!

— Cependant, si nous avions les cinquante mille écus à nous seuls, ce serait une fiche de consolation?

— Oui, mais nous ne les avons pas.

— Si nous héritions de Raphaël?

— Il est plus jeune que toi.

— Bah! la vie est semée de dangereux hasards.

— Cite-m'en un?

— Dame! personne ne nous sait ici. Nous sommes seuls, et si Raphaël était atteint subitement d'une indisposition.

— Eh bien?...

— Je parle d'une de ces indispositions graves qui entraînent la mort dans les vingt-quatre heures!

— Est-ce que tu serais amoureux de la Bretonne, Diégo? dit Hermosa en regardant fixement son interlocuteur.

— Jalouse! répondit le comte avec un sourire. Tu sais bien que je n'aime que toi, Hermosa; toi et notre Henrique. Si Raphaël venait à trépasser, Henrique hériterait de lui, et ces soixante-quinze mille livres lui assureraient un commencement de dot.

— Tu me prends par l'amour maternel, Diégo.

— Enfin, es-tu de mon avis?

— Eh! je ne dis pas le contraire; mais Raphaël se porte bien.

— Du moins il en a l'apparence; je suis contraint de l'avouer.

— A quoi bon alors toutes ces suppositions?

— A quoi bon, dis-tu?

— Oui.

— Tiens, chère et tendre amie, regarde ce petit flacon.

Et Diégo tira de sa poitrine une petite fiole en cristal, hermétiquement bouchée, contenant une liqueur incolore.

— Qu'est-ce que cela? demanda Hermosa.

— Un produit chimique fort intéressant. Mélangé au vin, il n'en change le goût ni n'en altère la couleur.

— Et quel effet produit-il?

— Quelques douleurs d'entrailles imperceptibles.

— Qui amènent infailliblement la mort, n'est-ce pas, dit Hermosa en baissant encore la voix. Ce que contient cette fiole est un poison violent?

— Eh! non. Tu as des expressions d'une brutalité révoltante, permets-moi de le dire. Il ne s'agit nullement de poison. L'effet de ces douleurs d'entrailles cause un malaise général d'abord, puis détermine ensuite un épanchement au cerveau. De sorte que celui qui a goûté à cette liqueur meurt, non pas empoisonné, mais par la suite d'une attaque d'apoplexie foudroyante. Voilà tout.

— Et tu nommes ce que contient ce flacon?

— De l'extrait « d'aqua-tofana! »

— Le poison perdu des Borgia?

— Retrouvé par un ancien ami à moi que tu as connu en Italie.

— Cavaccioli, n'est-ce pas?

— En personne!

Hermosa ne continua pas la conversation. Le comte fit quelques tours dans la chambre, ouvrit une tabatière d'or, y plongea l'index et le pouce, en écarquillant gracieusement les autres doigts de la main, et après avoir dégusté savamment le tabac d'Espagne, il lança délicatement à la dentelle de son jabot deux ou trois chiquenaudes, qui eurent l'avantage de faire ressortir l'éclat d'un magnifique solitaire qui brillait à son petit doigt. Puis, revenant près d'Hermosa :

— C'est toi, chère belle, lui glissa-t-il à l'oreille, qui as l'habitude de nous verser le syracuse à la fin de chaque repas. Je te laisse ce flacon. Par le temps qui court cette composition peut devenir de la plus grande utilité. On ne sait pas ; mais si par hasard tu avais le caprice d'en faire l'épreuve, ne va pas te tromper ! Je te préviens que j'ai le coup d'œil d'un inquisiteur espagnol !

Ceci dit, le comte déposa le flacon sur une petite table près de laquelle Hermosa était assise, et sortit en fredonnant une tarentelle. Arrivé près de la porte il se retourna. Hermosa avait la main appuyée sur la table, et le flacon avait disparu. Le comte sourit.

— Cette Hermosa est véritablement une créature des plus intelligentes, murmura-t-il en traversant le corridor pour gagner l'escalier du couvent. Il n'est vraisemblablement pas impossible que je consente un jour à lui donner mon nom. Palsambleu ! nous verrons plus tard. Pour le présent, ce cher Raphaël ne se doute de rien. Tout est au mieux. Pardieu ! moi aussi je trouve cette petite Bretonne charmante, et j'ai toujours jugé fort sage cette sorte de parabole diplomatique qui traite de la façon de faire tirer les marrons du feu. Allons, Raphaël n'est pas encore de ma force, et je crois qu'il n'aura pas le temps d'arriver jamais à ce degré de supériorité.

— Au pied de l'escalier le comte rencontra Jasmin.

— Tu vas, lui dit-il, nous préparer pour ce soir un

souper des plus délicats. Je me sens en disposition de fêter tes connaissances dans l'art culinaire !

Jasmin s'inclina en signe d'assentiment ; et le comte hâta le pas pour rejoindre son ami le chevalier, dont il passa le bras sous le sien avec une familiarité charmante. Puis tous deux continuèrent leur promenade. Pendant ce temps Hermosa se faisait apporter par Jasmin des flacons de syracuse.

XV

L'AMOUR DU CHEVALIER DE TESSY.

Une heure environ s'était écoulée depuis qu'Yvonne se trouvait seule dans la cellule où on l'avait transportée. Un profond silence régnait dans la petite pièce. Tout à coup la jeune fille fit un mouvement et entr'ouvrit les yeux.

Son front devint moins rouge, sa respiration moins pressée, son œil moins hagard. Évidemment la saignée avait produit un mieux sensible. Yvonne se dressa péniblement sur son séant et regarda avec attention autour d'elle.

D'abord son gracieux visage n'exprima que l'étonnement. Elle ne se souvenait plus. Mais bientôt la mémoire lui revint.

Alors elle poussa un cri étouffé, et une troisième crise, plus terrible que les deux premières peut-être, faillit s'emparer d'elle. Elle demeura quelques minutes les yeux fixes, les doigts crispés. Elle étouffait.

Enfin, les larmes jaillirent en abondance de ses beaux yeux et la soulagèrent. Les nerfs se détendirent peu à peu et la faiblesse causée par la saignée arrêta la crise.

Après avoir pleuré, elle se laissa glisser silencieusement à bas de son lit et s'achemina vers la fenêtre.

— Mon Dieu! où suis-je? se demandait-elle avec angoisse.

En parcourant des yeux l'étroite cellule, ses regards rencontrèrent un crucifix appendu à la muraille. Yvonne se traîna jusqu'au pied du signe rédempteur, s'agenouilla, et pria avec ferveur. Puis, se relevant péniblement, elle étendit la main vers le crucifix, et le décrocha pour le baiser.

C'était un magnifique Christ, largement fouillé dans un morceau d'ivoire, et encadré sur un fond de velours noir. Yvonne le contempla longuement, et, par un mouvement machinal, elle le retourna. Sur le dos du cadre étaient tracées quelques lignes à l'encre rouge. Yvonne les lut d'abord avec une sorte d'indifférence, puis elle les relut attentivement, et un cri de joie s'échappa de ses lèvres, tandis que ses yeux lancèrent un rayon d'espérance.

Voici ce qui était écrit derrière ce Christ encadré.

« Le vingt-cinquième jour d'août mil sept cent soixante-dix-huit, voulant témoigner à ma fille en Jésus-Christ, tout l'amour évangélique que ses vertus m'inspirent, moi, Louis-Claude † de Vannes, évêque diocésain, et humble serviteur du Dieu tout-puissant, ai remis ce Christ, rapporté de Rome et béni par les mains sacrées de Sa Sainteté Pie VI, à Marie-Ursule de Montemart, abbesse du couvent de Plogastel. »

— Oh! merci, mon Dieu! Vous avez exaucé ma prière! dit Yvonne en baisant encore le crucifix. Le couvent de Plogastel! C'est donc là où je me trouve?

« Le couvent de Plogastel! répétait-elle. Comment n'ai-je pas reconnu cette cellule de la bonne abbesse, moi, qui, tout enfant, y suis venue si souvent? Mais comment se fait-il que ces hommes m'aient conduite dans ce saint-lieu?... Ah! je me rappelle! Dernièrement on racontait chez mon père que les pauvres nonnes en avaient été chassées. L'abbaye est déserte et les misérables en ont fait leur retraite! Oh! ces hommes! ces hommes que je ne connais pas! que me veulent-ils donc?

En ce moment Yvonne entendit marcher dans le corridor. Elle se hâta de remettre le crucifix à sa place et de regagner son lit. Il était temps, car la porte tourna doucement sur ses gonds et le chevalier de Tessy pénétra dans la cellule.

En le voyant, Yvonne se sentit prise par un tremblement nerveux. Raphaël s'avança avec précaution. Arrivé près du lit, il se pencha vers la jeune fille, qu'il croyait endormie, et approcha ses lèvres de ce front si pur. Yvonne se recula vivement, avec un mouvement de dégoût semblable à celui que l'on éprouve au contact d'une bête venimeuse.

— Ah! ah! chère petite, dit le chevalier, il paraît que cela va mieux et que vous me reconnaissez?

Yvonne ne répondit pas.

— Chère Yvonne, continua le chevalier de sa voix la plus douce, je vous en conjure, dites-moi si vous voulez m'entendre et si vous vous sentez en état de comprendre mes paroles. De grâce! répondez-moi! Il y va de votre bonheur.

— Que me voulez-vous? répondit Yvonne d'une voix faible et en faisant un visible effort pour surmonter la répugnance qu'elle ressentait en présence de son interlocuteur.

— Je veux que vous m'accordiez quelques minutes d'attention.

— Qu'avez-vous à me dire?

— Vous allez le savoir.

Et le chevalier, attirant à lui un fauteuil, s'assit familièrement au chevet de la malade. Yvonne s'éloigna le plus possible en se rapprochant de la muraille. Raphaël remarqua ce mouvement.

— Ne craignez rien, dit-il.

— Oh! je ne vous crains pas! répondit fièrement la Bretonne.

— Soit! mais ne me bravez pas non plus! N'oubliez pas, avant tout, que vous êtes en ma puissance!

— Et de quel droit agissez-vous ainsi vis-à-vis de moi? s'écria Yvonne avec colère et indignation, car le ton menaçant avec lequel Raphaël avait prononcé la phrase précédente avait ranimé les forces de la malade. De quel droit m'avez-vous enlevée à mon père? Savez-vous bien que pour abuser de votre force envers une femme, il faut que vous soyez le dernier des lâches! Et vous osez me menacer, me rappeler que je suis en votre puissance!

Le chevalier était sans doute préparé à recevoir les reproches d'Yvonne, et il avait fait une ample provision de patience, présumons-nous, car loin de répondre à la jeune fille indignée qui l'accablait de sa colère et de son mépris, il s'enfonça mollement dans le fauteuil sur lequel il était assis, et croisant ses deux mains sur ses genoux, il se mit à tourner tranquillement ses pouces.

En présence de cette contenance froide qui indiquait de la part de cet homme une résolution fermement arrêtée, Yvonne sentit son courage prêt à défaillir de nouveau. Elle se voyait perdue, et bien perdue, sans espoir d'échapper aux mains qui la retenaient prisonnière. Cependant son énergie bretonne surmonta la terreur qui s'était emparée d'elle. S'enveloppant dans les draps qui la couvraient, et se drapant pour se dresser, elle prit une pose si sublimement digne, que le chevalier laissa échapper une exclamation admirative.

— Corbleu! s'écria-t-il, la déesse Junon ne serait pas digne de délacer les cordons de votre justin, ma belle Bretonne!

— Monsieur, dit Yvonne dont les yeux étincelaient, si vous n'êtes pas le plus misérable et le plus dégradé des hommes, vous allez sortir de cette chambre et me laisser libre de quitter cet endroit où vous me retenez par la force!

— Peste! chère enfant! répondit Raphaël, comme vous y allez! Croyez-vous donc que j'ai fait la nuit dernière douze lieues à franc étrier et vidé ma bourse pour me priver aussi vite de votre charmante présence? Non pas! de par Dieu! vous êtes ici et vous y resterez de gré ou de force, bien qu'à vrai dire je préférerais vous garder près de moi sans avoir recours à la violence.

— Mais, encore une fois, s'écria la pauvre enfant, de quel droit agissez-vous ainsi que vous le faites? Où suis-je donc ici? Qui êtes-vous? Vous me retenez par la force, vous l'avouez! Vous violentez une femme et vous osez encore l'insulter! Au costume que vous portez, monsieur, je vous eusse pris pour un gentilhomme. N'êtes-vous donc qu'un bandit et avez-vous volé l'habit qui vous couvre!

— Là! ma toute belle! répondit le chevalier en souriant et en s'efforçant de prendre une main qu'Yvonne retira vivement; là, ne vous emportez pas! Si mes paroles vous ont offensée, je ne fais nulle difficulté de les rétracter, et cela à l'instant même.

— Répondez! dit Yvonne avec violence, répondez, monsieur!... De quel droit avez-vous attenté à ma liberté? je ne vous connais pas; je ne vous ai jamais vu! Qui êtes-vous et que me voulez-vous?

— Quel déluge de questions! Ma chère enfant, je veux bien vous répondre; mais, s'il vous plaît, procédons par ordre! Vous me demandez de quel droit je vous ai enlevée.

— Oui!

— Est-il donc nécessaire que je le dise et ne le devinez-vous pas?

— Parlez, monsieur, parlez vite!

— Eh bien, ma gracieuse Yvonne, ce droit que vous voulez sans doute me contester maintenant, ce sont vos beaux yeux qui me l'ont donné jadis!

— Vous osez dire cela! s'écria Yvonne stupéfaite de l'aplomb de son interlocuteur.

— Sans doute.

— Vous mentez!

— Non pas! je vous jure...

— Mais alors, expliquez-vous donc, monsieur,! Ne voyez-vous pas que vous me torturez?

— Calmez-vous, de grâce!

— Répondez-moi!

— Eh bien! je vous ai dit la vérité!

— Mais je ne vous connais pas, je vous le répète. Je ne vous ai vu qu'au moment où vous avez accompli votre infâme dessein.

Et la pauvre enfant, en parlant ainsi, s'efforçait d'arrêter les sanglots qui lui montaient à la gorge. Elle tordait ses mains dans des crispations nerveuses. Semblable à la tourterelle se débattant sous les serres du gerfaut, elle s'efforçait de lutter contre cet homme, dont l'œil fixé sur elle dégageait une sorte de fluide magnétique.

— Permettez-moi de réveiller vos souvenirs, reprit le chevalier, et de vous rappeler ce certain jour où vous reveniez de Penmarckh avec votre père et un gros rustre que l'on m'a dit depuis être votre fiancé ? Vous avez rencontré sur la route des falaises deux cavaliers qui vous ont arrêtés tous trois pour se renseigner sur leur chemin.

— En effet, je me le rappelle.

— L'un d'eux vous promit même d'assister à votre prochain mariage et de vous porter un cadeau de noce.

— Oui.

— Eh bien ! vous ne me reconnaissez pas ?

— Ainsi, ce cavalier ?

— C'était moi, chère Yvonne.

— Oui, je vous reconnais maintenant, répondit la jeune fille dont la tête commençait de nouveau à s'embarrasser.

— Pendant cette courte conférence, continua le chevalier, vous avez peut-être remarqué que je n'eus de regards que pour vous, que pour contempler et admirer cette beauté radieuse qui m'enivrait.

— Monsieur ! fit Yvonne en rougissant instinctivement, bien qu'elle ne devinât pas encore dans son innocence virginale où en voulait venir son interlocuteur.

— Ne vous effarouchez pas pour un compliment que bien d'autres avant moi vous ont adressé sans doute. Écoutez-moi encore, et sachez que cette beauté dont je vous parle a allumé dans mon cœur une passion subite. Oui, à partir du moment où je vous ai rencontrée, un amour violent s'est emparé de moi. Si les sentiments que je viens de vous peindre vous déplaisent, ne vous en prenez qu'au charme tout-puissant qui s'exhale de votre personne ! Ne vous en prenez qu'à ces yeux si beaux, qu'à ce front si pur, qu'à cette perfection de l'ensemble capable de rendre jalouses toutes les vierges de Raphaël et toutes les courtisanes du Titien, Et c'est là ce qui me fait vous dire que ce droit dont nous parlons, que ce droit que vous me reprochez si amèrement d'avoir pris, c'est vous-même qui me l'avez donné en faisant éclore en moi ce sentiment invincible que je ne puis vous exprimer.

— Je ne vous comprends pas! répondit Yvonne atterrée par cette révélation.

— Vous ne me comprenez pas?
— Non.
— Vous ne devinez pas que je vous aime?
— Vous m'aimez! s'écria la jeune fille qui, bien que s'attendant à cet aveu, ne put retenir un mouvement de terreur folle.

— Oui, je vous aime!

— Vous m'aimez! répéta Yvonne. Oh! seigneur mon Dieu! ayez pitié de moi!

— Eh! que diable cela a-t-il de si effrayant! dit le chevalier en se levant avec brusquerie. Beaucoup de belles et nobles dames ont été fort heureuses d'entendre de semblables paroles sortir de mes lèvres. Corbleu! que l'on est farouche en Bretagne! Allons, chère petite! tranquillisez-vous! nous vous humaniserons!

— Sortez! laissez-moi! s'écria la pauvre enfant avec désespoir et colère. Vous m'aimez, dites-vous? Moi je vous hais et je vous méprise!

— C'est de toute rigueur ce que vous dites là. Une jeune fille parle toujours ainsi la première fois, puis elle change de manière de voir, et vous en changerez aussi.

— Jamais!
— C'est ce que nous verrons.

Et le chevalier se penchant vers le lit sur lequel reposait Yvonne, voulut la prendre dans ses bras. La Bretonne poussa un cri d'horreur, mais elle ne put éviter l'étreinte du chevalier qui couvrait ses épaules de baisers ardents. Enfin Yvonne, réunissant toute sa force, repoussa violemment le misérable.

— Au secours! à moi! cria-t-elle avec désespoir.

Mais, dans la lutte qu'elle venait de soutenir, la bande qui enveloppait son bras blessé s'était dérangée. La veine se rouvrit et le sang coula à flots. Yvonne, épuisée, retomba presque sans connaissance. En la voyant ainsi à sa merci, Raphaël s'avança vivement.

Yvonne était d'une pâleur effrayante et incapable de faire un seul mouvement, de jeter un seul cri. Raphaël s'arrêta. La vue du sang qui teignait les draps parut faire impression sur lui. Il prit le bras de la jeune fille, rétablit la bande de toile qui empêcha la veine de se rouvrir, et s'occupa de faire revenir Yvonne à elle. Puis il marcha silencieusement dans la chambre pour lui laisser le temps de se remettre.

Des pensées opposées se succédaient en lui. Son front, tour à tour sombre et joyeux, exprimait le combat de ses passions tumultueuses. Enfin, il sembla s'arrêter à une résolution. Il revint vers la jeune fille.

— Écoutez, lui dit-il brusquement; vous repoussez mes paroles, vous refusez de vous laisser aimer; c'est là un jeu auquel je suis trop habitué pour m'y laisser prendre. Vous ne pouvez regretter le paysan grossier auquel vous êtes fiancée, et qui est indigne de vous. Moi, je vous aime, et vous êtes en ma puissance. Donc, vous serez à moi. Inutile, par conséquent, de continuer une comédie ridicule. Je n'y croirai pas. Réfléchissez à ce que je vais vous dire. Je suis riche. Laissez-vous aimer, consentez à vivre quelque temps auprès de moi, et vous aurez à jamais la fortune. Quand je quitterai la Bretagne, vous serez libre.

Alors, vous pourrez retourner auprès de votre père et devenir, si bon vous semble, la femme du rustre auquel vous êtes fiancée. Mais si, comme je l'espère, vous sentez tout le prix de mon amour, vous me suivrez à Paris. Jusque-là, vous commanderez ici en souveraine, et chacun vous obéira, tant, bien entendu, que vous ne voudrez pas fuir. Vous aurez une compagne charmante dans la noble dame qui vous a déjà prodigué ses soins. Vous quitterez ces vêtements grossiers, pour la soie, le velours et les riches joyaux. Puis, une fois à Paris, ce seront des fêtes, des bals, des plaisirs de toutes les heures. Vous jetterez à pleines mains l'or et l'argent, pour satisfaire vos caprices et vos moindres fantaisies. Pour vous parer vous me trouverez prodigue. Voilà l'existence que vous mènerez et à laquelle il n'est pas trop cruel de vous soumettre. Maintenant que vous êtes éclairée sur votre situation présente, je ne vous fatiguerai pas par un long verbiage. Réfléchissez! Soyez raisonnable. Vous me reverrez ce soir même. Dans tous les cas, souvenez-vous de mes premières paroles : Je vous aime, vous êtes en ma puissance, vous serez à moi!

Et le chevalier de Tessy, terminant cette tirade prononcée d'un ton calme, froid et résolu, sortit à pas lents de la cellule et poussa les verrous extérieurs avec le plus grand soin.

XVI

LES SOUTERRAINS.

Pendant les quelques instants qui suivirent le départ du chevalier de Tessy, Yvonne, terrifiée, demeura immobile, sans voir et sans penser. La fièvre qui s'était emparée d'elle redoublait de violence sous le poids de ces secousses successives. Un miracle de la Providence fit qu'heureusement le délire ne revint pas. Un peu de calme même prit naissance dans la solitude profonde où elle se trouvait.

Alors elle attira à elle d'une main défaillante les vêtements épars sur son lit, et essaya de s'en couvrir. A force de patience et de courage, elle parvint à s'habiller à peu près. Elle se leva.

Ce qu'elle voulait, ce qu'elle suppliait intérieurement Dieu de lui faire trouver, c'était une arme, un couteau, un poignard à l'aide duquel elle pût essayer de se défendre ou de se donner la mort. Cependant le temps s'écoulait rapidement : d'un moment à l'autre quelqu'un pouvait venir la surprendre faible et sans aucun espoir de secours, car ses regards anxieux interrogeaient en vain les murailles nues de la cellule.

Outre le lit dressé à la hâte par Jasmin, il n'y avait dans la petite chambre que deux siéges : un divan, et une sorte de bahut en ébène adossé à la muraille. Ce fut vers ce meuble qu'Yvonne se traîna, trébuchant à chaque pas, mais soutenue par la pensée que peut-être l'intérieur du bahut lui offrirait ce moyen de défense qu'elle sollicitait si ardemment.

Deux portes massives et finement sculptées le fermaient extérieurement. La jeune fille essaya en vain de les ouvrir. Elles étaient fermées à clef. Yvonne passa plus d'une heure à user ses ongles roses sur les boiseries du bahut.

Enfin, défaillant, grelottant par la force de la fièvre, pouvant à peine se soutenir, elle se laissa glisser sur les dalles, en proie au plus sombre désespoir. Un bruit qu'elle entendit extérieurement la fit revenir à elle.

C'étaient des pas dans le corridor : mais personne n'entra dans la cellule. La jeune fille essaya de se relever. Ne pouvant y parvenir, elle chercha un point d'appui en s'appuyant sur le meuble.

Sa main se posa sur la tête d'une cariatide de bronze qui ornait l'un des angles. Dans le mouvement que fit Yvonne, elle attira à elle la cariatide.

Tout à coup elle la sentit céder. Effectivement la statuette s'abattit sur deux charnières qui la retenaient au pied, et découvrit une petite plaque de cuivre au centre de laquelle se trouvait un anneau de même métal. Sans se rendre encore bien compte de ce qu'elle faisait, Yvonne agenouillée passa son doigt dans l'anneau et tira. L'anneau céda.

Aussitôt un mouvement lent et régulier s'opéra dans le bahut, qui tourna sur un de ses deux angles appuyés à la muraille, et découvrit une ouverture étroite, mais néanmoins assez grande pour qu'une femme y pût passer facilement. Yvonne étouffa un cri et joignit les mains pour remercier le ciel.

— Oh! murmura-t-elle, les secrets souterrains du couvent, dont j'ai tant entendu parler.

Les forces lui étaient revenues avec l'espoir d'un moyen de salut. Elle alla jusqu'à la porte et écouta attentivement. Elle n'entendit rien qui pût l'inquiéter.

Alors, revenant à l'ouverture pratiquée dans le mur, elle s'avança doucement. Le bahut en s'écartant avait donné libre accès sur un escalier qui descendait dans les profondeurs du cloître. Seulement une obscurité complète ne permettait pas d'en mesurer la longueur. Mais Yvonne n'hésita pas.

Elle murmura une courte prière, se signa, et leva la cariatide qui pouvait déceler son moyen d'évasion, et posant le pied sur les premières marches, elle attira le bahut à elle. Le meuble vint reprendre sa place avec un bruit sec attestant la bonté du ressort. Yvonne s'appuyant contre la muraille commença à descendre.

L'obscurité, ainsi que nous l'avons dit, était tellement profonde que la jeune fille ne pouvait avancer qu'avec les plus grandes précautions. Trois fois elle trébucha sur les marches usées, et trois fois elle se releva pour continuer sa marche. Enfin elle atteignit le sol. Mais là son embarras fut extrême. Elle ignorait où elle se trouvait.

Elle avait bien deviné qu'elle était dans les souterrains de l'abbaye; mais où ces souterrains aboutissaient-ils? Elle ne le savait pas.

Les issues mêmes n'avaient-elles pas pu être comblées lorsqu'on avait expulsé les nonnes? Si cela était, ou même si la fièvre et la maladie empêchaient Yvonne de continuer à se traîner vers une ouverture praticable, une mort atroce l'attendait dans ce tombeau. Elle aurait à subir, sans espoir de salut, les tortures de la faim et de la soif. Un moment elle eut regret de sa fuite.

Puis l'image du chevalier s'offrit à elle, et elle se dit que mieux valait la mort, quelque lente et cruelle qu'elle fût, que d'être restée entre les mains de pareils misérables. Soutenue par cette pensée, elle s'engagea dans le dédale des souterrains.

Ce qu'elle redoutait encore, c'était que le secret qu'elle avait découvert fût à la connaissance des hommes qui l'avaient enlevée; car, si cela était, on se mettrait à sa poursuite dès qu'en pénétrant dans la cellule on s'apercevrait de son évasion. Cette autre pensée, plus effrayante que la perspective de la mort, lui rendit complètement le courage prêt à l'abandonner. Elle réunit le peu de forces qui lui restaient par une suprême énergie, et s'avança courageusement.

Elle erra ainsi pendant plusieurs heures, sans pouvoir se rendre compte du temps écoulé. Aucun point lumineux indiquant une ouverture ne brillait à l'extrémité des galeries qu'elle parcourait. Une sueur froide inondait son visage. A chaque pas elle trébuchait, et se soutenait à peine le long de la muraille humide. De distance en distance, ses pieds rencontraient des flaques d'eau bourbeuse creusées par les pluies qui, filtrant à travers le sol supérieur, rongeaient la pierre et pénétraient dans les galeries.

Elle enfonçait alors dans la vase en étouffant un cri de frayeur. Des hallucinations étranges s'emparaient de son cerveau. Peu à peu la fièvre redoublant d'intensité ramena avec elle le délire.

Une force factice la faisait encore avancer cependant, mais il était évident que cette force se briserait à la première secousse. Il lui semblait entendre tourbillonner et voir voltiger autour d'elle des monstres aux proportions gigantesques, des insectes hideux, des êtres aux formes indescriptibles qui l'étreignaient dans une ronde infernale. Des paroles confuses étaient murmurées à son oreille. Le souterrain tremblait sous ses pieds vacillants. Se sentant tomber, elle s'appuya contre le mur, et demeura immobile, la tête penchée sur son sein agité par la terreur et par la fièvre. Ses paupières alourdies s'abaissèrent, et un frissonement agita tout son être.

— Mon Dieu! mon Dieu! j'ai peur, murmurait-elle d'une voix brisée et saccadée, et en se rendant si peu compte du sentiment qui faisait mouvoir ses lèvres, que le bruit des paroles qu'elle prononçait augmentait encore son trouble et son effroi en venant frapper son oreille.

Yvonne fermait les yeux, croyant échapper ainsi aux visions fantastiques que causait son imagination affolée ; mais, loin de s'évanouir, ces visions devenaient alors plus effrayantes, et se transformaient pour ainsi dire en réalité ; car, aux êtres fabuleux qu'il lui semblait entendre voltiger autour d'elle, se joignait le bruit véritable causé par ces myriades d'animaux, habitants ordinaires des endroits humides et délaissés.

Un moment la pauvre petite parut reprendre un peu de sentiment et de calme. Se soutenant toujours à la muraille, elle continua sa marche sans paraître se soucier des êtres immondes que le bruit de ses pas faisait fuir de tous côtés.

Deux fois elle poussa un cri de joie et se crut sauvée, car deux fois elle aperçut une lueur lointaine qui lui sembla être celle causée par la lumière du ciel pénétrant par une étroite ouverture. Ces lueurs successives émanaient de vers luisants rampant sur la voûte des galeries souterraines. Bientôt sa volonté et son énergie furent complètement épuisées, ses genoux tremblaient et vacillaient, les artères de ses tempes battaient avec violence et lui martelaient le cerveau. Tout à coup le point d'appui que lui offrait le mur lui manqua. Sa main ne rencontra que le vide. Incapable de se soutenir elle trébucha, chancela, perdit l'équilibre, et roula sur le sol en poussant un soupir. Elle avait perdu entièrement connaissance.

C'étaient les pas incertains d'Yvonne, c'était ce soupir exhalé de sa poitrine haletante que Jocelyn avait entendus. Le vieux serviteur, le corps penché, demeura immobile et silencieux, les traits contractés par l'épouvante. Prêtant l'oreille avec une attention profonde, Jocelyn écouta longtemps. Puis, n'entendant plus aucun bruit, il revint vers son maître.

— Eh bien ? demanda le marquis.

— J'ignore ce qui se passe, monseigneur, répondit Jocelyn; mais je suis certain qu'il y a quelqu'un dans les galeries.

— Tu as entendu parler ?

— Non, j'ai entendu marcher.

— Un pas d'homme ? demanda la religieuse.

— Je ne puis vous le dire, madame.

— Et ces pas se sont éloignés ?

— Non, monseigneur ; j'ai entendu la chute d'un corps, puis un soupir, puis plus rien.

— C'est peut-être quelqu'un qui a besoin de secours! s'écria le marquis. Allons, viens, Jocelyn.

— Philippe! dit vivement la religieuse en arrêtant le marquis, Philippe, ne me quittez pas!

— Monseigneur! fit Jocelyn en joignant ses instances à celles de Julie, monseigneur! ne sortez pas! Songez que vous pourriez vous compromettre.

— Faire découvrir notre retraite! continua Julie.

— Et qui sait si ce n'est pas une ruse!

— Cependant, fit observer le marquis, nous ne pouvons laisser ainsi une créature humaine qui peut-être a besoin de nous.

— De grâce! Philippe, songez à vous! Je vous ai dit que l'autre aile du couvent était habitée par des gens que je ne connaissais point. Ils ont découvert sans doute le secret des galeries souterraines; mais ils ne peuvent venir jusqu'ici. Il n'y avait que moi et notre digne abbesse qui eussions connaissance de cette partie du cloître dans laquelle nous sommes. Une imprudence pourrait nous perdre tous!

— Puis, monseigneur, reprit Jocelyn, la nuit va bientôt venir ; alors je sortirai par l'ouverture secrète d'en haut ; je connais les autres entrées des souterrains ; je ferai le tour du cloître ; j'y pénétrerai et j'atteindrai ainsi la galerie voisine ; mais jusque-là, je vous en conjure, ne tentons rien !

— Attendons donc la nuit ! dit le marquis en soupirant.

Et tous trois rentrèrent dans la cellule, sur le seuil de laquelle le marquis s'était déjà avancé.

Ainsi que l'avait dit Jocelyn, la nuit descendit rapidement. Alors le vieux serviteur se disposa à accomplir son dessein. Seulement, au lieu de se diriger vers la porte secrète en dehors de laquelle Yvonne gisait toujours évanouie, il gagna une galerie située du côté opposé. Bientôt il atteignit un petit escalier qu'il gravit rapidement. Arrivé au sommet il pénétra dans une pièce voûtée qu'il traversa, et, au moyen d'une clé qu'il portait sur lui, il ouvrit une porte de fer imperceptible aux yeux de quiconque n'en connaissait pas l'existence, tant la peinture, artistement appliquée, la dissimulait au milieu des murailles noircies.

Alors il se trouva dans l'aile droite du couvent. A la faveur de l'obscurité il atteignit la cour commune. Là, caché derrière un pilier, il jeta autour de lui des regards interrogateurs. Deux fenêtres de l'aile gauche étaient splendidement éclairées.

Jocelyn, certain que la cour était déserte, la traversa rapidement. Il voulait, en gagnant une hauteur voisine, essayer de voir dans l'intérieur, et de connaître les nouveaux habitants. Malheureusement les vitraux des fenêtres étaient peints, et ne permettaient pas aux regards de plonger dans l'intérieur. Jocelyn, déçu dans son espoir, abandonna la petite éminence, et songea à pénétrer dans les souterrains par une des issues donnant sur la campagne, et dont il connaissait à merveille les entrées.

Au moment où il longeait l'aile gauche de l'abbaye, il aperçut un homme qui traversait la cour et qui marchait dans sa direction. Jocelyn, vêtu du costume des paysans bretons, était méconnaissable. Il attendit donc assez tranquillement, certain de ne pas être exposé à une reconnaissance fâcheuse. Mais l'homme passa près de lui sans le voir, et se dirigea tout droit vers un rez-de-chaussée que le comte avait converti en écurie. Cet homme était Jasmin. Il allait simplement donner la provende aux chevaux.

Le vieux serviteur du marquis de Loc-Ronan se sentit saisi d'une inspiration subite. Dévoré par le désir de connaître de quelle espèce étaient les gens qui habitaient si près de son maître, et pouvaient d'un moment à l'autre devenir possesseurs de son secret, Jocelyn rentra dans la cour, prit une échelle appuyée dans un des angles, la plaça devant l'une des fenêtres éclairées, et monta rapidement.

En voyant le domestique du comte sortir du corps de bâtiment, en entendant les chevaux hennir à l'approche de leur avoine, Jocelyn avait supposé la vérité, et il avait mentalement calculé qu'il avait le temps d'accomplir son projet avant que le domestique eût terminé ses fonctions de palefrenier.

Mais à peine eut-il atteint l'échelon de l'échelle qui lui permettait de plonger ses regards dans l'intérieur, qu'il fut saisi d'un tremblement nerveux, et qu'il sauta à terre plutôt qu'il ne descendit. Jocelyn venait de reconnaître le comte de Fougueray, le chevalier de Tessy, et la première marquise de Loc-Ronan.

Ignorant des circonstances qui avaient conduit ces deux hommes dans l'abbaye, Jocelyn pensa naturellement qu'ils avaient deviné et la supercherie de son maître, et le lieu de sa retraite. Aussi, oubliant le bruit qu'il avait entendu dans les souterrains, et qui avait été la cause de sa sortie, il ne prit que le temps de remettre l'échelle à sa place, et, avec l'agilité d'un jeune homme, il franchit la distance qui le séparait de l'entrée du cloître mystérieux où l'attendaient Julie et Philippe.

En le voyant entrer pâle, les cheveux en désordre, l'œil égaré, le marquis et la religieuse poussèrent une exclamation d'effroi.

— Qu'as-tu ? s'écria vivement Philippe.

— Que se passe-t-il ? demanda la religieuse.

Jocelyn fit signe qu'il ne pouvait répondre. L'émotion l'étouffait.

— Monseigneur ! dit-il enfin d'une voix entrecoupée, monseigneur, fuyez ! fuyez sans retard !

— Fuir ! répondit le marquis étonné. Pourquoi ? A quel propos ?

— Mon bon maître, ils savent tout ! vous êtes perdu !...

— De qui parles-tu ?

— D'eux !... de ces misérables !

— Du comte et du chevalier ?

— Oui !

— Impossible !

— Si, vous dis-je !

La pauvre religieuse écoutait sans avoir la force d'interroger ni de se mêler à la conversation rapide qui avait lieu entre son mari et le vieux serviteur.

— Jocelyn, reprit le marquis qui ne pouvait encore

comprendre le danger dont il était menacé, Jocelyn, ton dévouement t'abuse; tu te crées des fantômes.

— Plût au ciel, monseigneur!
— Mais alors, qui te fait supposer?...
— Ils sont ici!
— Ces hommes dont tu parles?
— Oui!
— Ils sont à Plogastel?
— Dans l'abbaye même.
— Dans l'abbaye! s'écria cette fois la religieuse en frissonnant.
— Hélas! oui, madame!
— Impossible! impossible!... dit encore le marquis.
— Je les ai vus! répondit Jocelyn.
— Quand cela?
— A l'instant même!
— Dans les souterrains?
— Non, monseigneur, dans l'aile gauche du couvent!

Et Jocelyn raconta rapidement ce qu'il venait de faire et de voir. Il dit que lorsque ses regards plongèrent dans la chambre éclairée, il avait aperçu le comte et le chevalier à table, et auprès d'eux une autre personne encore.

— Une femme? demanda le marquis.

Jocelyn fit un signe affirmatif, puis il regarda la religieuse et se tut.

— Elle?... s'écria Philippe illuminé par une pensée subite.

— Oui, monseigneur, répondit Jocelyn à voix basse.

Un silence de stupeur suivit cette brève réponse. La religieuse, agenouillée, priait avec ferveur. De sombres résolutions se lisaient sur le front du marquis. Pour lui, comme pour Jocelyn, il était manifeste que le comte et le chevalier connaissaient la vérité et s'étaient mis à sa poursuite. Sans cela, comment expliquer leur arrivée dans l'abbaye déserte ?

Ainsi ce que Philippe avait fait devenait nul. Il allait encore se retrouver à la merci de ses bourreaux, et, qui plus était, s'y retrouver en entraînant Julie avec lui. Pour sortir libre de l'abbaye, il lui faudrait sans aucun doute accéder aux propositions qui lui avaient été faites. Non-seulement abandonner sa fortune, ce qui n'était rien, mais reconnaître pour son fils un étranger, fruit de quelque crime qui déshonorerait le nom si respecté de ses aïeux.

Philippe avait la main posée sur un pistolet. Il eut la pensée d'en finir d'un seul coup avec cette existence horrible et de se donner la mort. La vue de Julie priant à ses côtés le retint.

Jocelyn, en proie aux terreurs les plus vives, conjurait son maître de fuir promptement sans tarder d'un seul instant.

— Fuir! répondit enfin le marquis. Où irai-je? Chacun me connaît dans la province! Je ne ferai pas cent pas en plein soleil sans être salué par une voix amie. Oh! si Marcof était à Penmarckh, je n'hésiterais pas! J'irais lui demander un refuge à bord de son lougre!

— Écoutez-moi, Philippe, dit la religieuse en se relevant, Dieu vient de m'envoyer une inspiration. Voici ce que vous devez, ce que vous allez faire : Je vous ai dit que, seule dans le pays, une vieille fermière connaissait mon séjour dans l'abbaye. Cette femme m'est entièrement dévouée. Je puis avoir toute confiance en elle et la rendre dépositaire du secret de toute ma vie. Elle se mettra avec empressement à mes ordres et consentira à faire tout ce qui dépendra d'elle pour nous être utile, j'en suis certaine.

Grâce à la nuit épaisse qu'il fait au dehors, nous pouvons encore sortir tous trois sans être vus. Nous nous rendrons chez elle. Son fils est pêcheur et habite la côte voisine, près d'Audierne. Vous vous embarquerez avec lui. Vous gagnerez promptement les îles anglaises, et une fois là, vous serez en sûreté.

— Et vous, Julie? demanda le marquis.

— Moi, mon ami, une fois assurée de votre départ, je reviendrai ici.

— Ici!... oh! je ne le veux pas!

— Pourquoi, Philippe?

— Mais ce serait vous mettre entre les mains de ces misérables! Vous ne savez pas, comme moi, de quoi ils sont capables!

— Qu'ai-je à craindre?

— Tout!

— Ils ne me connaissent pas.

— Qu'en savez-vous? Leur intérêt étant de vous connaître, ils vous devineront.

— Qu'importe?

— Non! encore une fois! Je fuirai, mais à une condition.

— Laquelle?

— Vous m'accompagnerez en Angleterre.

— Cela ne se peut pas, Philippe.

— Alors, je reste!

— Philippe! je vous en conjure! s'écria la religieuse désolée. Partez! consentez à fuir!

— Jamais, tant que vous serez exposée, Julie!

— Eh bien! je vous promets de demeurer quelques jours chez la fermière. Je ne reviendrai à l'abbaye que lorsqu'elle sera de nouveau solitaire.

— Non! je ne pars pas sans vous!

— Mon Dieu ! mon Dieu ! vous voyez qu'il me contraint à abandonner votre maison ! dit la religieuse en levant les mains vers le ciel.

— Dieu nous voit, Julie ; il m'absout !

— Eh bien ! partons, alors ! reprit Julie avec une expression de résolution sublime.

Jocelyn se dirigea vers les souterrains.

— Non ! dit vivement la religieuse ; peut-être y sont-ils déjà. Partons par le cloître.

Jocelyn obéit. Tous trois prirent alors la route qu'il avait parcourue lui-même quelques minutes auparavant. Pour plus de précaution, Jocelyn sortit seul d'abord. Il s'assura que le cloître était désert. Puis il revint prévenir le marquis et Julie.

Cette fois, seulement, ils ne traversèrent pas la cour, ainsi que l'avait fait le vieux serviteur. La religieuse leur fit suivre les arcades, et bientôt ils atteignirent le jardin du couvent qu'ils parcoururent avec mille précautions dans toute sa longueur. A l'extrémité de ce petit parc, Julie se dirigea vers une petite porte qu'elle ouvrit et qui donnait sur la campagne.

Tous trois franchirent le seuil. Une véritable forêt de genêts hauts et touffus se présenta devant eux. Ils s'y engagèrent, certains d'être ainsi à l'abri des poursuites. Puis Julie, leur indiquant la route, se mit en devoir de les conduire à la demeure de la paysanne dont elle leur avait parlé. La Providence avait abandonné la pauvre Yvonne.

Depuis plus de deux heures, la malheureuse enfant était demeurée dans la même position. Étendue sur le sol humide, dévorée par une fièvre brûlante, en proie à un délire épouvantable, sans voix et sans force, elle se mourait. Aucun espoir de secours n'était admissible.

XVII

LE POISON DES BORGIA.

Dans cette chambre si brillamment éclairée qui, en attirant l'attention de Jocelyn, avait été cause de la découverte de la présence des beaux-frères et de la première femme de son maître dans l'abbaye de Plogastel ; dans cette chambre, disons-nous, le comte de Fougueray était assis entre celle qu'il nommait sa sœur et sa compagne, la belle Hermosa, ou la noble Marie Augustine, et celui que suivant les circonstances, il appelait tantôt son ami Raphaël, tantôt son très-cher frère, le chevalier de Tessy. Jasmin avait fidèlement exécuté les ordres reçus. Combinant avec un soin digne d'éloges ses talents dans l'art culinaire et ses habitudes de service élégant, le respectable valet cumulait, à la grande satisfaction de ses maîtres, l'office du cuisinier et celui du maître d'hôtel.

Depuis son entrée dans l'abbaye, Jasmin avait fouillé l'aile choisie par le comte, du rez-de-chaussée aux combles. Il avait déployé un tel luxe d'activité dans ses recherches que vaisselle, argenterie, vins, liqueurs, conserves, cristaux, rien n'avait échappé à son œil scrutateur.

Peut-être bien qu'en suivant les explorations du valet, on eût pu s'étonner et de son activité et de son adresse à trouver les cachettes, à fouiller les bons coins et à forcer les serrures ; peut-être qu'en examinant attentivement le riche service de table de l'abbesse, on se fût aperçu de la disparition de plusieurs vases de vermeil et de nombreuses timbales d'argent massif ; peut-être qu'en constatant l'énormité d'un feu de bois allumé dans une salle basse, on eût pu établir un rapprochement probable entre ce foyer incandescent et ces objets détournés, en but d'un lingot facile à emporter; mais les résultats des investigations de Jasmin avaient été trouvés, à bon droit, si heureux, si splendides que ni le comte, ni le chevallier, ni Hermosa n'avaient songé à s'inquiéter du reste.

A l'annonce de Jasmin que le souper était servi, tous trois s'étaient mis à table, et le jeune Henrique n'avait pas tardé à les rejoindre. Le menu était simple, mais parfaitement entendu. Les pauvres sœurs, nous le savons, avaient été contraintes à abandonner brusquement l'abbaye sans qu'il leur fût permis de sauver leurs richesses.

Aussi rien ne manquait-il à l'élégance de la table. Le linge, d'une finesse extrême, avait évidemment été tissé dans les meilleures fabriques de la Hollande. Les verres et les carafes étaient taillés dans le plus pur cristal de la Bohême. La vaisselle d'argent s'étalait somptueusement, entourée d'admirables porcelaines de Sèvres; des candélabres en même métal que la vaisselle, et surchargés de bougies, inondaient la table d'un torrent de rayons lumineux qui se brisaient en se reflétant aux arêtes tranchantes et aiguës des verreries, ou qui caressaient, en en doublant l'éclat, les contours arrondis des pièces d'argenterie et des porcelaines transparentes.

Les meilleurs vins, que l'abbesse dépossédée réservait soigneusement pour les visites de l'évêque diocésain, étincelaient dans les coupes de cristal, auxquelles ils donnaient les tons chauds de la topaze brûlée ou ceux du rubis oriental, suivant que les convives s'adressaient aux crûs bourguignons ou aux produits généreux des coteaux espagnols.

Les conserves, les pâtes confites, les fruits sucrés, entremets et desserts, que les bonnes sœurs se plaisaient à confectionner dans le silence du cloître pour envoyer en présent à leurs amis de Quimper et de Vannes, gisaient éventrés, renversés par les mains profanes des deux hommes et de leur compagne.

Vers la fin du repas, Jasmin fit une dernière entrée dans la pièce, ployant sous le poids d'un plateau d'argent richement ciselé, et encombré de la plus merveilleuse collection de liqueurs qu'eût pu désirer un disciple de Grimod de la Reynière. Flacons de toutes formes et de toutes couleurs s'entre-choquaient par le mouvement de la marche du valet. Il déposa le tout sur la table, et sur un signe d'Hermosa, il sortit en emmenant Henrique.

Les convives, dont les têtes, singulièrement échauffées par les libations copieuses faites aux dépens des habiles trouvailles du cuisinier, commençaient à fermenter outre mesure, les convives voulaient se débarrasser de la présence de témoins gênants.

Aucun d'eux n'avait pu soupçonner la disparition d'Yvonne, que le chevalier voulait laisser reposer avant d'entamer un second tête-à-tête, qu'il espérait bien rendre définitif. La conversation, que la présence du jeune Henrique avait jusqu'alors renfermée dans les bornes d'une causerie presque convenable, s'élança rapidement dans les hautes régions du dévergondage le plus éhonté.

Hermosa donnait le diapason. Se débarrassant d'une partie de ses vêtements que la chaleur rendait gênants, à demi couchée sur les genoux de Diégo, les épaules nues, les lèvres rouges et humides, les regards étincelants de cynisme et de débauche, la magnifique créature avait recouvré tout l'éclat de cette beauté de bacchante qui faisait d'elle une véritable sirène aux charmes invincibles. Se prêtant aux caresses du comte, sans fuir celles du chevalier, elle buvait dans tous les verres, lançait des quolibets capable d'amener le rouge sur le visage d'un garde-française.

Aucune contrainte ne régnait plus dans les paroles des trois convives; aucune gêne n'entravait leurs actions.

— Je vais chercher la petite, dit le chevalier en se levant tout à coup.

— Au diable! s'écria Diégo; laisse-nous faire en paix notre digestion. Ta Bretonne va crier comme une fauvette à laquelle on arrache les plumes, et les pleurs des femmes ont le don de m'agacer les nerfs après souper.

— Tout à l'heure tu iras la trouver, cette belle inhumaine, ajouta Hermosa en souriant; mais Diégo a raison : finissons d'abord de souper et de boire. Allons, mio caro, verse-moi de ce xérès aux reflets dorés, et oublie un peu tes amours champêtres pour songer à l'avenir. Je suis veuve, Raphaël, tu le sais bien, et j'ai besoin d'être entourée de mes amis, pour m'aider à supporter mes douleurs et me décider sur le parti que je dois prendre. Voyons, mes aimables frères, parlez: me faut-il revêtir les noirs vêtements de circonstance, et larmoyer en public sur ma triste situation?

— A quoi diable cela t'avancerait-il? dit brusquement Diégo.

— Mais, on ne sait pas! Si je faisais constater mes droits, peut-être aurais-je une part dans l'héritage?

— Laisse donc! Tu n'aurais rien, et le noir ne te va pas. Au diable les vêtements de deuil et la comédie de veuvage! Elle ne nous rapporterait pas une obole. Non! non! j'ai une autre idée.

— Quelle idée?

— Tu l'apprendras plus tard; mais, pour le présent, soupons gaîment! Allons, Hermosa, ma diva, ma reine, ma belle maîtresse, à toi à nous verser le syracuse, ce

20

vieux vin de la Sicile, cet aimable compatriote qui noie la raison, raffermit le cœur, réjouit l'âme, et nous rappelle nos Calabres bien-aimées! Donne-nous à chacun un flacon entier, comme jadis après une expédition. Part égale!

— Part égale! répéta Raphaël. Verse, Hermosa, verse à ton tour!

Hermosa se leva et fit un pas pour se diriger vers le buffet en chêne sculpté sur lequel elle avait déposé les flacons du vin sicilien. Mais Diégo, la saisissant par la taille, l'attira à lui et la renversa sur ses genoux.

— Un baiser, dit-il; il me semble que je n'ai que trente ans!

Et se penchant vers sa compagne:

— Ne va pas te tromper! murmura-t-il à son oreille.

Hermosa se redressa en échangeant avec lui un rapide regard, puis elle alla prendre les flacons et les plaça sur la table. Chacun prit celui qui lui était offert. A les voir ainsi tous trois, chancelant à demi sous l'effet de l'ivresse naissante, on devinait facilement que ce n'étaient pas là deux gentilshommes et une noble dame soupant ensemble: c'étaient deux bandits comme en avait rencontré autrefois Marcof, et une courtisane éhontée comme on en a rencontré et comme on en rencontrera toujours, tant que la débauche existera sur un coin de la terre. Le souper avait dégénéré en orgie.

— Raphaël! s'écria Diégo en remplissant son verre, buvons et portons une santé à nos amis d'autrefois, à ces pauvres diables qui se déchirent encore les pieds sur les roches des Abruzzes, à nos compagnons de misère, de gaieté et de plaisirs, à Cavaccioli et à ses hommes!

— A Cavaccioli! dit Hermosa; et puisse-t-il danser le plus tard possible au bout d'une corde!

— A Cavaccioli ! répéta Raphaël en choquant son verre contre celui que lui présentait Diégo.

Et il but à longs traits.

— Allons, Hermosa ! reprit Raphaël en posant son verre vide sur la table et en saisissant le flacon d'une autre main pour le remplir de nouveau. Allons, Hermosa ! chante-nous quelque-uns de tes joyeux refrains, cela égayera un peu ces murailles, qui n'ont guère entendu que des psaumes et des litanies !

— Et que veux-tu que je chante, Raphaël ?

— Ce que tu voudras, pardieu !

— Une chanson française ?

— Sang du Christ ! interrompit Diégo en italien, fi des chansons françaises ! Une chanson du pays, cara mia ! une chanson en patois napolitain.

Hermosa se recueillit quelques instants, puis elle se leva et commença d'une voix fraîche encore et vibrante ces couplets si répétés à Naples, et que depuis plus d'un siècle les lazzaroni ont chantés sur tous les airs connus :

>Pecque qu'a ne me vide
>T'en griffe com agato ?
>Nene que t'aggio fato
>Quà non me pui vide.
>
>O jestemma voria
>Le giorno que t'amaï
>Io te voglio ben assaï
>E tu non me pui vide !

— Bravo ! s'écria Raphaël.

— Bravo ! répéta Diégo. Il me semble être encore dans les Abruzzes ! Ah ! l'on a bien raison de dire que les années de la jeunesse ne se remplacent pas ! Depuis que nous avons quitté les Calabres, depuis le jour où ce damné Marcof, que Dieu confonde ! a détruit à lui seul une partie de ma bande, nous n'avons jamais cessé d'avoir de l'or et d'en dépenser à pleines mains. Eh bien ! je regrette néanmoins cette vie d'autrefois, si misérable peut-être, mais si belle et si libre.

— Pour moi, je ne suis pas de ton avis, répondit Hermosa, et je suis certaine que Raphaël ne pense pas autrement que je le fais.

— Tu as raison, Hermosa, fit Raphaël. Eh bien ! continua-t-il en tressaillant, que diable ai-je donc ? Un étourdissement !

— Tu as besoin d'air peut-être ? fit observer Diégo.
— C'est possible.
— Ouvre la fenêtre, Hermosa.

Hermosa obéit en lançant un nouveau coup d'œil à Diégo, qui laissa errer un sourire sur ses lèvres.

— Je me sens mieux ! fit Raphaël en s'approchant de la fenêtre.

Diégo se leva, et passant son bras autour de la taille d'Hermosa, il se pencha vers elle comme pour lui baiser le cou, mais il lui dit à voix basse :

— Tu as vidé tout le flacon ?
— Oui, répondit la femme.
— Per Bacco !
— C'est trop ?
— C'est énorme !
— Alors ?
— Alors ce sera plus tôt fini, voilà tout.

Et cette fois, il embrassa Hermosa au moment où Raphaël se retournait.

— Corps du Christ ! s'écria celui-ci en les voyant dans

les bras l'un de l'autre, quelle tendresse! quel amour! quelle passion! cela fait plaisir à voir!

— Eh! caro mio! répondit Diégo, n'as-tu pas aussi une belle compagne qui t'attend?

— Si fait! pardieu! ma jolie Yvonne! Je n'y songeais plus.

— Peste! quelle indifférence pour un amoureux!

— Eh! c'est la faute de ce vin de Syracuse! Il me produit ce soir un effet étrange; à tous moments j'ai des éblouissements. Il me semble que le plancher vacille sous mes pieds.

— Tu as la tête faible!

— Tu sais bien le contraire.

— Alors c'est une mauvaise disposition passagère!

— C'est possible. En attendant, j'ai laissé, je crois, à la belle enfant, tout le temps nécessaire pour mûrir mes paroles. Corpo di Bacco! j'ai dans l'idée que je vais la trouver docile comme une fiancée, et amoureuse comme une courtisane romaine!

— Tu vas à la cellule?

— De ce pas, mio caro.

Et Raphaël se dirigea vers la porte; mais à moitié chemin, il chancela, fit un effort pour se soutenir et tomba sur une chaise. Diégo suivait tous ses mouvements de l'œil du tigre qui veille sur sa proie.

Hermosa, indifférente à ce qui se passait autour d'elle, trempait le petit doigt de sa main mignonne dans son verre à demi rempli et s'amusait à laisser tomber sur la nappe, déjà maculée, les gouttelettes brillantes du vin liquoreux que les rayons des bougies transformaient en perles orangées. Tandis que sa main droite se livrait à cet innocent exercice, la gauche s'approchait, en se jouant, du flacon qu'avait aux trois quarts vidé Raphaël. Agitant doucement la tête, elle lança un regard autour d'elle. Diégo lui tournait le dos, Raphaël avait la main sur ses yeux. Alors la belle figure de l'Italienne prit une expression sauvage et épouvantable : ses doigts fiévreux saisirent le flacon et l'attirèrent à la place de celui appartenant au comte de Fougueray. Puis une idée nouvelle lui traversa sans doute l'esprit, car ses traits se détendirent, et elle remit la bouteille devant le couvert de Raphaël. Les deux hommes n'avaient rien vu.

Diégo paraissait absorbé plus que jamais dans la contemplation de son compagnon, et celui-ci, pâle et la bouche crispée, était incapable de voir ni d'entendre. Le poison opérait rapidement, car la physionomie du chevalier se décomposait à vue d'œil.

Cependant le malaise parut se dissiper un peu. Raphaël respira bruyamment, et, se relevant, essaya de gagner la porte ; mais une nouvelle faiblesse s'empara de lui et le fit retomber sur un siége. Il passa la main sur son front humide de sueur.

—Oh ! murmura-t-il, j'ai la poitrine qui me brûle !
— Veux-tu boire ? demanda Diégo.

Raphaël ne répondit pas. Diégo s'avança vers la table, prit un verre qu'il remplit encore de syracuse, et le présenta à Raphaël. Celui-ci tendit la main et leva les yeux sur son compagnon. Puis une pensée subite illumina sa physionomie cadavéreuse. Il ouvrit démesurément les yeux, se redressa vivement en repoussant le verre, et saisissant le bras de Diégo :

— Pourquoi nous as-tu fait donner à chacun un flacon séparé de syracuse ? demanda-t-il d'une voix rauque. Pourquoi n'as-tu pas bu dans le mien ?

— Quelle diable de folie me contes-tu là ? répondit Diégo en souriant avec calme.

Mais Raphaël se précipitant vers la table, prit son verre, vida dedans ce qui restait du breuvage empoisonné placé devant lui, et l'offrant à Diégo :

— Bois ! lui dit-il.

— Je n'ai pas soif ! répondit le comte.

— Bois, te dis-je, je le veux !

— Au diable !

Et Diégo, d'un revers de main, fit voler le verre à l'autre bout de la pièce.

— Ah ! s'écria Raphaël dont l'expresssion de la physionomie devint effrayante, Ah ! tu m'as empoisonné !

— Tu es fou, Raphaël ! ne suis-je pas ton ami ?

— Tu m'as empoisonné ! Le flacon ? où est le flacon que Cavaccioli t'a donné ?

— C'est Hermosa qui l'a.

— Où est-il ? Je veux le voir !

— Pourquoi faire ?

— Ah ! je souffre ! je ne vois plus ! je brûle ! s'écria Raphaël en se tordant dans des convulsions horribles.

— Que faut-il faire ? demanda Hermosa à Diégo.

— Attendre ! cela ne sera pas long !

— Tu vois bien que tu m'as empoisonné ! s'écria Raphël, qui, avec cette perception mystérieuse des sens qui résulte en général de l'absortion d'un poison végétal, avait entendu ces paroles. Tu m'as empoisonné ! continua-t-il en tirant son poignard ; mais nous allons mourir ensemble !

Et Raphaël essaya de s'élancer sur Diégo, mais un nouvel éblouissement la cloua à la même place. Hermosa s'était rapprochée de la porte.

— Va-t'en ! lui dit vivement Diégo, va-t'en ! et empêche Jasmin de pénétrer jusqu'ici.

Hermosa obéit avec un empressement visible.

— Si Raphaël pouvait le tuer avant de mourir! murmura-t-elle en entrant dans une pièce voisine.

Là, s'agenouillant sur un prie-Dieu :

— Sainte madone! exaucez ma prière! dit-elle avec onction; je promets une robe de dentelle à la vierge de Reggio!

Raphaël s'était relevé. Rassemblant ses forces, et soutenu par la suprême énergie du désespoir, par le désir de la vengeance, par la volonté d'entraîner avec lui son meurtrier dans la tombe, il marcha vers Diégo. Celui-ci connaissait trop la violence du poison qu'il avait fait prendre à Raphaël pour douter de son efficacité. Aussi ne cherchait-il qu'à gagner du temps.

Alors commença entre ces deux hommes un combat horrible à voir. L'un fuyait en se faisant un rempart de chaque meuble. L'autre, pâle, haletant, se soutenant à peine trébuchant devant chaque obstacle, essayait en vain d'atteindre son ennemi.

Le silence le plus profond régnait dans la pièce. On entendait seulement la respiration de chacun, l'une sifflante avec bruit, l'autre égale et sonore.

Diégo renversa avec intention les candélabres placés sur la table encore toute servie. L'obscurité ajouta à l'horreur de la situation. Devinant que son adversaire n'avait renversé les flambeaux que pour gagner plus facilement la porte de sortie et fuir, Raphaël s'appuya immobile contre le chambranle, serrant le manche de son poignard entre ses doigts humides et crispés.

Diégo fit quelques pas, se tenant toujours sur la défensive. Il avait pris sur la table un long couteau à lame courte et acérée qui avait servi à trancher un magnifique jambon de Westphalie. N'entendant Raphaël faire aucun mouvement, il le crut évanoui de nouveau. Alors il se dirigea rapidement vers la porte. Sa main, étendue, rencontra celle de son ennemi.

— Enfin! s'écria Raphaël en levant son poignard.

Et d'un bras encore assez ferme il frappa. Diégo, avec une présence d'esprit qui indiquait un sang-froid remarquable, se baissa vivement. Raphaël frappa dans le vide.

Alors Diégo, se relevant, saisit son adversaire dans ses bras, le souleva de terre et le renversa sur la dalle. Puis, entr'ouvrant vivement la porte, il s'élança en la retirant à lui. La clef, placée extérieurement, lui permit de la refermer. Une fois dans le corridor, il respira. Hermosa était en face de lui.

— Eh bien? demanda-t-elle.

— Il va mourir! répondit Diégo.

— Quoi! ce n'est pas encore fini?

— Je ne voulais pas répandre son sang.

— Parce qu'il avait été ton compagnon?

Diégo haussa les épaules.

— Non! dit-il, mais pour que Jasmin puisse croire à ce que nous dirons lorsque nous lui parlerons de cette mort subite.

A travers l'épaisseur de la boiserie de la porte, on entendait Raphaël blasphémer. Seulement les blasphèmes étaient interrompus de temps à autre par un râle d'agonie.

— Maintenant, rentre chez toi! dit Diégo à Hermosa.

— Tu ne viens pas?

— Non!

— Où vas-tu donc?

— A la cellule de l'abbesse.

— Trouver la Bretonne?

— Oui.

— Pourquoi faire?

— Pour savoir si, elle aussi, elle est morte.

Hermosa fixa sur son interlocuteur son grand œil noir pénétrant.

— Diégo! fit-elle.

— Hermosa? répondit tranquillement le comte en soutenant sans trouble le regard de sa compagne.

— Diégo! tu m'as dit que cette jeune fille t'était indifférente?

— Oui.

— Tu as menti!

— Hermosa!

— Tu as menti! te dis-je.

— Mais, je te jure...

— Allons-donc! interrompit Hermosa avec dédain, crois-tu donc que je t'aime encore assez pour être jalouse?

— Eh bien, alors?

— Je veux que tu me dises la vérité.

— Je te l'ai dite.

— Très-bien; je vais alors aller moi-même dans la cellule, et comme cette jeune fille nous est inutile...

— Après? dit Diégo en voyant qu'elle n'achevait pas sa pensée.

— Il reste encore quelques gouttes au fond du flacon, continua-t-elle froidement.

Diégo fit un geste violent d'impatience. Hermosa se rapprocha de lui.

— Avoue-donc! dit-elle.

— Eh! quand cela serait? que t'importe?

— Il m'importe qu'avant toute chose je veux que nous partagions ce que vous avez rapporté du château de Loc-Ronan.

— Morbleu! que ne le disais-tu plus tôt?

Et Diégo entraîna rapidement Hermosa dans une chambre voisine. On entendait toujours le râle et les blasphèmes de Raphaël qui lacérait la boiserie de la porte avec la pointe de son poignard. A l'aide d'un briquet qu'il portait constamment sur lui, le malheureux avait encore eu la force de faire jaillir la lumière et de rallumer une bougie. Il espérait pouvoir démonter les gonds de la porte et joindre alors son ennemi, mais sa main vacillante frappait la boiserie et non le fer.

Diégo se dirigea vers un énorme coffre placé dans un des angles de la pièce dont Hermosa avait fait sa retraite. Ce coffre était doublé en fer et avait servi sans doute à renfermer les trésors du couvent. Les religieuses avaient fui si promptement qu'elles n'en avaient pas emporté les clefs. Lorsque le comte de Fougueray était arrivé dans l'abbaye, le coffre était ouvert et vide. C'était là qu'avec Raphaël ils avaient déposé l'or, les bijoux et les papiers arrachés à Jocelyn.

Diégo ouvrit le coffre. Il allait procéder au partage, lorsque Hermosa lui posa la main sur l'épaule.

— Attends! dit-elle.

Diégo la regarda étonné.

— Qu'est-ce donc? demanda-t-il.

— J'ai à te parler.

— Plus tard!

— De suite!

— Fais vite en ce cas.

— Cette demande de partage, mon cher, est un prétexte, dit Hermosa en souriant. Je n'ai pas peur que tu me trompes jamais; car nous avons trop besoin l'un de l'autre pour que tu songes à faire de moi ton ennemie. Ne t'impatiente pas! Si tout à l'heure j'avais voulu t'amener ici pour causer, tu aurais refusé! Je connais ton caractère gai et j'ai suivant mes appréciations. Maintenant que nous sommes seuls, oublie un moment la belle Yvonne, tu as trop d'esprit, et tu n'es plus assez jeune pour sacrifier ton intérêt à l'amour. Or, il s'agit de notre fortune, Diégo! de notre fortune que la mort de Philipppe nous a enlevée tout à coup, et qu'il dépend de moi de nous rendre! Ah! tu es devenu attentif? Tu m'écoutes, maintenant!

— Sans doute! tu m'intrigues énormément. Parle vite.
— Oh! mon projet sera court à expliquer.
— Je t'écoute.
— La mort du marquis est tellement récente, continua Hermosa, qu'elle est à peine connue dans cette partie de la province, et que bien certainement on l'ignore à vingt lieues.
— Ceci est incontestable.
— Tu te rappelles, Diégo, lors de notre arrivée à Rennes, jadis ce que nous avons entendu dire de l'amour de Julie de Château-Giron pour Philippe de Loc-Ronan?
— On prétendait cet amour fort sérieux.
— Et l'on ne se trompait pas! Ce qui a déterminé la nouvelle marquise à prendre le voile a été la pensée de rendre le repos à son époux, croyant le mettre ainsi à l'abri de nos poursuites. Tu avoueras qu'elle se sacrifiait. Or, une femme qui, jeune et jolie, renonce au monde pour l'amour d'un homme, cette femme-là, ferait à plus forte raison, le sacrifice de sa fortune pour assurer la tranquillité de ce même homme?
— Puissamment raisonné! interrompit Diégo.
— Julie de Château-Giron a perdu son père il y a quatre mois.
— Comment sais-tu cela?
— Que t'importe?
— Tu as donc des espions partout?

— Peut-être bien !
— Allons ! tu es bien décidément d'une force remarquable ! dit Diégo en baisant la main de sa compagne.

Il avait entièrement oublié Yvonne.

XVIII

LES PROJETS D'HERMOSA.

— Tu disais donc, reprit Diégo après quelques instants, que Julie de Château-Giron avait perdu son père il y a quatre mois ?
— Oui.
— Mais elle était fille unique, si j'ai bonne mémoire ?
— En effet, tu ne te trompes pas.
— Alors elle a hérité ?...
— De trois millions environ.
— Elle les a donnés à sa communauté ? demanda vivement Diégo.
— Non.
— Qu'en a-t-elle fait ?
— Elle a donné cinq cent mille livres au couvent dans lequel elle résidait, et dont j'ignore le nom.
— Et le reste ?
— Le reste, c'est-à-dire deux millions cinq cent mille livres, est demeuré à Rennes entre les mains de son notaire.
— Qu'en fera-t-elle ?
— Elle veut en disposer en faveur du marquis.
— Qui t'a donné tous ces détails ?
— L'intendant de la Bretagne qui a été destitué dernièrement.

— C'est donc cela que tu le recevais si fréquemment à Paris ? fit Diégo avec un sourire.

— Sans doute.

— Alors, tu es certaine de ce que tu me dis ?

— J'en réponds !

— Et que conclus-tu ?

— Tu ne devines pas ?

— Pas précisément, je l'avoue.

— Je te croyais de l'esprit.

— Suppose que j'en manque, et explique-toi.

— C'est bien simple.

— Mais, encore, qu'est-ce que c'est ?

— Il faut d'abord connaître le nom du couvent où s'est retirée Julie.

— Nous saurons cela facilement à Rennes, dit Diégo. Au pis-aller, nous interrogerions le notaire lui-même sous un prétexte quelconque. Bref, je m'en charge ! Après ?

— Tu dois te faire une idée de la terreur qu'inspirent seulement nos noms à la marquise ?

— Parbleu !

— Tu avoueras aussi qu'elle doit ignorer encore la mort de son époux ?

— Je le crois.

— Donc, tu iras la trouver hardiment.

— Bien ; j'irai.

— Tu demanderas à lui parler en particulier. Au besoin, j'obtiendrai la permission.

— Ensuite ?

— Tu lui diras que nous sommes décidés à faire un éclat...

— Si elle n'abandonne pas entre nos mains les deux millions cinq cent mille livres ? interrompit Diégo.

— Précisément.

— Elle les abandonnera, Hermosa ; elle les abandonnera !

Et Diégo marcha avec agitation dans la chambre en se frottant les mains avec joie.

— Admirable ! s'écria-t-il tout à coup en s'arrêtant devant sa compagne, admirable ! Tu es un génie !

— Tu approuves mon projet ?

— Je le trouve sublime.

— Et tu le mettras à exécution ?

— Sur l'heure !

— Donc nous partons ?

— Cette nuit même !

— Et la Bretonne ? demanda Hermosa avec coquetterie.

Le comte la prit dans ses bras.

— Tu sais bien que je n'aime que toi ! dit-il.

— Alors, reprit Hermosa en désignant le flacon qu'elle tenait dans sa main droite, alors finissons-en. Ne laissons personne ici. Raphaël doit être mort ; qu'Yvonne meure aussi.

— Soit ! répondit Diégo après un moment de réflexion ; mais va seule et présente lui le breuvage toi-même ! je ne veux pas la voir.

Hermosa sortit rapidement. Diégo, alors, s'occupa de refermer le coffre. Il achevait à peine que Jasmin parut discrètement sur le seuil de la porte.

— Que veux-tu ? demanda le comte.

— Faut-il desservir ? répondit le valet.

— Inutile ; nous n'avons pas le temps ; aide-moi à descendre cette caisse, nous la chargerons sur le cheval du chevalier. Ah ! à propos du chevalier, continua-t-il après un moment de silence, tu sais qu'il s'occupait de politique ?

— Je le crois, monseigneur.

— Eh bien ! il est urgent que l'on ignore où il est.

— M. le chevalier est donc parti ?

— Oui.

— Je ne l'ai pas vu.

— Il a passé par les souterrains.

Jasmin avait chargé le coffre sur ses épaules et descendait aidé par le comte. Ils l'attachèrent solidement sur la croupe d'un cheval que Jasmin devait mener en main. Lorsqu'ils eurent terminé, le comte ordonna au valet de l'attendre dans la cour, et tirant une bourse de sa poche :

— Tiens ! dit-il en la lui remettant, sois toujours discret sur tout ce que tu vois et entends.

Jasmin s'inclina et le comte remonta vivement. Au sommet de l'escalier il rencontra Hermosa. Celle-ci était un peu pâle.

— Qu'as-tu ? demanda Diégo.

— Suis-moi ! répondit-elle.

Hermosa saisit la main de Diégo et l'entraîna vivement vers la cellule de l'abbesse.

— Entre ! dit-elle en se rangeant pour lui faire place.

Diégo pénétra dans la pièce éclairée par un candélabre qu'Hermosa y avait apporté. La cellule était déserte. Diégo la parcourut rapidement du regard.

— Où est la jeune fille ? fit-il brusquement.

— J'allais te le demander ! répondit froidement Hermosa.

— A moi ?

— A toi-même !

— Mais elle doit être ici ?

— Regarde !

— Qu'est-ce que cela signifie, Hermosa?

— Cela signifie, Diégo, que tu as probablement pris tes mesures d'avance et que tu as fait évader la belle enfant. C'est ce qui m'explique ta facilité de tout à l'heure.

— Sang du Christ! j'ignore ce que tu veux dire!

— Tu le jurerais?

— Sur mon honneur!

— Mauvaise garantie.

— Hermosa!

— Je dis mauvaise garantie! répéta l'Italienne.

— Par tous les démons de l'enfer et sur ma damnation éternelle! s'écria Diégo, je te fais serment que je ne comprends pas tes paroles.

Il parlait avec un tel accent de vérité, qu'Hermosa fut convaincue.

— Mais alors où est-elle?

— Le sais-je!

— Raphaël l'aurait-il rendue à la liberté?

— Impossible! Rappelle-toi qu'après souper il voulait aller auprès d'elle, lorsque... l'accident est arrivé.

— Par quel moyen a-t-elle donc pu sortir d'ici?

— Cherchons! dit vivement Diégo.

Et tous deux se mirent à explorer la cellule, sondant les murailles et les dalles du plancher. Partout le son était mat et attestait l'épaisseur. Aucun indice ne pouvait leur révéler la vérité.

— Que faire? dit Hermosa en s'arrêtant.

— Nous n'avons pas à hésiter! répondit vivement Diégo. Yvonne a pris la fuite par un moyen que nous ignorons.

— Après?

— Une fois hors d'ici, elle ira implorer du secours, et

peut-être même ramènera-t-elle les paysans des environs.

— C'est probable.

— On nous trouvera tous deux, et l'on découvrira le cadavre de Raphaël. Or, si la justice met le nez dans nos affaires, nous ne savons pas où cela peut nous mener. Fuyons donc au plus vite, si nous en avons encore le temps.

— Nous irons à Rennes?

— Oui, mais allons à Brest d'abord, et demain, sans plus tarder, nous nous embarquerons pour gagner Nantes ou Saint-Malo.

— Si tu t'assurais avant tout que Raphaël est bien mort?

— Inutile! la dose était trop violente pour qu'elle ne l'ait pas déjà tué. Nous pourrions voir recommencer une scène qui nous retarderait et mettrait forcément Jasmin dans notre confidence, ce qui nous gênerait très-certainement un jour.

— Tu as raison.

— Où est Henrique?

— Il dort.

— Réveille-le promptement et descends, je t'attends en bas.

— Va; je te suis.

Hermosa courut vers la chambre où reposait son fils. Diégo descendit dans la cour. Les chevaux étaient bridés. Jasmin, tenant les rênes réunies dans sa main droite, attendait au pied de l'escalier. Le ciel était pur. Des myriades de diamants étincelants étaient semés sur l'horizon à la teinte bleue foncée. Quelques nuages blancs s'élevaient gracieusement et enveloppaient au passage la blanche Phébé dans un brouillard semblable à une gaze diaphane.

Diégo frappait sa botte molle du manche de son fouet. Enfin Hermosa parut. Elle tenait son fils par la main. Diégo souleva dans ses bras l'enfant mal réveillé et le jeta sur le cou du cheval qui lui était destiné. Puis, se retournant vers sa compagne, il lui tendit sa main ouverte en se baissant un peu. Hermosa releva sa jupe, appuya sur la main de Diégo un pied fort élégamment chaussé et assez mignon pour celui d'une Italienne, et s'élança en selle en écuyère habile. Diégo enfourcha alors sa monture, prit Henrique entre ses bras, et, appelant le domestique :

— Jasmin, dit-il.

— Monsieur le comte ?

— Attache à ton bras la bride du cheval de main et prends la tête.

— Quelle route, monsieur ?

— Celle de Brest.

Et Jasmin, sur cette réponse, piqua en avant, tenant soigneusement les rênes du cheval sur lequel il avait placé le coffre. Hermosa et Diégo le suivirent.

Ils ne pouvaient pas songer, à cause de leurs montures, à traverser les champs de genêts. Il fallait suivre la route. Or, cette route conduisait précisément dans la direction qu'avaient prise le marquis de Loc-Ronan, Julie, et Jocelyn une demi-heure auparavant pour se rendre auprès de la vieille fermière.

— Diégo, dit tout à coup Hermosa, si au lieu de gagner Brest, où nous n'arriverons que demain, nous nous dirigions vers Audierne, où nous pourrions être facilement en moins d'une heure ?

— Crois-tu que nous trouvions à nous embarquer ?

— Sans aucun doute ! Avec de l'argent ne trouve-t-on pas tout ce que l'on veut ?

— Alors, fit Diégo, piquons vers Audierne.

Et il transmit l'ordre à Jasmin qui, arrivé à un endroit où la route se bifurquait, continua de courir en ligne droite, au lieu de suivre le chemin qui conduisait à Brest.

— Tu as eu une excellente inspiration, reprit Diégo en se penchant vers sa compagne.

— Certes ! répondit celle-ci. Nous ne saurions être trop tôt à l'abri des recherches que va provoquer Yvonne d'une part, en racontant ce qu'elle sait, et de l'autre le cadavre de Raphaël que l'on trouvera dans la chambre.

— Puis nous ne saurions trop nous presser également d'arriver à Rennes.

— Ah ! les deux millions te tiennent au cœur.

— Énormément !

— J'en suis fort aise.

— Pourquoi ?

— Parce que tu es habile, Diégo, et que, si tu emploies dans cette affaire tout le génie d'intrigue dont le ciel t'a si amplement pourvu, nous réussirons.

— Je n'en doute pas, belle Hermosa.

Et tous deux activèrent encore les allures rapides de leurs chevaux. Ainsi qu'Hermosa l'avait dit, en moins d'une heure ils aperçurent les premières maisons de la petite ville maritime. Ils étaient alors au sommet d'une colline.

— Demeure ici avec Henrique et Jasmin, fit Diégo en s'adressant à Hermosa. Le galop de nos chevaux au milieu du silence de la nuit pourrait éveiller l'attention des habitants d'Audierne. Je vais aller frapper seul à la porte d'un pêcheur et obtenir de gré ou de force qu'il nous embarque sur l'heure.

— Voici précisément un canot qui rentre au port, répondit Hermosa en désignant du geste le rivage sur lequel venaient doucement mourir les vagues.

Diégo regarda attentivement.

— Tu te trompes, dit-il, c'est une barque qui gagne la haute mer.

— Peux-tu distinguer ce qu'elle contient?

— Oui, quatre personnes.

— Y a-t-il une femme parmi ces gens?

— Attends!

Diégo posa la main sur ses yeux pour concentrer leurs rayons visuels.

— Oui... oui, répondit-il vivement; je distingue une coiffe blanche.

— Si c'était Yvonne?

— Que nous importe, maintenant!

— Nous pourrions peut-être gagner de vitesse sur cette embarcation. Elle n'est montée que par trois hommes : prends-en six, paie sans marchander, et assurons-nous le silence de cette jeune fille; si quelquefois nous étions forcés par les circonstances de revenir plus tard dans ce pays.

— Tu as raison.

— Hâte-toi donc.

— Je pars.

Diégo lança son cheval au galop. Au moment où il disparaissait, une chouette fit entendre dans les genêts qui bordaient la route son cri triste et sauvage, Hermosa n'y fit aucune attention. Ses yeux étaient fixés sur la barque qui gagnait la haute mer et sur Diégo qui courait vers Audierne. Un second cri pareil au premier retentit de nouveau, mais de l'autre côté du chemin. Puis un troisième lui succéda, et si l'Italienne eût regardé à droite ou à gauche au lieu de regarder en avant, elle eût vu l'extrémité des genêts s'agiter avec un mouvement imperceptible.

Tout à coup deux coups de feu retentirent. Le cheval que montait Jasmin fit un écart et s'abattit. Hermosa sentit le sien trembler sous elle ; avant qu'elle eût pu le relever de la main, l'animal roula sur la route en l'entraînant avec lui. Le cheval que Jasmin conduisait, se sentant libre, et effrayé par les coups de feu, bondit dans les genêts, mais une main de fer le saisit à la bride tandis qu'un couteau à lame large lui ouvrait le flanc. L'animal hennit de douleur, se cabra et tomba à son tour.

§

Pendant ce temps, Diégo frappait à la porte d'un pêcheur, et le contraignait à se relever, faisant marché avec lui pour qu'il armât sa barque et qu'il engageât quelques camarades. L'Italien était trop rusé pour parler de ses intentions de poursuivre le canot qu'il avait aperçu. Une fois en mer, il se flattait de faire faire aux matelots ce qu'il jugerait convenable. Le pêcheur promit que l'embarcation serait parée avant que dix minutes se fussent écoulées, et que les autres marins seraient à bord dans ce court espace de temps.

Diégo lui jeta quelques louis, et reprit la route qu'il venait de parcourir, afin d'aller chercher Hermosa, Henrique et Jasmin. Il avait déjà gravi la colline, lorsque son cheval s'arrêta tellement court que le cavalier faillit être lancé à terre. Diégo irrité enfonça ses éperons dans le ventre de sa monture; mais le cheval, refusant d'avancer, pointa et se défendit.

— Qu'y a-t-il donc sur la route? murmura l'Italien en se rendant maître de l'animal effrayé.

Et il se pencha en avant fixant ses regards sur le sol.

— Un cheval mort! s'écria-t-il; le cheval d'Hermosa! Corps du Christ! qu'est-ce que cela veut dire?

Saisissant ses pistolets, il sauta vivement à terre. Trois pas plus loin, il rencontra la monture de Jasmin. Enfin, à moitié caché par les genêts, il aperçut le cheval porteur du trésor qui se débattait encore dans les convulsions de l'agonie et inondait la terre du sang qui coulait en abondance de sa blessure. Mais Jasmin, Henrique et Hermosa avaient disparu.

Rendons justice à Diégo, il courut tout d'abord au cheval auquel il avait confié le fameux coffre. La précieuse caisse était toujours attachée sur la croupe de l'animal. Diégo poussa un cri de joie suivi bientôt d'un hideux blasphème. Il venait d'ouvrir le coffre et l'avait trouvé vide.

— Saint Janvier soit maudit! hurla-t-il en patois napolitain. La misérable m'a joué! Elle m'a envoyé à Audierne et son plan était fait d'avance. Elle était d'accord avec Jasmin!

Puis il s'arrêta tout à coup.

— Non, dit-il plus froidement, ils auraient fui avec les chevaux.

Un cri semblable à ceux qui avaient retenti aux oreilles de l'Italienne, un cri imitant à s'y méprendre celui de la chouette fit résonner les échos. Ainsi qu'Hermosa un quart d'heure auparavant, Diégo n'y prêta pas la moindre attention : il réfléchissait toujours, et se creusait de plus en plus la tête pour donner un motif raisonnable à la subite disparition de sa compagne, d'Henrique et de Jasmin, et à la mort des chevaux qui gisaient à ses pieds.

Un second cri plus rapproché se fit entendre sans troubler davantage les pensées qui absorbaient le beau-frère du marquis de Loc-Ronan.

— Que diable peuvent-ils être devenus ? s'écria-t-il en se frappant le front avec la paume de la main droite et en promenant autour de lui un regard interrogateur, comme s'il eût supposé que les arbres ou les genêts qui projetaient jusqu'à ses pieds leurs ombres noires eussent pu lui répondre.

Tout à coup il tressaillit et fit un pas en arrière. Son œil venait de rencontrer le canon luisant d'un fusil passant au-dessus des genêts, et sur l'extrémité duquel se jouait un rayon de lune. Un troisième cri, semblable aux deux premiers, retentit derrière lui. Diégo pâlit, et saisissant la bride de son cheval, il sauta lestement en selle.

— Les royalistes ! murmura-t-il en se courbant sur l'encolure de sa monture dans les flancs de laquelle il enfonça les molettes de ses éperons, les royalistes ! Ce sont eux qui ont enlevé Hermosa !

Et il partit à fond de train en courbant plus que jamais la tête, car cinq à six balles vinrent siffler en même temps à ses oreilles. Aucune cependant ne l'atteignit.

XIX

LA POURSUITE.

On n'a pas oublié, que le soir même où eut lieu l'enlèvement d'Yvonne, ce soir où les gendarmes livrèrent un combat aux paysans de Fouesnan qui s'opposaient à l'emprisonnement de leur recteur, Marcof, Keinec et Jahoua s'étaient mis tous trois en route pour suivre les traces du ravisseur de la jolie Bretonne. On se rappelle que le tailleur de Fouesnan avait révélélé la conversation entendue par lui, conversation qui avait eu lieu entre le comte de Fougueray et le chevalier de Tessy lorsqu'ils suivaient la route des falaises, et dans laquelle le nom de Carfor était revenu plusieurs fois à l'occasion d'un enlèvement projeté. Seulement le tailleur, n'ayant pas entendu prononcer celui d'Yvonne, n'avait pu rien prévoir. La coïncidence était tellement grande, que Marcof et Jahoua ne doutaient pas que le berger-sorcier ne fût un des principaux agents de la violence exercée envers la jeune fille. Keinec même, malgré l'ascendant que Carfor avait dû prendre sur lui, paraissait également convaincu. Mais il se souvenait aussi des paroles de Carfor. Yvonne, avait dit le berger, devait quitter le pays pour quelque temps, et, à son retour, devenir la femme de Keinec.

Cependant son premier mouvement avait été de se précipiter à la poursuite de celui qui emportait Yvonne sur le cou de son cheval. Évidemment la volonté de la jeune fille avait été violentée; évidemment on l'avait contrainte par surprise à s'éloigner du village. Donc, elle devait souffrir, et Keinec ne voulait pas qu'elle fût malheureuse. Il était résolu à forcer Carfor à lui indiquer l'endroit où il avait conduit la pauvre enfant. Puis, ainsi qu'il l'avait dit à Jahoua, Yvonne retrouvée, Yvonne rendue à son père, chacun des deux prétendants défendrait ses droits. Aussi, les trois hommes s'étaient-ils rapidement dirigés vers la crique de Penmarck.

Nous avons assisté à la courte conférence qui avait eu lieu entre Marcof et Jean Chouan, lequel lui avait annoncé que la Bretagne se soulevait en masse, et lui avait donné rendez-vous pour la nuit suivante en lui recommandant de prévenir les gars de Fouesnan de se rendre à la forêt voisine, et d'y conduire le vieux recteur. Marcof avait promis et Chouan s'était éloigné.

Alors les trois hommes s'étaient jetés dans une embarcation. Mais à quelques brasses de la côte, Marcof avait ordonné de revenir au *Jean-Louis*. Puis il avait laissé Keinec et Jahoua dans le canot, et il était monté lestement sur le pont de son lougre.

Il avait appelé un matelot et lui avait donné plusieurs ordres, entre autres celui de se rendre à Fouesnan, et d'engager les gars à suivre les avis de Jean Chouan dès la nuit même, afin de mettre le recteur et les plus compromis d'entre eux en sûreté. Ensuite il était descendu dans sa cabine. Il avait pris une bourse pleine d'or, trois carabines, des balles, de la poudre, trois haches d'abordage, et il était remonté. Deux secondes après il avait repris sa place dans le canot.

Keinec et Jahoua avaient armé chacun un aviron, et Marcof, tenant la barre, on avait poussé au large.

— Nageons vigoureusement, mes gars! dit le marin; souque ferme et avant partout.

— Tu mets le cap sur la baie des Trépassés ? demanda Keinec.

— Oui.

— Nous allons chez Carfor ? fit Jahoua à son tour.

— Sans doute !

Et les deux rameurs se courbant sur leur banc, la barque fendait la lame et voguait avec la rapidité de la flèche. Keinec et Jahoua avaient leurs bras nus jusqu'à l'épaule. Marcof contemplait en souriant les muscles saillants de ces membres vigoureux.

— Courage, mes gars! reprit-il. Nagez ferme; nous arriverons promptement. Seulement, faisons nos conditions d'avance. Pour mener à bien un projet quelconque, il faut se concerter et combiner ses actions. Nous faisons là une expédition dangereuse. Les brigands qui ont enlevé Yvonne doivent se douter qu'on se mettra à leur poursuite; donc ils sont sur leurs gardes. Il y va de la vie dans ce que nous entreprenons.

Les deux jeunes gens firent en même temps un geste de dédain.

— Ah! continua Marcof, je sais que vous êtes braves tous les deux, et que vous ne craignez pas la mort. Ce n'est pas là ce que je veux dire. Comprenez bien mes paroles : elles signifient que, là où il y a danger de perdre l'existence, le plus courageux doit raisonner le péril. Souvenez-vous que, si nous nous faisions tuer tous les trois, notre mort ne rendrait pas Yvonne à son père; et c'est là le but de notre expédition. Rappelez-vous encore, mes gars, que, pour bien combattre, il faut à une réunion d'hommes, quelque petite qu'elle soit, un chef à qui l'on obéisse. Voulez-vous me reconnaître pour chef?

— Sans doute! répondit vivement Jahoua.
— Et toi, Keinec?
— Tu fus toujous le mien, Marcof; je t'obéirai.
— Très-bien! Mais sachez qu'il me faut une obéissance passive.

Les deux jeunes gens firent un signe approbatif.
— Jurez! dit Marcof.
— Nous le jurons! répondirent-ils.
— Alors commencez par me raconter ce qui s'est passé entre vous ce soir.

Keinec et Jahoua se regardèrent.
— Parle d'abord, toi! commanda Marcof en s'adressant à Keinec.
— Eh bien! répondit le jeune homme en continuant à

ramer avec vigueur, tu sais que je voulais tuer Jahoua?
— Oui.
— Je l'ai attendu ce soir sur la route de Penmarck.
— Après?
— J'ai tiré sur lui.
— Et tu l'as manqué? fit Marcof avec étonnement; car il connaissait l'adresse de Keinec.
— Non, répondit celui-ci en baissant la tête, ma carabine a fait long feu.
— Ainsi tu commettais un assassinat?
Keinec ne répondit pas.
— Tu tirais sur un homme sans défense, continua durement Marcof. Est-ce ainsi que je t'ai appris à combattre?
— Marcof!... fit Keinec humilié.
— Un assassinat, c'est une lâcheté!
— Marcof!
— Tais-toi! Si je supposais que tu eusses agi de toi-même je te jetterais à la mer plutôt que de te garder près de moi! Mais quelqu'un te poussait au crime! Qui t'a délivré, l'autre nuit, lorsque je t'avais garrotté et laissé dans les genêts? Parle!
Keinec garda le silence.
— Parleras-tu? s'écria Marcof d'un accent tellement impératif, que le jeune homme tressaillit.
— Carfor! répondit-il lentement.
— C'est lui qui t'excitait à tuer Jahoua?
— Oui.
— Que te disait-il pour te mener au crime?
— Que Jahoua mort, Yvonne serait à moi.
— Pauvre niais! fit Marcof. Tu ne t'apercevais donc pas qu'il te jouait?

Jahoua ne prononçait pas une parole; mais ses yeux expressifs lançaient des éclairs.

— Carfor est un infâme! continua le marin avec véhémence. C'est un lâche, un misérable, un traître! Sais-tu ce qu'il a dit il y a cinq jours? ce qu'il a dit dans cette grotte de la baie des Trépassés, ce qu'il a dit en présence de trois hommes qui se croyaient bien seuls avec lui?

— Je ne sais pas, murmura Keinec qui, devenu plus calme, se rendait compte de toute la honte de l'action qu'il avait failli commettre.

— Il a dit que par toi il saurait mes secrets.

— Par moi?

— Oui; qu'il ferait de toi un espion et un délateur.

— Il a dit cela?

— J'en suis sûr.

— Comment le sais-tu?

— Un homme, chargé par moi de l'épier sans relâche, a tout entendu. Malheureusement la conversation n'a pas eu lieu que dans la grotte, et il n'a pu surprendre les paroles prononcées en plein air. Oh! Carfor et ceux qui le font agir ne savent pas qu'ils sont dans une main de fer, et que cette main est en train de se refermer sur eux. Ils ignorent ce que nous pouvons, nous autres, qui restons fidèles à notre roi! Mais comprends-tu, Keinec, ce que l'on voulait faire de toi? On voulait te conduire à assassiner lâchement un homme que tu hais, mais qui est brave et loyal, et que tu devais combattre face à face. On voulait t'amener à trahir celui que tu nommes ton ami! S'il avait réussi, pauvre malheureux! il aurait rendu ton nom infâme et méprisable! Assassin, traître et délateur, tu aurais été repoussé par tous les cœurs honnêtes. Il exploitait ton amour. Il te promettait Yvonne, et il faisait enlever la jeune fille pour le compte de quelque misérable qui lui payait largement sa complaisance. Il se servait de toi comme d'une machine inintelligente qu'il aurait peut-être désavouée plus tard. Dis, Keinec, comprends-tu?

Tandis que Marcof parlait, le jeune homme, pâle et les yeux baissés, écoutait en silence. Sa physionomie reflétait les sentiments tumultueux qui s'agitaient en lui. Quand Marcof eut achevé, il releva lentement la tête.

— Jure-moi que tout cela est vrai? fit-il

— Je te le jure sur mon honneur, et tu sais que je n'ai jamais menti!

Keinec, soutenant d'une main son aviron, se souleva sur son banc. Ses traits décomposés par la colère, offraient une expression de férocité effrayante.

— Eh bien! dit-il enfin en accentuant fortement ses paroles, moi aussi je fais un serment! Je jure devant Dieu et devant vous que Carfor souffrira toutes les tortures qu'il m'a fait souffrir! Je jure de verser son sang goutte à goutte! Je jure de hacher son corps en morceaux et de disperser ces morceaux sur le rivage, pour qu'ils soient dévorés par les oiseaux de proie!

— Je retiens ton serment, répondit Marcof; mais souviens-toi de celui que tu as prononcé tout à l'heure. Tu me dois avant tout obéissance, et tu n'agiras librement envers Carfor que lorsque je t'aurai délié moi-même. Jusque-là cet homme m'appartient.

— Oui! répondit sourdement Keinec,
Un moment de silence régna dans la barque.

— Et lorsque tu as eu manqué Jahoua, reprit Marcof, que s'est-il passé?

— Je me suis élancé sur lui, dit le fermier; nous avons combattu quelque temps sans trop d'avantage marqué. Enfin le cheval qui emportait Yvonne a passé; nous l'avons entendu, et comme il nous est venu à tous deux la même pensée, nous nous sommes arrêtés.

— Vous avez reconnu la jeune fille?

— Il nous a semblé reconnaître sa voix. Moi, j'ai couru au village, et Keinec a couru après le cheval. Seulement nous étions convenus tous deux que nous nous rejoindrions au lever du jour.

— Bien! fit Marcof. Maintenant, écoutez-moi. Vous êtes deux gars braves et vigoureux. A nous trois nous ne craindrions pas une dizaine d'hommes, surtout bien armés comme nous le sommes. Keinec, tu vas dire à Jahoua que tu as regret de ce que tu as fait ou tenté de faire envers lui. Allons! parle sans mauvaise grâce. Songe que tu as failli commettre une mauvaise action et que tu dois la réparer.

— Je le reconnais, dit Keinec avec noblesse; je demande pardon à Jahoua, et je te suis reconnaissant, Marcof, d'avoir réveillé dans mon cœur des sentiments dignes de moi!

— Bravo! mon gars. Donne-moi la main. Keinec serra vivement la main que lui tendait Marcof; puis, se retournant vers Jahoua :

— Me pardonnes-tu? lui dit-il.

— Certes! répondit le brave fermier. Puisque tu ne m'as pas tué, je ne dois pas te garder rancune. Si tu veux même me donner la main, voici la mienne, à condition que, dès que nous aurons ramené Yvonne à Fouesnan, nous reprendrons la conversation où nous l'avons laissée.

— Convenu, Jahoua! Jusque-là, combattons ensemble pour sauver celle que nous aimons. Soyons-nous fidèles l'un à l'autre. Qui sait? peut-être qu'une balle ou un coup de poignard des misérables que nous allons chercher simplifiera la situation.

— C'est tout de même possible, Keinec !

Et les deux ennemis se donnèrent la main. Keinec n'était plus le même : sous l'influence du cœur loyal de Marcof, sa loyauté était revenue. Il se repentait sincèrement des horribles projets qu'avait fait naître Carfor, et s'il était toujours décidé à tuer son rival, désormais il ne le ferait qu'en adversaire loyal. Il avait hâte de se trouver en face du berger et de lui faire payer la honte qui venait de faire rougir son front.

Marcof aimait sincèrement Keinec. Il suivait attentivement sur sa physionomie les sensations diverses qui s'y reflétaient. Heureux d'avoir ramené dans le sentier de l'honneur le jeune homme qui avait été près de s'en écarter en comettant un crime, il espérait trouver plus tard un moyen de s'opposer au combat projeté. Au reste, il ne blâmait pas cette manière de terminer les choses ; mais sans savoir encore précisément ce qu'il ferait, il songeait à empêcher l'effusion du sang.

— Après tout, murmura-t-il, Keinec a peut-être raison : une balle ou un coup de poignard peuvent trancher la difficulté.

Le canot avançait rapidement. Déjà on apercevait le promontoire qui fermait d'un côté la baie des Trépassés. Marcof, gouvernant au milieu des récifs, longeait la côte pour tenir son embarcation dans la masse d'ombre projetée par les falaises. Peu à peu ses pensées l'absorbèrent complètement.

En se mettant à la poursuite des ravisseurs d'Yvonne, le marin agissait sous l'influence d'un triple sentiment. Il avait lu attentivement les papiers qu'il avait trouvés dans l'armoire de fer du château de Loc-Ronan. Ces papiers, écrits entièrement de la main de Philippe, contenaient le récit exact de ces deux mariages successifs, et des douleurs sans nombre qui avaient suivi le premier.

Marcof pensait que ces deux hommes, signalés par le tailleur, lequel, nous le savons, était un espion royaliste, que ces deux hommes qui avaient rôdé autour du château, qui avaient été à la grotte de Carfor, qui, le jour même de l'annonce de la mort du marquis avaient disparu du pays, pouvaient bien être les deux frères de la première femme de Philippe. On comprend tout ce que Marcof était disposé à faire pour s'assurer de la véracité de ces pensées et pour se mettre à la poursuite des misérables. Donc, au désir de sauver Yvonne et de la ramener à son père, se joignait d'abord celui d'éclaircir ses soupçons à l'endroit des deux hommes indiqués par le tailleur; puis enfin celui non moins grand de contraindre Carfor, par quelque moyen que ce fût, à lui révéler les secrets des agents de la révolution.

S'il avait insisté auprès de Keinec et de Jahoua pour qu'une sorte de réconciliation eût lieu entre eux, s'il avait parlé au premier comme il avait fait, c'est qu'avant d'arriver en face du berger, il voulait que Keinec ne s'opposât à rien de ce que lui, Marcof, voudrait faire, et qu'il désirait être certain qu'aucune mauvaise pensée ne germerait dans l'esprit des deux rivaux, et ne viendrait ainsi entraver ses projets. Certain d'avoir réussi auprès des jeunes gens, à la loyauté desquels il pouvait se fier, il attendait avec impatience le moment où il aborderait dans la baie.

Longeant le promontoire pour rester toujours dans l'ombre, il recommanda à ses compagnons de ramer silencieusement. Tous deux obéirent. Les avirons, maniés par des bras habiles, s'enfonçaient dans la mer sans faire jaillir une seule goutte d'eau et sans provoquer le moindre bruit. Le canot doubla ainsi la pointe du promontoire.

La lune, se dévoilant tout à coup, éclairait la baie dans toute sa largeur. Il était donc inutile de prendre les mêmes précautions, car l'œil pouvait facilement distinguer au loin le canot qui se dirigeait vers la terre. Aussi Marcof quitta-t-il la côte qui, en la suivant, aurait augmenté la longueur du parcours, et gouverna droit vers le centre de la baie.

— Nagez, mes gars, répéta-t-il.

Et les deux rameurs appuyant sur les avirons oubliaient la fatigue à la vue de la terre. Keinec tourna la tête.

— Il y a un feu sur la grève! dit-il.

— Un feu qui s'éteint! répondit Marcof.

— Qu'est-ce que cela signifie? demanda Jahoua.

— Cela signifie, selon toute probabilité, que Carfor, n'attendant personne à cette heure, s'est retiré dans sa grotte.

— Ou qu'il n'y est pas encore, fit observer Keinec.

— C'est ce que nous allons voir, dit Marcof. En tous cas, nous approchons; de la prudence! Jahoua, quitte ta rame et donne-la à Keinec. Bien! Maintenant étends-toi au fond du canot; là, comme je le fais moi-même... que Carfor ne puisse voir qu'un seul homme. Et toi, Keinec, lève la tête, mets-toi en lumière. Le brigand, en te reconnaissant, s'il était caché dans quelque crevasse, ne se défiera pas.

Et Marcof, mettant ses paroles à exécution, baissa la tête de façon que le bordage de la barque le cachât complètement. Jahoua demeurait immobile, étendu aux pieds de Keinec.

Le canot glissait doucement sur les flots calmes aux reflets sombres. Le silence de la nuit n'était troublé que par le cri du milan ou celui de l'orfraie perchés sur les rocs qui enfermaient la baie, et par le bruit que faisaient de temps à autres les marsouins que les rames de Keinec dérangeaient dans leur sommeil, et qui, bondissant sur la vague, plongeaient en faisant jaillir l'écume blanchâtre.

XX

LA CHOUANNERIE.

— Ainsi, nous voici dans la baie des Trépassés! dit Jahoua à voix basse et en répondant à ses pensées secrètes.

Le fermier regardait autour de lui avec une sorte d'attention mêlée de crainte superstitieuse.

— Oui, répondit Marcof. Mais ne t'effraye pas, Jahoua, nous allons accomplir une bonne action, et s'il est vrai que les âmes des morts errent autour de notre canot, aucune ne doit chercher à nous nuire.

— Oh! fit le fermier, je n'ai peur ni des morts ni des vivants quand il s'agit d'Yvonne.

— Jahoua, interrompit brusquement Keinec, je crois que nous devons nous abstenir tous deux de parler de notre amour.

— C'est vrai, répondit Jahoua, tu as raison; ne songeons qu'à arracher la jeune fille à ceux qui l'ont enlevée.

— Laisse aller! ordonna Marcof.

Keinec cessa aussitôt de ramer, releva ses avirons, et le canot, poussé seulement par l'impulsion de sa propre vitesse, s'approcha rapidement de la grève. La quille laboura le sable.

Sur un geste de Marcof, Keinec s'élança hors de l'embarcation et sauta dans la mer, qui lui monta jusqu'à la ceinture. Marcof et Jahoua demeurèrent dans le canot. Keinec s'avança vers la terre ferme qu'il atteignit en quelques pas.

Là, il sauta sur un quartier de roc isolé, et examina attentivement la plage étroite qui lui faisait face. Aucun être humain ne se présenta à ses regards investigateurs. Marchant avec précaution, il alla jusqu'aux roches énormes qui s'élevaient fièrement vers le ciel. Tout était désert autour de lui.

Keinec, connaissant les habitudes mystérieuses et étranges du berger-sorcier, pensa que Carfor était caché dans quelque anfractuosité qui le dérobait à la vue. Alors il s'arrêta de nouveau et appela plusieurs fois à voix basse. Personne ne lui répondit. Enfin, convaincu que celui qu'il cherchait n'était pas dans la baie ou qu'il refusait de se montrer, il retourna vers l'endroit où il avait laissé ses compagnons.

— Eh bien? demanda Marcof en le voyant près de lui.

— Rien! répondit Keinec; Carfor est absent ou bien il nous a vus.

— C'est peu probable.

— Que faut-il faire!

— Le chercher d'abord et ensuite l'attendre, si réellement il est absent.

Et Marcof, se levant vivement, sauta également à la mer.

— Garde le canot, dit-il à Jahoua qui avait fait un mouvement pour le suivre.

Le fermier s'arrêta et garda sa position au fond de la barque. Keinec et Marcof gagnèrent vivement la grotte. Le jeune homme avait pris, en passant près du brasier à moitié éteint, une branche de résine qui brûlait encore Il pénétra hardiment dans la demeure de Carfor. La grotte était vide. Ces deux hommes se regardèrent, se consultant mutuellement des yeux.

— Il n'est pas rentré, dit Keinec. Tu le vois.

— Peut-être a-t-il pris la fuite! répondit Marcof.

— Il est sans doute dans les genêts.

— Ou en mer.

— Il n'a pas d'embarcation.

— La tienne n'était plus à Penmarckh.

— C'est vrai!

— Alors il ne serait pas revenu?

— Tu penses donc qu'il a conduit Yvonne loin d'ici?

— Je pense qu'il aura accompagné celui qui enlevait la pauvre enfant, et c'est plus que probable, pour détourner les soupçons. Il serait ici sans cela!

— Crois-tu qu'il y revienne?

— Sans aucun doute!

— Il faut donc attendre?

— Oui!

— Attendre! fit Keinec en frappant la terre avec impatience; attendre! Yvonne a besoin de nous!

— Si nous n'attendons pas, de quel côté dirigerons-nous nos recherches? Où sont allés ceux qui l'ont enlevée? Ont-ils suivi les côtes? ont-ils abordé dans les îles? ont-ils rejoint quelque croiseur anglais?

— Mais que faire alors?

— Rester ici! Carfor reviendra, te dis-je!

— Et nous le forcerons à parler?

— J'en fais mon affaire, répondit Marcof. Va retrouver Jahoua. Cherchez tous deux un abri pour le canot, afin qu'on ne puisse le voir de la haute mer, et tenez-vous à l'ombre des rochers.

— Et toi ?

— Si Carfor, contre mon attente, nous avait aperçus et s'était sauvé dans les genêts, je vais le savoir. Mais, va ; laisse-moi agir à ma guise.

— J'obéis ! dit Keinec en s'éloignant.

Jahoua, impatient, se tenait à genoux dans le canot, sa carabine à la main, prêt à sauter à terre. Keinec lui transmit les ordres de Marcof.

Tous deux conduisirent l'embarcation derrière un énorme bloc de rocher à moitié enfoui dans l'Océan. Le canot disparaissait complètement sous la masse de granit. Keinec l'amarra solidement.

— Que devons-nous faire maintenant ? demanda Jahoua.

— Attendre Marcof ! répondit Keinec, et veiller attentivement.

— Eh bien ! aie l'œil sur la mer, moi je me charge de la grève.

— Reste à l'ombre ! que l'on ne puisse nous apercevoir d'aucun côté.

Et les deux jeunes gens, ne s'adressant plus la parole tant leur attention était absorbée par leurs propres pensées et par l'espérance de découvrir l'arrivée de Carfor, demeurèrent immobiles, les regards de l'un fixés sur l'Océan, ceux de l'autre sur la plage et sur les falaises. Pendant ce temps Marcof avait quitté la grotte, et s'était avancé vers ce sentier escarpé par lequel Raphaël et Diégo étaient jadis descendus dans la baie.

Marcof, pour ne pas être embarrassé dans ses mouvements, déposa sa carabine contre le rocher, affermit les pistolets passés dans sa ceinture, et consolida, par un double tour, la petite chaîne qui, suivant son habitude, suspendait sa hache à son poignet droit. Posant son pied dans les crevasses, s'accrochant aux aspérités des falaises, s'aidant, enfin, de tout ce qu'il rencontrait, il entreprit l'ascension périlleuse, et gagna la crête des rochers avec une merveilleuse agilité.

Une fois sur les falaises, il se jeta dans les genêts qui s'élevaient à quelque distance. Puis il écouta avec une profonde et scrupuleuse attention. Ce bruit vague qui règne dans la solitude arriva seul jusqu'à lui. Alors portant ses deux mains à sa bouche pour mieux conduire le son, il imita le cri de la chouette.

Trois fois, à intervalles égaux, il répéta le même cri. Après quelques secondes de silence, un sifflement aigu et cadencé se fit entendre au loin. Un rayon de joie illumina la figure de Marcof.

Dix minutes après le même sifflement se fit encore entendre, mais beaucoup plus rapproché. Marcof imita de nouveau le cri de l'oiseau de nuit et s'avança doucement dans les genêts en les fouillant du regard. Bientôt il vit les genêts s'agiter faiblement ; puis l'extrémité du canon d'un fusil écarter les plantes.

Marcof fit un pas en avant et se trouva face à face avec un homme de haute taille, portant le costume breton, et dont le large chapeau était constellé de médailles de sainteté, et orné d'une petite cocarde noire. Un étroit carré d'étoffe blanche, sur laquelle était gravée l'image du sacré cœur, se distinguait du côté gauche de sa veste. Quoique vêtu en simple paysan, cet homme avait dans toute sa personne un véritable cachet d'élégance. Sa figure mâle et belle inspirait l'intérêt et la confiance. Une large cicatrice, dont la teinte annonçait une blessure récemment fermée, partageait son front élevé, et donnait à sa figure un aspect guerrier plein de charme. En apercevant Marcof il lui tendit la main.

— Je ne vous croyais pas de retour? lui dit-il.

— Je suis arrivé hier, répondit le marin. Le pays de Vannes et celui de Tréguier sont en feu!

— Je le sais! Vous avez vu La Rouairie?

— Il m'a fait dire par un ami de Saint-Tady qu'il ne pouvait se rendre à Paimbœuf.

— Et Loc-Ronan?

— On dit que le marquis est mort! répondit Marcof.

— Tué, peut-être?

— Non; mort dans son lit.

— Un malheur pour nous, Marcof.

— Un véritable malheur, monsieur le comte.

— On s'est battu à Fouesnan? reprit l'inconnu après quelques minutes.

— Oui.

— Aujourd'hui, n'est-ce pas?

— Ce soir même.

— Vous y étiez?

— J'ai donné un coup de main aux gars.

— Qui les attaquait?

— Les gendarmes.

— A propos du recteur?

— Oui!

— Je l'aurais parié. L'arrêté du département nous servira à merveille. On dirait qu'ils prennent à tâche de tout faire pour seconder nos plans et nous envoyer des soldats. A l'heure où je vous parle, dix communes sont déjà soulevées.

— Combien avez-vous d'hommes ici?

— Deux cents à peine.

— C'est peu.

— Boishardy doit m'en amener autant ce soir ou demain au plus tard.

— Vous occupez les genêts ?

— Tous ! Nous avons déjà attaqué deux convois destinés aux bataillons qui occupent Brest.

— Je ne savais pas que le premier coup de feu ait été tiré encore dans cette partie de la Cornouaille ? dit Marcof avec un peu d'étonnement.

— Il l'a été avant-hier, et vous arrivez au bon moment, car maintenant la guerre va commencer dans toute la Bretagne.

— Je ne puis demeurer auprès de vous.

— Vous reprenez la mer ?

— Je n'en sais rien encore.

— Aviez-vous quelque chose d'important à me communiquer cette nuit ?

— Oui.

— Qu'est-ce donc ?

— Jean Chouan était à Fouesnan ce soir même.

— Que venait-il faire ?

— Engager les gars à quitter le village.

— Bien. Vous a-t-il chargé de quelque chose pour moi ?

— Non.

— Et que voulez-vous ensuite, mon cher Marcof ?

— Je vais vous le dire, monsieur le comte.

Et Marcof raconta brièvement l'histoire de l'enlèvement d'Yvonne.

— Tout me porte à croire, ajouta-t-il en terminant, que le comte de Fougueray et le chevalier de Tessy sont les deux hommes qui, vous le savez, se sont entretenus avec Carfor. L'un deux serait également l'auteur du rapt dont je viens de vous parler. Or, je crois important de vous emparer de ces deux hommes.

— Sans aucun doute,

— Je vais m'efforcer d'atteindre Carfor, et si je l'ai entre mes mains, je saurai le faire parler. Pendant ce temps, faites surveiller les côtes et les campagnes. Durant quelques jours, arrêtez tous ceux que vous ne connaîtrez pas pour faire partie des nôtres.

— Je le ferai.

— Gardez-les jusqu'à ce que nous nous soyons revus.

— Très-bien.

— Quand voulez-vous que nous nous rencontrions?

— Le plus tôt possible.

Marcof réfléchit.

— Après-demain, à la même heure, dans la forêt de Plogastel, près de l'abbaye, dit-il.

— J'y serai.

— Faites-y conduire les prisonniers, afin que nous puissions les interroger ensemble.

— C'est entendu.

— Adieu donc, monsieur le comte.

— Adieu et bonne chance, mon cher Marcof. Après-demain, Boishardy sera avec nous.

Et les deux hommes, échangeant un salut affectueux, se séparèrent. L'inconnu, pour s'enfoncer dans les genêts. Marcof, pour revenir à la falaise. Quelques minutes après, Marcof était de retour auprès de ses deux compagnons.

— Eh bien? demanda-t-il vivement.

— Rien encore, répondit Jahoua.

— Attendons!

— Mais le jour va venir! s'écria Keinec; nous perdons un temps précieux.

— Keinec a raison, ajouta Jahoua.

— Ne craignez rien, mes gars, répondit Marcof en les calmant du geste. Les côtes et les campagnes sont gardées. Si les ravisseurs d'Yvonne nous échappent à nous, ils n'échapperont pas à d'autres.

— A qui donc ? fit Jahoua avec étonnement.

— A des amis à moi que je viens de prévenir.

— Des amis ?

— Oui, sans doute. Je m'expliquerai plus tard.

— Pourquoi pas maintenant ? dit Keinec.

— Parce que je ne suis pas assez sûr de vous deux.

— Je ne comprends pas vos paroles, Marcof.

— Tu ne comprends pas, mon brave fermier, ce qui se passe autour de toi ? Ecoutez-moi tous deux, et si vos réponses sont franches, nous nous entendrons vite. Vous avez vu ce soir ce qui a eu lieu à Fouesnan ?

— Oui.

— Eh bien ! dix communes se sont soulevées également à propos de leurs recteurs. Les paysans, traqués, se sont réfugiés dans les bois. Le pays de Vannes et celui de Tréguier sont en feu à l'heure qu'il est. Par toute la Bretagne la guerre éclate pour soutenir les droits du roi et ne reconnaître que sa puissance. Des chefs habiles et hardis conduisent les bandes qui, d'attaquées qu'elles étaient, attaquent à leur tour. Avant six mois peut-être, nous lutterons ouvertement contre les soldats bleus qui emprisonnent nos prêtres, détruisent nos moissons et incendient nos fermes. Dites-moi maintenant si, après avoir ramené Yvonne à son père, vous voudrez me suivre encore et combattre pour le roi et la religion ?

— Je suis bon Breton, moi, répondit Jahoua ; je n'abandonnerai pas les gars, et j'irai avec eux.

— Moi aussi, ajouta Keinec.

— C'est bien, fit Marcof. Quoi qu'il arrive, je vous conduirai après-demain à la forêt de Plogastel. Nous y trouverons M. de La Bourdonnaie.

— M. de La Bourdonnaie! s'écria Jahoua avec étonnement et respect.

— Lui-même. Je viens de le voir, et c'est lui qui arrêtera ceux que nous cherchons, s'ils parviennent à nous échapper.

— Voici le jour, dit Keinec en désignant l'horizon.

— Et une barque qui double le promontoire, ajouta Marcof.

— C'est Carfor, sans doute, dit Jahoua.

— Est-ce ton canot, Keinec?

— Non.

— Alors, ce n'est pas le berger.

— Attends, Marcof! fit brusquement le jeune homme en arrêtant le marin par le bras. Voici une seconde barque, et cette fois c'est la mienne.

— Allons, tout va bien! répondit Marcof.

— Que devons-nous faire?

— Gagner la grotte et attendre. Nous le prendrons dans son terrier, dit vivement Jahoua.

— Oh! nous avons le temps, mon gars; Carfor a la marée contre lui. Il n'abordera pas avant deux heures d'ici.

— Demeurons dans notre embarcation. Nous sommes cachés par le rocher. Dès qu'il sera à terre, nous pourrons lui couper la retraite.

— Bien pensé, Keinec! et nous ferons comme tu le dis, répondit Marcof.

Les trois hommes effectivement entrèrent dans leur canot et attendirent. A l'horizon, à la lueur des premiers rayons du jour naissant, on voyait un point noir se détacher sur les vagues; mais il fallait l'œil exercé d'un marin pour reconnaître une barque.

Le moment où Keinec avait signalé l'arrivée du canot monté par Carfor, du moins il le supposait, ce moment, lisons-nous, correspondait à peu près à celui de l'entrée de Raphaël et de Diégo dans l'abbaye de Plogastel; car nos lecteurs se sont aperçus sans doute que pour revenir à Marcof et à ses deux compagnons, nous les avions fait rétrograder de vingt-quatre heures. Keinec ne s'était pas trompé dans la supposition qu'il avait faite. C'était effectivement Ian Carfor qui, après avoir quitté le comte de Fougueray et le chevalier de Tessy près d'Audierne, avait remis à la voile pour regagner la baie des Trépassés.

Après avoir doublé le promontoire, le vent changeant brusquement de direction et venant de terre, le sorcier s'était vu contraint de carguer sa voile et de prendre les avirons. Aussi avançait-il lentement, et Marcof n'avait-il pas eu tort en annonçant à Jahoua que celui qu'ils attendaient tous trois ne toucherait pas la terre avant deux heures écoulées.

Carfor était seul dans le canot. Ramant avec nonchalance, il repassait dans sa tête les événements de la nuit dernière. De temps en temps il laissait glisser les avirons le long du bordage de la barque, et portait la main à sa ceinture, à laquelle était attachée la bourse que lui avait donnée le chevalier. Il l'ouvrait, contemplait l'or d'un œil étincelant, y plongeait ses doigts avides du contact des louis, et un sourire de joie illuminait sa physionomie sinistre. Puis il reprenait les rames, et gouvernait vers le fond de la baie.

— Cent louis! murmurait-il; cent louis d'abord, sans compter ce que j'aurai encore demain. Ah! si l'on pouvait acheter des douleurs avec de l'or, comme je viderais cette bourse pour songer à ma vengeance. Que je les hais ces nobles maudits! Quand donc pourrais-je frapper du pied leurs cadavres sanglants? Billaud-Varenne et Carrier me disent d'attendre ! Attendre ! Et qui sait si je vivrai assez pour voir luire ce jour tant souhaité ! Keinec a-t-il suivi mes instructions ? reprit-il après quelques minutes de silence. Aura-t-il tué Jahoua ? Oh ! si cela est Keinec m'appartiendra tout à fait. Le sang qu'il aura versé sera le lien qui l'unira à moi, et alors je le ferai agir. Il me servira, lui !... il frappera pour moi !

La quille du canot s'enfonçant dans le sable fin qui couvrait les bas-fonds de la baie, vint, en rendant l'embarcation stationnaire, interrompre le cours des pensées du sorcier breton. Il abordait.

Marcof s'avança doucement dans l'ombre, guettant l'instant favorable pour se placer entre Carfor et la mer, tandis que ses deux compagnons gagnaient chacun l'un des sentiers des falaises, afin de couper tout moyen de fuite à celui qu'ils supposaient avec raison avoir contribué à l'enlèvement d'Yvonne.

XXI

LES TORTURES.

Carfor sauta à terre et amarra soigneusement le canot à un gros piquet enfoncé sur la plage.

— Je le ramènerai cette nuit à Penmarckh, murmura-t-il, et je dirai à Keinec que j'en ai eu besoin... Le gars ne se doutera de rien.

En parlant ainsi, Carfor se dirigeait vers la grotte, lorsqu'il s'arrêta tout à coup. La branche de résine dont Keinec s'était servi pour pénétrer dans la grotte avec Marcof, et que le jeune marin avait jetée à terre sans prendre soin de la remettre dans le brasier, venait de frapper les regards de Carfor. Son intelligence, toujours prompte à soupçonner, lui dit qu'il fallait que quelqu'un fût venu, pour que cette branche aux trois quarts brûlée fût éloignée de plus de cent pas du feu qu'il avait laissé allumé toute la nuit pour faire croire à sa présence.

— Qui donc est venu? se demanda-t-il. Le comte et le chevalier, Billaud-Varenne et Keinec, sont les seuls qui eussent osé, à dix lieues à la ronde, s'aventurer la nuit dans la baie des Trépassés! Or, je quitte à l'instant le comte et le chevalier; Billaud-Varenne est à Brest. Keinec n'avait pas son canot! Qui donc serait-ce?

Carfor réfléchit longuement; puis il se frappa le front et pâlit.

— Marcof! murmura-t-il; Marcof, peut-être!
— Tu ne te trompes pas, répondit une voix rude.

Carfor se retourna vivement et tressaillit. Marcof était debout entre le berger et le canot.

— Que me veux-tu? demanda Carfor.
— Te parler.
— A moi?
— En personne.
— Pourquoi?
— Tu le sauras.
— Je ne veux pas t'entendre.
— Tu n'en es pas le maître.
— Tu as donc résolu de me contraindre.
— Certainement.
— Mais...
— Assez.

Et Marcof se retournant :
— Venez, dit-il.

Jahoua et Keinec parurent. En voyant Keinec, la physionomie de Carfor exprima une joie réelle.

— Ah! pensa le berger, Keinec est ici; il est fort: tout n'est pas perdu.

Et s'adressant à Marcof :

— Encore une fois, dit-il, que me veux-tu?

— Entrons dans la grotte, tu le sauras.

Carfor obéit, et marcha vers sa demeure dans laquelle il pénétra. Marcof et ses deux compagnons l'y suivirent pas à pas. Marcof prit pour siége un quartier de rocher. Keinec et Jahoua se tinrent debout à l'entrée de la grotte. Carfor promenait autour de lui un regard sombre et résolu; il attendait que Marcof lui adressât la parole.

— D'où viens-tu? lui dit le marin.

— Que t'importe?

— Je veux le savoir.

— De quel droit m'interroges-tu?

— Du droit qu'il me plaît de prendre, et, si tu le veux, du droit du plus fort.

— Je ne te comprends pas!

— C'est ton dernier mot?

— Oui.

— Réfléchis!

— Inutile!

— Très-bien! dit froidement Marcof.

— Carfor! s'écria Keinec en s'avançant, il faut que tu parles!

— Qu'as-tu fait d'Yvonne? demanda Jahoua en même temps.

Le jour qui naissait à peine n'avait pas jusqu'alors permis à Carfor de distinguer les traits du second compagnon de Marcof. Terrifié par la subite apparition du marin qu'il redoutait et savait son ennemi, le berger ne s'était remis de son trouble qu'en reconnaissant Keinec dont il espérait un secours. Mais, en voyant tout à coup

Jahoua, qu'il croyait mort, car il n'avait pas douté un seul instant que Keinec ne l'eût tué, en voyant le fermier, disons-nous, ses yeux exprimèrent malgré lui ce qui se passait dans son âme. Marcof sourit ironiquement.

— Tu ne t'attendais pas à les voir ensemble, n'est-ce pas? dit-il.

Carfor garda le silence. Alors Marcof s'adressant aux deux jeunes gens :

— Laissez-moi faire, continua-t-il, et gardez l'entrée de la grotte; je vous l'ordonne.

Keinec et Jahoua se reculèrent, tandis que Marcof, se tournant vers Carfor, reprenait :

— Encore une fois, veux-tu répondre aux questions que je vais t'adresser ?

— Non !

— Tonnerre! tu parleras, cependant.

Marcof prit un bout de corde qui gisait à terre, et, sans ajouter un seul mot, il le coupa en deux à l'aide d'un poignard qu'il tira de sa ceinture. Cela fait, il répandit un peu de poudre sur un rocher, et roula dedans le bout de la corde qu'il convertit ainsi en mèche.

— Pour la troisième fois, fit-il encore en s'adressant à Carfor, veux-tu répondre !

Le berger détourna la tête.

— Garrottez-le! ordonna le marin.

Jahoua et Keinec se précipitèrent sur Carfor. Le misérable voulut opposer de la résistance, mais, terrassé en une seconde, il fut bientôt mis dans l'impossibilité de faire un seul mouvement. Les deux hommes lui tinrent solidement les jambes et les bras.

— Attachez-lui les mains, continua Marcof impassible; seulement, laissez-lui les pouces libres... Là, continua-t-il en voyant ses ordres exécutés. Maintenant, Keinec, prends ce bout de mèche et place-le entre ses pouces; mais serre vigoureusement, que la corde entre bien dans les chairs.

Keinec s'empressa d'obéir. Lorsque les deux pouces de Carfor furent liés ensemble, de façon que la mèche se trouvât prise entre eux et passât de quelques lignes, Marcof tira un briquet de sa poche, fit du feu et approcha l'amadou allumé du bout de corde. Le feu se communiqua rapidement à la poudre dont la mèche était saupoudrée.

— Attendons un peu maintenant, reprit Marcof d'une voix parfaitement calme. Le drôle va parler tout à l'heure, et il sera aussi bavard que nous le voudrons.

Carfor sourit avec incrédulité.

— De plus solides que toi ont demandé grâce à ce jeu-là!... continua le marin en reprenant sa place. Demande à Keinec, il connaît l'invention pour l'avoir vu pratiquer en Amérique parmi les peuplades sauvages. Tu souris, à présent, mais quand les chairs commenceront à griller lentement, tu parleras, et même tu crieras.

Keinec et Jahoua frémissaient d'impatience. Marcof les calma du geste. Les deux jeunes gens se rappelant le serment d'obéissance qu'ils avaient fait à leur compagnon, n'osaient exprimer toute leur pensée, mais ils trouvaient la torture trop longue, car tous deux songeaient à Yvonne et à ce que la pauvre enfant pouvait être devenue. Pendant quelques minutes, le plus profond silence régna dans la grotte. Puis Carfor ne put retenir un soupir.

— Cela commence! fit observer Marcof. Je savais bien que le procédé était infaillible.

En effet, l'extrémité de la mèche s'était consumée et la corde commençait à brûler plus lentement encore les pouces du berger. Suivant l'expression de Marcof, la chair grillait sous l'action du feu. La peau se noircit et la chair vive se trouva en contact avec la mèche enflammée. La souffrance devait être horrible. La figure de Carfor, pâle comme un linceul, s'empourprait par moments, et les veines de son cou et de son front se gonflaient à faire croire qu'elles allaient éclater. Une sueur abondante perlait à la racine des cheveux et inonda bientôt son visage. Sa bouche se crispa; ses membres se roidirent. Marcof contemplait d'un œil froid les progrès de la douleur qui commençait à terrasser le sauvage Breton.

— Veux-tu parler? dit-il.

Carfor le regarda avec des yeux ardents de haine.

— Non! répondit-il.

— A ton aise! nous ne sommes pas pressés.

— Si je le tuais! s'écria Keinec.

— Silence! fit Marcof en écartant le jeune homme qui s'était avancé.

La douleur devint tellement vive que Carfor ne put étouffer un cri.

— Au secours! cria-t-il; à moi!... à l'aide!...

— Crois-tu donc que quelqu'un soit ici pour t'entendre? Tes amis les révolutionnaires ne sont pas là.

— A moi! les âmes des Trépassés! hurla le berger.

Keinec et Jahoua tressaillirent. Marcof remarqua le mouvement.

— Nous ne croyons pas à tes jongleries, se hâta-t-il de dire. Inutile de jouer au sorcier, entends-tu? Tes contes sont bons pour effrayer les enfants et les femmes, mais nous sommes ici trois hommes qui ne craignons rien. N'est-ce pas, mes gars?

— Dis-nous où est Yvonne? fit Keinec en secouant le berger par le bras.

— Laisse-le! il te le dira tout à l'heure, répondit Marcof.

Carfor, en proie à la douleur, se roulait par terre dans des convulsions effrayantes.

— Il ne parlera pas! fit Jahoua.

— Bah! continua Marcof en haussant les épaules. J'ai vu des Indiens qui n'avaient la langue déliée qu'à la troisième mèche, et j'ai de quoi en faire deux autres.

— Déliez-moi! déliez-moi! s'écria Carfor.

— Tu parleras?

— Oui!

— Tu diras la vérité?

— Oui!

— Détache la mèche, Jahoua.

Le fermier trancha les liens d'un coup de couteau. Carfor poussa un soupir et s'évanouit.

— Va chercher de l'eau, Keinec, continua froidement Marcof.

Mais avant que le jeune homme ne fût revenu, le berger avait rouvert les yeux. Marcof alors procéda à l'interrogatoire.

— Tu sais qu'Yvonne a disparu? dit-il à Carfor.

— Oui! répondit le berger.

— On l'a enlevée?

— Oui!

— Tu as aidé à l'enlèvement?

Carfor hésita.

— La seconde mèche! fit Marcof.

— Je dirai tout! s'écria Carfor, dont les cheveux se hérissèrent à la pensée d'une torture nouvelle.

— Réfléchis avant de répondre! Ne dis que la vérité, ou tu mourras comme un chien que tu es.

— Je dirai ce que je sais ; je te le jure.

— Réponds : tu as aidé à l'enlèvement?

— Oui.

— Tu n'étais pas seul?
— Non.
— Qui t'accompagnait?
— Deux hommes : le maître et le valet.
— Le nom du maître?
— Je l'ignore!
— Le nom du maître!
— Je ne sais pas!
— Tonnerre! s'écria Marcof en laissant enfin éclater la colère qu'il s'efforçait de contenir depuis si longtemps. Tonnerre! le temps presse, et l'on martyrise peut-être la jeune fille, tandis que les gendarmes vont revenir à Fouesnan traquer le père. La seconde mèche!
— Grâce! s'écria Carfor.
— La seconde mèche!
— Je parlerai!...
— Faites vite, mes gars! continua le marin.

Keinec et Jahoua obéirent. Carfor, incapable de se défendre, poussait des cris déchirants. La seconde mèche fut attachée et allumée. Le malheureux devenait fou de douleur; car les chairs se rongeaient au point de laisser l'os à nu.

— Le nom de cet homme? demanda Marcof.
— Grâce! pitié!
— Son nom?
— Le chevalier de Tessy!
— Pourquoi a-t-il enlevé Yvonne?
— Il l'aimait!
— Combien t'a-t-il payé, misérable infâme?

Carfor ne put répondre. Marcof renouvela sa question.

— Cinquante louis! murmura le berger.
— Chien! tu ne mérites pas de pitié!
    Qu'il meure! s'écria Jahoua.

— Plus tard, répondit Keinec. Après Marcof, c'est à moi qu'il appartient.

Carfor s'était évanoui de nouveau. Marcof délia une seconde fois les cordes, et le berger revint à lui.

— Où est Yvonne? demanda le marin.
— Je l'ai laissée près d'Audierne.
— Mais où l'a-t-on emmenée?
— Je ne sais pas.
— Réponds!
— Je ne sais pas.

Cette fois Carfor prononça ces paroles avec un tel accent de vérité, que Marcof vit bien qu'il ignorait en effet ce qu'était devenue la jeune fille.

— Partons! s'écrièrent Jahoua et Keinec.
— Allez armer le canot!

Les jeunes gens s'élancèrent. Marcof se rapprocha de Carfor et lui posa la pointe de son poignard sur la gorge.

— Le chevalier de Tessy a avec lui un compagnon? dit-il.
— Oui, répondit Carfor.
— Le nom de ce compagnon?
— Le comte de Fougueray.
— Ce sont des agents révolutionnaires?

Carfor leva sur le marin un œil où se peignait la stupéfaction.

— Réponds! ou je t'enfonce ce poignard dans la gorge! continua Marcof en faisant sentir au misérable la pointe de son arme.

— Tu as deviné.
— Quels sont les autres agents avec toi et eux deux?
— Billaud-Varenne et Carrier.
— Où sont-ils?
— A Brest

— Les mots de passe et de reconnaissance? Parle vite, et ne te trompe pas!

— *Patrie et Brutus.*

— Sont-ils bons pour toute la Bretagne?

— Non!

— Pour la Cornouaille seulement?

— Oui!

— C'est bien.

En ce moment Keinec et Jahoua rentrèrent dans la grotte.

— L'embarcation est à flot, et la brise vient de terre, dit Keinec.

— Embarquons, alors.

— Un moment, continua le jeune homme en s'avançant vers Carfor.

— Que veux-tu faire?

— M'assurer qu'il ne fuira pas.

Et Keinec, après avoir visité les liens qui retenaient Carfor, le bâillonna, et, le chargeant sur ses épaules, il le porta vers une crevasse de la falaise. Puis, aidé par Jahoua, il y introduisit le corps du berger et combla l'entrée avec un quartier de roc.

— Personne ne le découvrira là, et je le retrouverai! murmura-t-il.

Alors les trois hommes entrèrent dans le canot, et poussèrent au large.

XXII

AUDIERNE.

Ainsi que l'avait fait remarquer Keinec, la brise était bonne, car le vent venait de terre. Le canot glissant rapidement sur la vague, doubla le promontoire de la baie et mit le cap sur Audierne, où Carfor avait dit avoir laissé Yvonne.

Marcof espérait obtenir là de précieux renseignements. Mais le destin semblait avoir pris à tâche de contrarier et de retarder les recherches des trois hommes en venant au secours des misérables qu'ils poursuivaient. A peine l'embarcation prenait-elle la haute mer qu'une saute de vent vint entraver sa marche. Une forte brise de nord-ouest souffla tout à coup.

Keinec et Jahoua usaient leurs forces en se couchant sur les avirons sans pouvoir gagner sur le vent debout qui se carabinait de plus en plus, suivant l'expression des matelots. Marcof était trop bon marin pour ne pas reconnaître qu'il deviendrait bientôt impossible de lutter contre la brise. Risquer de faire sombrer le canot eût été l'acte d'un fou.

— Il faut retourner à Penmarckh! dit-il.

— Retourner! s'écrièrent ensemble les deux jeunes gens.

— Eh! sans doute! que voulez-vous faire? Bientôt nous reculerons au lieu d'avancer. Virons de bord et retournons au *Jean-Louis*. La brise nous y portera promptement. Je ferai armer le grand canot; je prendrai avec nous douze hommes, et alors nous gagnerons sur le vent.

Keinec interrogea le ciel et poussa un profond soupir.

— Allons par terre! dit Jahoua.

— Nous arriverons une heure plus tard, répondit Marcof.

— Alors virons de bord.

— C'est ton avis, Keinec?

— Oui.

— Armez les deux avirons à tribord et attendons, car

nous allons virer sous le vent, et la lame commence à être forte.

Ces ordres exécutés, l'embarcation, obéissant à l'impulsion du gouvernail, présenta d'abord le travers à la brise, puis tourna vivement sur elle-même.

— Larguez la toile mes gars, et laissons courir, dit Marcof.

Trois quarts d'heure ne s'étaient pas écoulés que le canot accostait le lougre. Le soleil s'élevait rapidement sur l'horizon. Marcof fit armer le grand canot, commanda les canotiers de service, et sans prendre le temps de descendre à terre il fit pousser au large.

La nouvelle embarcation était vaste et spacieuse, et pouvait aisément contenir trente hommes. Tenant admirablement la mer, et enlevée par douze avirons habilement maniés, elle luttait avec avantage contre le vent. Néanmoins, ce ne fut que vers l'approche de la nuit qu'elle parvint à gagner Audierne.

L'entrée du canot dans le petit port vient donc correspondre au moment où Jocelyn venait de reconnaître le chevalier de Tessy et le comte de Fougueray dans les habitants mystérieux de l'aile droite de l'abbaye de Plogastel, au moment aussi où Hermosa plaçait devant Raphaël la carafe de Syracuse contenant le poison des Borgia. Marcof, Jahoua, et Keinec se séparèrent pour aller aux renseignements.

Partout ils interrogèrent. Partout ils racontèrent brièvement la disparition d'Yvonne. Nulle part ils ne purent obtenir une seule parole qui les mît sur la trace des ravisseurs. Les deux jeunes gens étaient en proie au plus violent désespoir. Marcof seul conservait sa raison.

— Fouillons le pays, dit-il.

— Mais il n'y a ni village ni château dans les environs! répondit Jahoua. Carfor nous aura trompés.

— Je ne le crois pas.

— L'abbaye de Plogastel est déserte, fit observer Keinec.

— Dirigeons-nous toujours vers l'abbaye. La forêt est voisine, et le comte de La Bourdonnale aura peut-être été plus heureux que nous.

Jahoua secoua la tête.

— Je n'espère plus, dit-il.

— Ils auront gagné les îles anglaises, ajouta Keinec.

— Tonnerre! s'écria Marcof avec colère, le désespoir est bon pour les faibles! Restez donc ici. Si vous ne voulez plus continuer les recherches, je les ferai seul!

Et, jetant sa carabine sur son épaule, le marin se dirigea vers la campagne. Keinec et Jahoua s'élancèrent à sa suite. Arrivé à la porte d'une ferme voisine, Marcof s'arrêta.

— Tu dois avoir des amis dans ce pays? dit-il à Jahoua.
— Oui, répondit le fermier.
— Connais-tu le propriétaire de cette ferme?
— C'est Louis Kéric, mon cousin.
— Frappe alors, et demande des chevaux.

En voyant Marcof ferme et résolu, ses deux compagnons sentirent renaître une lueur d'espoir. Jahoua obéit vivement. Le fermier auquel il s'adressait mit son écurie à la disposition de son cousin. Trois bidets vigoureux furent lestement sellés et bridés. Les trois hommes partirent au galop. Dix heures du soir sonnaient à l'église d'Audierne à l'instant où ils s'élançaient dans la direction de l'abbaye. Marcof était en tête.

Arrivés à la moitié environ du chemin qu'ils avaient à parcourir pour atteindre l'abbaye de Plogastel, les trois cavaliers, qui suivaient au galop la route bordée de genêts, entendirent un sifflement aigu retentir à peu de distance. Marcof étendit vivement la main.

— Halte! dit-il en retenant son cheval.

— Pourquoi nous arrêter? demanda Keinec.

— Parce que nos amis pourraient nous prendre pour des ennemis et tirer sur nos chevaux. Attendez!

Le marin répondit par un sifflement semblable à celui qu'il avait entendu, puis il l'accompagna du cri de la chouette.

Alors il mit pied à terre.

— Tiens mon cheval, dit-il à Jahoua. Et il s'approcha des genêts. Deux ou trois hommes apparurent de chaque côté de la route.

— Fleur-de-Chêne! dit Marcof en reconnaissant l'un d'eux.

— Capitaine! répondit le paysan en saluant avec respect.

— Avez-vous des prisonniers?

— Aucun encore.

— Tonnerre! s'écria le marin en laissant échapper un geste d'impatience furieuse. Vous veillez cependant?

— Tous les genêts sont gardés.

— Et les routes?

— Surveillées.

— Où est M. le comte?

— Dans la forêt.

— Bien, j'y vais. Donne le signal pour qu'on laisse continuer notre route, car nous n'avons pas le temps de nous arrêter.

Fleur-de-Chêne prit une petite corne de berger suspendue à son cou et en tira un son plaintif. Le même bruit fut répété quatre fois, affaibli successivement par la distance.

— Vous pouvez partir, dit le paysan.

— Et toi, veille attentivement.

Marcof se remit en selle, et les trois hommes continuèrent leur route en activant encore les allures de leurs chevaux. Bientôt ils atteignirent l'endroit où se soudait au chemin qu'ils parcouraient l'embranchement de celui conduisant à Brest.

— Continuous, dit Jahoua en voyant Marcof hésiter.

— Non, répondit le marin. Peut-être se sont-ils réfugiés dans l'abbaye, et alors ils doivent garder l'entrée de la route. Prenons celle de Brest, nous traverserons les genêts en mettant pied à terre, et nous pénétrerons en escaladant les murs de clôture du jardin. De ce côté, on ne nous attendra pas.

— Au galop! fit Keinec en s'élançant sur la route indiquée.

Bien évidemment le hasard protégeait Diégo, car, sans la réflexion de Marcof, les trois cavaliers, continuant droit devant eux, se fussent trouvés face à face avec le comte et Hermosa, qui quittaient en ce moment l'abbaye après le meurtre de Raphaël.

XXIII

LE MOURANT.

Après avoir fourni une course rapide, accomplie dans le plus profond silence, Marcof Keinec et Jahoua atteignirent les genêts. De l'autre côté, on apercevait les clochetons aigus, les tourelles gothiques et les toits aux corniches sculptées de l'abbaye de Plogastel, qui, plus sombres encore que le ciel noir, se détachaient au milieu des ténèbres.

Marcof et ses deux compagnons entrèrent dans les genêts. Mettant tous trois pied à terre, ils attachèrent solidement les brides de leur monture à un bouquet de vieux saules qui se dressait à peu de distance de la route. Puis ils s'enfoncèrent dans la direction de l'abbaye, se frayant un chemin au milieu des hautes plantes dont les rameaux anguleux se rejoignaient en arceaux au-dessus de leurs têtes bientôt ils atteignirent le mur du jardin.

Ce mur très-élevé eût rendu l'escalade assez difficile, si le temps et la négligence des employés de la communauté n'eussent laissé à la pluie le soin d'établir de petites brèches praticables pour des gens même moins agiles que les deux marins. Marcof et Keinec furent bientôt sur l'arête du mur et aidèrent Jahoua à les rejoindre. Tous trois sautèrent ensemble dans le jardin parfaitement désert, à l'extrémité duquel se dressait la façade noire du bâtiment.

Ils traversèrent le petit parc dans toute sa longueur et examinèrent attentivement l'abbaye. Aucune lumière révélatrice ne brillait aux fenêtres de ce côté.

— L'abbaye est déserte ! murmura Jahoua.

— Allons dans la cour ! répondit Marcof.

Ils pénétrèrent dans le rez-de-chaussée du couvent à l'aide d'une croisée entr'ouverte.

— Puis, traversant en silence les cellules et le corridor, ils se trouvèrent au pied de l'escalier.

— Il y a de la lumière au premier étage ! fit Keinec à voix basse, en désignant de la main une faible lueur qui rayonnait doucement au-dessus de sa tête.

— Montons, répondit Marcof.

— Je garde la porte ajouta Jahoua ; vous m'appellerez si besoin est.

Marcof et Keinec gravirent les marches de pierre de

l'escalier. Arrivés sur le palier du premier étage, ils s'arrêtèrent indécis et hésitants. Un long corridor se présentait à eux.

À droite une porte ouverte donnait accès dans une pièce éclairée. C'était la chambre d'Hermosa, que, dans leur précipitation, les deux misérables n'avaient pas pris soin de refermer. Marcof s'avança vivement.

— Personne ! dit-il.

— Personne ! répéta Keinec étonné.

Ils ressortirent. A quelques pas plus loin, dans le corridor, se présenta une seconde porte, fermée cette fois, mais sous laquelle passait une traînée de lumière. Marcof et Keinec écoutèrent. Ils entendirent un soupir, une sorte de plainte douloureuse ressemblant au râle d'un agonisant.

— Cette chambre est habitée, murmura le jeune homme.

— Entrons ! répondit Markof sans hésitation.

La porte résista.

— Elle est fermée en dedans ! reprit Keinec.

— Mais, on dirait entendre les plaintes d'un mourant. Ecoute !...

— C'est vrai !

— Eh bien ! enfonçons la porte.

— Frappe !

Keinec, d'un violent coup de hache, fit sauter la serrure. La porte s'ouvrit, mais ils demeurèrent tous deux immobiles sur le seuil. Ils venaient d'apercevoir un horrible spectacle.

Cette cellule était celle dans laquelle expirait le chevalier de Tessy. Diégo, on s'en souvient peut-être, avait renversé les candélabres. Raphaël, seul et se sentant mourir, s'était traîné sur les dalles et était parvenu à allumer une bougie. Mais sa main vacillante n'avait pu achever son œuvre. La bougie enflammée s'était renversée sur la table et avait communiqué le feu à la nappe. La flamme, brûlant lentement, avait gagné les draperies des fenêtres. Raphaël, en proie aux douleurs que lui causait le poison, se sentait étouffer par les tourbillons de fumée qui emplissaient la chambre. Dans les convulsions de son agonie, il avait renversé la table et le feu avait atteint ses vêtement. Incapable de tenter un effort pour se relever, il subissait une torture épouvantable. Ses jambes étaient couvertes d'horribles brûlures, et au moment où Marcof et Keinec pénétrèrent dans la pièce sur le plancher de laquelle il gisait, le feu gagnait son habit.

Marcof s'élança, brisa la fenêtre, arracha les rideaux à demi consumés et les jeta au dehors. Keinec, pendant ce temps, avait saisi un seau d'argent dans lequel Jasmin avait fait frapper du champagne, et en versait le contenu sur Raphaël. Puis, aidé par le marin, il transporta le mourant dans la chambre d'Hermosa.

— Cet homme se meurt et est incapable de nous donner aucun renseignement, dit Marcof après avoir déposé Raphaël sur un divan. Il y a eu un crime commis ici; tout nous porte à le croire. Fouillons l'abbaye, Keinec, et peut-être découvrirons-nous ce que nous cherchons.

Keinec pour toute réponse saisit un candélabre chargé de bougies et s'élança au dehors. Marcof redescendit près de Jahoua.

Tous deux fermèrent soigneusement la porte d'entrée, en retirèrent la clé, et, remontant au premier étage, ils se séparèrent pour parcourir, chacun d'un côté différent, le dédale des corridors et des cellules. Mais ce fut en vain qu'ils fouillèrent le couvent depuis le premier étage jusqu'aux combles, ils ne découvrirent rien.

Jahoua, qui était redescendu et pénétrait successivement dans les cellules, poussa tout à coup un cri terrible. Keinec et Marcof accoururent. Ils trouvèrent le fermier à genoux dans la chambre de l'abbesse et tenant entre ses mains une petite croix d'or.

— Qu'y a-t-il? s'écria Marcof.
— Cette croix! répondit Jahoua.
— Eh bien!
— C'est celle d'Yvonne.
— En es-tu certain fit Keinec en bondissant.
— Oui! c'est sur cette croix qu'Yvonne priait à bord du lougre pendant la tempête. Elle la portait toujours à son cou.
— Alors! on l'avait conduite ici? dit Marcof.
— Qu'est-elle devenue?
— L'abbaye est déserte!
— On l'aura enlevée de nouveau.
— Mon Dieu! où l'aura-t-on conduite?
— L'homme que nous avons trouvé nous le dira! s'écria Keinec.

Et tous trois se précipitèrent vers la chambre d'Hermosa. Raphaël n'avait pas fait un seul mouvement; seulement le râle était devenu plus sourd et bientôt même il cessa tout à fait.

— Il est mort! fit Jahoua.

Marcof lui posa la main sur le cœur.

— Pas encore, répondit-il; mais il n'en vaut guère mieux.
— Comment le faire parler?
— Fouille-le, Keinec; peut-être trouverons-nous quelque indice.

Keinec arracha l'habit et la veste qui couvraient Raphaël. Il plongea ses mains frémissantes dans les poches, et en retira un papier.

— Donne s'écria Marcof en le lui arrachant.

C'était une lettre. Le marin l'ouvrit rapidement.

— L'écriture de Carfor! fit-il.

— Lis! dit Keinec.

— Adressée au chevalier de Tessy! continua Marcof.

— Celui qui a enlevé Yvonne! s'écrièrent les deux jeunes gens.

— Cet homme est le chevalier de Tessy, alors?

— Je tiens donc l'un de ces misérables! murmura Marcof avec une joie féroce.

Tous trois d'un même mouvement soulevèrent Raphaël.

— Il faut lui donner la force de parler! s'écria Jahoua; que nous sachions ce qu'il a fait d'Yvonne et ce qui s'est passé ici, dussions-nous pour cela hâter sa mort.

Raphaël fit un mouvement. Il porta la main à sa poitrine et à sa gorge, et balbutia quelques mots qu'il fut impossible de comprendre.

— Il veut boire dit Marcof en interprétant le geste du mourant.

Jahoua descendit et remonta bientôt, apportant un vase plein d'eau fraîche qu'il approcha de la bouche du chevalier. Raphaël y trempa ses lèvres et parut éprouver un peu de bien-être. Keinec le soutenait. Les lumières des bougies frappaient en plein sur la figure décomposée du misérable. Marcof porta la main à son front.

— C'est étrange! murmura-t-il.

— Qu'est-ce donc? demanda Keinec.

Marcof ne lui répondit pas, mais, prenant un flambeau,

il l'approcha du visage de Raphaël pour mieux en examiner les traits.

— C'est étrange ! répéta-t-il, il me semble reconnaître cet homme ! et j'ai beau fouiller dans mes souvenirs, je ne puis me rappeler positivement à quelle époque ni dans quelles circonstances je l'ai rencontré.

— N'est-ce donc pas là le chevalier de Tessy ? s'écria Jahoua.

— Je l'ignore, répondit Marcof, et cependant cette lettre porte bien ce nom et semble lui appartenir.

— Je crois qu'il a fait un mouvement ! dit Keinec.

— Alors nous allons savoir qui il est.

Et tous trois se rapprochèrent du moribond, Marcof de plus en plus singulièrement préoccupé, Keinec et Jahoua poussés par l'unique désir d'apprendre de cet homme ce qu'était devenue la jeune fille qu'ils aimaient tous deux.

XXIV

LA FORÊT DE PLOGASTEL.

Raphaël sembla reprendre un peu de force. Il entendait déjà, mais il ne voyait pas encore. Il éprouvait cette courte absence de douleurs qui précède le dernier moment.

— Vous êtes le chevalier de Tessy, n'est-ce pas ? demanda Marcof.

Raphaël fit un effort. Un « oui » bien faible vint expirer sur ses lèvres.

— Qu'as-tu fait d'Yvonne ? s'écria Keinec.

— Yvonne... balbutia le mourant.

— Oui. Yvonne que tu as enlevée, misérable, dit Jahoua. Réponds vite ! qu'en as-tu fait ?

— Il m'a empoisonné ! fit Raphaël en suivant le cours

de ses pensées sans paraître avoir compris ce que lui demandait le fermier.

— Empoisonné? s'écria Marcof.

— Oui, empoisonné! « L'aqua-tofana! » la fiole que lui avait donnée...

Raphaël ne put achever: de nouvelles douleurs crispaient ses traits bouleversés. Marcof lui secoua le bras.

— Qui t'a empoisonné? dit-il à voix basse.

— Lui...

— Qui, lui?

— Oh!... J'étouffe!... Je brûle!... A moi! balbutia le malheureux en se tordant.

— Mon Dieu! nous ne saurons rien!... s'écria Jahoua avec désespoir.

— Que faire? il va mourir! dit Keinec. Marcof, viens à notre aide!

— Marcof?... répéta Raphaël que ce nom prononcé parut faire revenir à lui. Marcof!

— Me connais-tu donc?

— Oui...

— Alors, réponds-moi. Où est Yvonne?

— Oh! tu me vengeras! fit Raphaël en se cramponnant au bras du marin, tu me vengeras!...

— Mais, de qui?

— De lui.... de celui qui... m'a assassiné.

— Son nom?

— Oh!... je ne puis... J'étouffe trop... je...

Et Raphaël, portant les mains à sa poitrine arracha ses vêtements et s'enfonça les ongles dans les chairs.

— Yvonne! Yvonne! s'écria Keinec.

— Je ne sais pas, répondit le mourant.

— Que s'est-il donc passé ici? fit Marcof en regardant autour de lui.

Puis revenant à Raphaël :

— Qui était avec toi ici ?

— Lui.

— Mais qui donc ? le comte de Fougueray peut-être ?

— Oui.

— C'est lui qui t'a empoisonné ?

— Oui.

— Ton frère ! s'écria le marin en reculant d'épouvante.

Raphaël se dressa sur son séant.

— Ce n'est pas mon frère ! dit-il d'une voix nette.

— Que dis-tu ? fit Marcof en s'élançant près de lui.

— La vérité !

— Oh ! je te reconnais ! je te reconnais ! Je t'ai vu dans les Abruzzes !

Raphaël regarda Marcof avec des yeux hagards.

— Ton nom ! s'écria le marin.

— Raphaël ! Venge-moi ! venge-moi ! Je vais tout te dire. Tu sauras la vérité... tu les livreras à la justice... Elle n'est pas notre sœur... c'est sa maîtresse à lui... à...

Raphaël s'arrêta. Il demeura quelques secondes la bouche entr'ouverte comme s'il allait prononcer un mot, puis il retomba sur le divan, et se roidit dans une convulsion suprême.

— Il est mort ! s'écria Keinec.

— Mort ! répéta Marcof avec stupeur.

— Mort ! Et nous ne savons rien ! fit Jahoua en se tordant les mains.

Les trois hommes se regardèrent. En ce moment, le bruit d'une détonation lointaine arriva jusqu'à eux par la fenêtre ouverte. Cette détonation fut suivie de plusieurs autres ; puis tout rentra dans le silence.

— Qu'est-ce cela ? fit Keinec.

Marcof, sans répondre, s'élança vers la fenêtre. Il écouta

attentivement : deux nouveaux coups de feu firent encore résonner les échos, et ces coups de feu furent suivis rapidement d'un sifflement aigu et du son d'une corne.

— Partons! dit-il brusquement ; partons! Nos amis viennent d'arrêter quelqu'un! Peut-être est-ce l'autre, son complice, son meurtrier qu'ils ont pris! Hâtons-nous. Cet homme est bien mort! continua-t-il en s'approchant de Raphaël. Le couvent est désert, allons à la forêt.

Tous trois quittèrent vivement l'abbaye. La forêt de Plogastel était proche ; ils y arrivèrent rapidement en passant au milieu des embuscades royalistes. Marcof se fit reconnaître des paysans et demanda un guide pour le conduire vers le comte de La Bourdonnaie. Le chef des royalistes était assis au pied d'un chêne gigantesque situé au centre d'un vaste carrefour vers lequel rayonnaient quatre routes différentes. Debout, près de lui, appuyé sur son fusil, se tenait un homme de taille moyenne, mais dont l'extérieur décelait une force musculaire peu commune. Cet homme était M. de Boishardy.

Marcof laissa Keinec et Jahoua à quelque distance, et s'avança seul vers les deux chefs qui paraissaient plongés dans une conversation des plus attachantes et des plus sérieuses. M. de Boishardy parlait ; M. de La Bourdonnaie écoutait. A la vue de Marcof, le narrateur s'interrompit pour lui tendre familièrement la main.

— Vos hommes viennent de faire des prisonniers? demanda le marin en se tournant vers le comte de La Bourdonnaie, après avoir répondu au salut amical qui lui était adressé.

— Oui, répondit le royaliste ; j'ai entendu les coups de feu et le signal.

— Où sont-ils?

— On va les amener ici.

— Bien ! Je les attendrai près de vous si toutefois je ne suis pas un tiers importun.

— Nullement, mon cher Marcof. Vous arrivez, au contraire, dans un moment favorable. Il n'y a pas de secret entre nous, et M. de Boishardy me rapportait des nouvelles des plus graves.

— Des nouvelles de Paris? demanda Marcof.

— Oui, répondit de Boishardy. Je les ai reçues il y a quatre heures à peine, et j'ai fait quinze lieues pour venir vous les communiquer.

— Sont-elles donc si importantes ?

— Vous allez en juger, mon cher. Depuis votre départ de la capitale il s'y est passé d'étranges choses. Écoutez.

Et Boishardy, prenant une liasse de lettres et de papiers qu'il avait posés sur un tronc d'arbre renversé, placé à côté de lui, se mit à les parcourir rapidement tout en s'adressant à ses deux auditeurs.

— Nos dernières nouvelles, vous le savez, étaient à la date du 26 mai dernier. Voici celles qui leur font suite: « Le 5 juin l'Assemblée nationale a ôté au roi le plus beau de ses droits, celui de faire grâce. Le 6, le roi et la famille royale, qui allaient monter en voiture pour accomplir une promenade, se sont vus contraints à rentrer aux Tuileries sous les menaces du peuple ameuté. Le 10, une nouvelle publication du « *Credo d'un bon Français* » a eu lieu dans plusieurs journaux, et a excité encore la fureur populaire. Vous vous rappelez cette pièce ridiculement fatale qui, en février dernier, a accompagné et peut-être causé la tentative de ces braves cœurs que les révolutionnaires ont cru flétrir en leur donnant le nom de «chevaliers du Poignard? »

— Parbleu ! dit Marcof, je sais encore par cœur ce credo dont vous parlez. Le voici tel que je l'ai appris: » Je crois en un roi, descendu de son trône pour nous, qui étant venu au sein de la capitale par l'opération d'un général, s'est fait homme, qui a permis que son pouvoir royal fût mis dans le tombeau ; mais qui ressuscitera bientôt... »

— Précisément, interrompit Boishardy. Eh bien ! cette seconde publication a fait plus de mal encore peut-être que la première. « Pour se venger du dévouement dont faisaient preuve un grand nombre de sujets fidèles, le peuple, perfidement conseillé, a abreuvé d'outrages notre malheureux prince, sous les fenêtres duquel les chansons insultantes retentissaient à toute heure. Enfin, le 20 juin, le roi prit un parti énergique que lui conseillaient depuis longtemps ses frères et les émigrés. A la nuit fermée, il a quitté secrètement les Tuileries, et, accompagné de la reine, du dauphin, de MADAME Royale, de madame Élisabeth et de madame de Tourzel, gouvernante des enfants de France, il s'est élancé sur la route de Montmédy. Une heure plus tard MONSIEUR et MADAME partaient du Luxembourg pour gagner la frontière des Pays-Bas.

— Quoi ! s'écria Marcof stupéfait, le roi abandonne sa propre cause ? Il quitte Paris, il quitte la France peut-être ?

— Telle était son intention effectivement, dit le comte de La Bourdonnaie ; car M. de Bouillé, à la tête du régiment de Royal-Allemand, était parti de Metz pour aller au-devant du roi et protéger sa fuite.

— Eh bien ! ne l'a-t-il donc pas fait ?

— Il n'a pu le faire !

— Quoi ! le roi est revenu ?

— Oui, dit Boishardy ; mais revenu par force. Reconnu à Sainte-Menehould par le maître de postes Drouet, il a été arrêté à Varennes par les soins de Sauze, procureur de la commune, et par Rouneuf, l'aide-de-camp de Lafayette, envoyé de Paris en toute diligence.

— Le roi arrêté ! dit Marcof avec une stupeur profonde.

— Oui, arrêté ! et écroué le 25 dans son propre palais, interrogé comme un criminel par des commissaires de l'Assemblée, et gardé à vue ainsi que sa famille, par les soldats révolutionnaires !

Marcof laissa échapper un énergique juron, et fit craquer, par un mouvement involontaire, la batterie de sa carabine.

— Le roi, continua Boishardy, avait été ramené de Varennes par trois envoyés de l'Assemblée : Latour-Maubourg, Pétion et Barnave, qui ont voyagé dans la même voiture que la famille royale, tandis que Maldan, Valory et Dumoutier, les trois gardes-du-corps qui s'étaient dévoués pour accompagner leur prince, étaient liés et garrottés sur le siége, exposés aux injures de la populace, qui riait autour du cortége de la royale victime ! Pendant ce temps, savez-vous ce que faisait le bon peuple parisien ? Il arrachait les enseignes où se trouvait l'effigie, les armoiries ou seulement le nom du roi ; il brisait dans tous les lieux publics le buste de Louis XVI et un piquet de cinquante lances faisait des patrouilles jusque dans le jardin des Tuilleries en portant sur une bannière : « *Vivre libre ou mourir ! Louis XVI s'expatriant n'existe plus pour nous.* »

— Mais, dit La Bourdonnaie, que fait la classe riche, la classe aisée ?

— La bourgeoisie ? répondit Boishardy ; elle fait chauffer le four pour manger les gâteaux. Elle rit, elle plaisante ; elle a adopté un nouveau jeu, celui de « *l'émigrette* » ou de « *l'émigrant* » ou de « *Coblentz.* C'est une espèce de roulette suspendue à un cordon qui lui donne un mouvement de va-et-vient perpétuel. « C'est une rage ! Aux portes des boutiques, m'écrit-on, aux fenêtres, dans les promenades, dans les salons, à toute heure et partout, les hommes, les femmes et les enfants s'en amusent.

— Mais le roi, le roi? dit encore Marcof.

— Je vous répète qu'il est prisonnier. Tenez, voici le journal *l'Ami du roi*, lisez, et vous verrez qu'il ne peut tenter une nouvelle évasion: un commandant de bataillon passe la nuit dans le vestibule séparant le salon de la chambre à coucher de Marie-Antoinette. Trente-six hommes de la milice citoyenne vont monter la garde dans l'intérieur des appartements. Un égout conduisant les eaux du château des Tuileries à la rivière doit être bouché, et on doit même murer les cheminées. Lafayette donnera dorénavant le mot d'ordre sans le recevoir du roi, et les grilles des cours et des jardins seront tenues fermées. Quant à l'Assemblée nationale, elle cumule maintenant les deux pouvoirs exécutif et délibérant.

— Ensuite? demanda La Bourdonnaie en voyant Boishardy s'arrêter, et remettre ses papiers, ses lettres et ses journaux dans sa poche.

— C'est ici où s'arrêtent mes nouvelles, à la date du 26 juin. Le dernier acte de l'Assemblée nationale a été de faire apporter le sceau de l'État sur son bureau, et de déclarer pour l'avenir ses décrets exécutoires, quoique privés de la sanction royale.

— Ainsi, dit Marcof, le roi n'est plus rien?

— A peine existe-t-il même de nom.

— Ils ont osé cela !

— Oh! ils oseront bien autre chose encore si on les laisse faire !

— Mais on ne les laissera pas faire ! s'écria le comte de La Bourdonnaie en se levant.

— C'est ce qu'il faut espérer! répondit Boishardy. Cependant l'insurrection a bien de la peine à lever hautement la tête.

Marcof réfléchissait profondément.

— La Rouairie commence à agir, dit le comte.

— Mais nous n'avons encore que quelques hommes autour de nous.

— Les autres viendront.

— Quand cela ?

— Bientôt, mon cher. Mes renseignements sont certains et précis; avant un an, la Bretagne et la Vendée seront en armes : avant un an, la contre-révolution aura sur pied une armée formidable; avant un an, nous serons les maîtres de l'ouest de la France!

— Un an, c'est trop long. Qui sait d'ici là ce que deviendra le roi?

— Nos paysans se décident lentement, vous le savez.

— Activons-les, poussons-les, entraînons-les!

— Comment ?

— Tuez les bœufs des retardataires et allumez une botte de foin sous leurs toits; tous marcheront.

— S'ils viennent à nous par force, ils nous abandonneront vite.

— Peut-être; mais le point essentiel est d'agir vite.

— Que font les émigrés ?

— Ils dansent de l'autre côté du Rhin, et se moquent de nous !...

Le comte de La Bourdonnaie haussa les épaules.

— Ils nous enverront bientôt des quenouilles comme à ceux de la noblesse qui n'ont pas encore quitté la France.

— C'est à quoi ils songent, soyez-en certains!

— Corbleu! que le roi ne s'appuie donc que sur sa noblesse de province. Elle ne l'abandonnera pas, celle-là !...

— Nous le prouverons, Boishardy.

Marcof, on le voit, ne prenait plus qu'une part silencieuse à la conversation. Toujours absorbé par ses pensées intimes, il était trop préoccupé pour pouvoir s'y mêler activement. Son esprit, un moment distrait par les récits de Boishardy, s'était promptement reporté sur la situation présente. Aussi, frappant le sol de la crosse de sa carabine :

— Ces prisonniers ne viennent pas ! dit-il avec impatience.

XXV

L'INTERROGATOIRE.

Un cri d'appel retentit au loin. Un second plus rapproché lui succéda.

— Voici nos hommes ! fit le comte.

Keinec et Jahoua s'étaient rapprochés. Une douzaine de chouans, conduisant au milieu d'eux une femme, un homme et un enfant, sortirent d'une allée voisine et s'avancèrent.

— Où les avez-vous pris, mon gars ? demanda M. de La Bourdonnaie.

— Près d'Audierne, répondit un paysan.

— Ils n'étaient que trois ?

— Pardon, monsieur le comte, il y avait avec eux un autre homme.

— Où est-il ?

— Il a pris la fuite et nos balles n'ont pu l'atteindre.

— Maladroits !

— Nous avons fait pour le mieux.

— Les prisonniers sont attachés ?

— Oui, monsieur le comte.

— C'est bien... je vais les interroger.

Les paysans se retirèrent, et les prisonniers demeurèrent en face du comte. Ces prisonniers, nos lecteurs l'ont deviné sans doute, n'étaient autres que Jasmin, Hermosa et Henrique. L'enfant, nous pensons l'avoir dit, n'avait pas onze ans encore. Effrayé de ce qui se passait, il se tenait étroitement serré contre sa mère.

Jasmin, pâle et défait, tremblait de tous ses membres, jetant autour de lui des regards effarés. Hermosa, fière et hautaine, relevait dédaigneusement la tête, et semblait défier ceux entre les mains desquels elle se trouvait. Le comte de La Bourdonnaie commença par interroger Jasmin.

— Qui es-tu ? lui demanda-t-il.

Mais avant que le valet pût ouvrir la bouche pour répondre, Hermosa se tournant vers lui :

— Je te défends de parler ! dit-elle d'une voix impérative.

— Oh ! oh ! belle dame ! fit Boishardy en souriant ironiquement, vous oubliez, je crois, devant qui vous êtes.

— C'est parce que je m'en souviens que je parle ainsi.
— Vraiment ?
— Je suis femme de qualité !
— Et nous sommes gentilshommes.
— On ne s'en douterait pas.
— Vous plairait-il de vous expliquer ?
— Des gentilshommes ne font pas d'ordinaire le métier de voleurs de grand chemin.

— Tonnerre ! s'écria Marcof, ne discutons pas et dépêchons.

— Laissez-moi faire, mes amis, dit M. de Boishardy en s'adressant au comte de La Bourdonnaie et au marin.

Madame voudrait sans doute prolonger la conversation, mais je vous réponds qu'elle va parler nettement.

Hermosa sourit.

— D'abord, continua le gentilhomme, nous ne sommes nullement des voleurs, mais bien des personnages politiques. Veuillez vous rappeler cela. Une insulte nouvelle pourrait vous coûter la vie à tous trois. Réfléchissez!... Vous venez de défendre à cet homme de répondre, n'est-ce pas? Eh bien! ce sera vous alors, madame, qui allez nous faire cet honneur. Ne riez pas!... je vous affirme que je ne mens jamais. Veuillez m'écouter; je commence : Qui êtes-vous?

— Comme je ne vous reconnais pas le droit de m'interroger, pas plus que celui de m'avoir arrêtée, je ne vous répondrai pas.

— La chose devient piquante! Cet enfant est votre fils? continua Boishardy en indiquant Henrique.

Hermosa ne répondit que par un sourire railleur. Marcof se mordait les lèvres avec impatience et tourmentait la batterie de sa carabine. Boishardy, parfaitement calme, siffla doucement. Un paysan s'avança : c'était Fleur-de-Chêne.

— Ton fusil est-il chargé? demanda le chef.

— Oui.

— Très-bien. Appuie un peu le canon sur la poitrine de cet enfant.

Fleur-de-Chêne épaula son arme et en dirigea l'extrémité à bout portant sur Henrique. Hermosa poussa un cri et voulut se jeter entre son fils et l'arme meurtrière, mais Marcof lui saisit le bras et la cloua sur place.

— Mon fils! dit-elle. Grâce!...

— Allons donc! je savais bien que je vous ferais répondre! continua Boishardy. Maintenant, Fleur-de-Chêne, attention, mon gars; je vais interroger madame, à la moindre hésitation de sa part à me répondre, tu feras feu sans que je t'en donne l'ordre.

— Ça sera fait! répondit le paysan.

Hermosa était d'une pâleur extrême. En proie à la rage de se voir contrainte à obéir, effrayée du péril qui menaçait Henrique, elle tordait ses belles mains sous les cordes qui les retenaient captives.

— Votre nom? demanda Boishardy.

— Je suis la marquise de Loc-Ronan.

— La marquise de Loc-Ronan! s'écria Marcof en bondissant.

— Crois-tu qu'elle mente? fit Boishardy.

— Non! non! répondit le marin. Elle doit dire vrai, et c'est la Providence qui l'a conduite ici!

Puis, se retournant vers Hermosa :

— Vous êtes la sœur du comte de Fougueray et du chevalier de Tessy, n'est-ce pas? demanda-t-il.

— Répondez! dit Boishardy.

— Oui.

— Oh! mes yeux s'ouvrent enfin! murmura Marcof.

— Yvonne! Yvonne! glissa Keinec à son oreille.

— Nous allons tout savoir, patience! répondit le marin.

Boishardy continua l'interrogatoire.

— D'où venez-vous?

— De chez mon frère.

— Où était votre frère?

— A l'abbaye de Plogastel.

— Ici près?

— Oui!

— Où alliez-vous?

— A Audierne.

— Pourquoi faire ?
— Pour m'y embarquer.
— Vous vouliez quitter la France ?
— Je voulais seulement quitter la Bretagne.
— Quel est l'homme qui vous accompagne ?
— Mon valet.
— Il se nomme ?
— Jasmin.
— Et celui qui a fui
— C'est mon frère.
— Le comte de Fougueray ?
— Oui.
— Connaissez-vous ce comte ? demanda Boishardy à Marcof.
— Oui, répondit le marin ; c'est un agent révolutionnaire.
— Vous en êtes certain ?
— J'en ai les preuves.
— Alors, il faut les faire fusiller, n'est-ce pas ?
— C'est mon avis !... dit le comte de La Bourdonnaie ; quoique tuer une femme me répugne, même lorsqu'il s'agit du bien de notre cause.

Boishardy fit un geste d'indifférence.

— Attendez ! s'écria Marcof, il faut que je l'interroge.
— Interrogez, mon cher ami !
— Fleur-de-Chêne, dit Marcof, fais toujours attention...

Puis, revenant à Hermosa :

— Avec qui étiez-vous à l'abbaye ?
— Avec mon frère, je l'ai dit.
— Avec le comte seulement ?
— Mais...
— Vous hésitez ?

— Non ! s'écria Hermosa.
— Répondez donc !
— Il y avait un autre homme avec nous.
— Le nom de celui-là ?
— Le chevalier de Tessy.
— Votre second frère ?
— Oui.
— Vous mentez.
— Monsieur !
— Cet homme n'est pas votre frère.
— Monsieur !
— Fleur-de-Chêne ! s'écria Marcof.
— Grâce !.... fit Hermosa en se laissant tomber à genoux.
— Faut-il faire feu ? demanda froidement le paysan.
— Attends encore !... répondit Marcof.

Hermosa réfléchit rapidement. Elle se sentait prise dans des mains de fer. Fallait-il avouer tout ? Fallait-il nier obstinément ?

Un aveu la perdait à tout jamais, car c'était raconter sa vie infâme. D'un autre côté, ceux qui lui parlaient et qui l'interrogeaient ne pouvaient pas avoir de preuves contre ses assertions au sujet de sa famille. Elle se résolut à soutenir le mensonge.

— Répondez ! reprit Marcof.
— Vous pouvez tuer mon enfant, monsieur, vous pouvez me faire tuer ensuite, fit Hermosa avec l'apparence d'une victime résignée ; mais vous ne sauriez me contraindre à mentir.
— Ainsi le chevalier de Tessy est votre frère ?
— Oui.
— Soit ; je ne puis pas malheureusement vous prouver le contraire. Mais songez bien maintenant à me répondre

a loin d'ici à Fouesnan. Et puis, vos gars qui gardent le pays l'auraient déjà arrêtée.

— Mais qu'est-elle devenue alors ? s'écria Jahoua.

— Avez-vous visité les souterrains ? demanda Hermosa qui avait compris facilement que les trois hommes avaient été à l'abbaye.

Il lui était fort indifférent que l'on retrouvât ou non Yvonne, et elle espérait attendrir ses juges en ayant l'air de leur donner tous les éclaircissements qui étaient en son pouvoir.

— Il y a donc des souterrains dans l'abbaye ? demanda Marcof.

— Oui, dit Fleur-de-Chêne, et de fameux !

— Tu les connais ?

— Oui.

— Tu vas venir avec nous et nous conduire.

— Partons ! s'écrièrent Jahoua et Keinec.

— Guides-les, Fleur-de-Chêne. Je vous rejoins, mes gars, dit Marcof.

Fleur-de-Chêne et les deux jeunes gars disparurent promptement. Hermosa poussa un soupir de soulagement. Henrique n'était plus menacé par le fusil du paysan breton.

— Qu'allons-nous faire de cette femme ? demanda M. de La Bourdonnaie en désignant Hermosa.

Marcof l'entraîna, ainsi que Boishardy, à quelques pas, et, baissant la voix :

— Il ne faut pas la tuer, dit-il.

— Elle peut nous être utile ?

— Peut-être.

— Nous devons la garder à vue, alors ?

— Oui.

— Je m'en charge, fit Boishardy.

— Où la conduirez-vous ?

— Au château de La Guiomarais, où est le quartier général de La Rouairie.

— Très-bien.

— Je l'emmènerai cette nuit même.

Les trois chefs allaient se séparer, lorsqu'un paysan parut dans la petite clairière où ils se trouvaient.

— Qu'y a-t-il, Liguerou ? demanda vivement le comte.

— Un message pour vous, monsieur.

— De quelle part ?

— De la part d'un monsieur que je ne connnais pas, répondit le paysan en présentant une lettre à La Bourdonnaie.

— Où as-tu vu ce monsieur ?

— A deux lieues d'ici, sur la route d'Audierne. Il traversait les genêts avec une femme habillée en religieuse et un autre homme âgé. Nous les avons arrêtés, mais il nous a donné le mot de passe et il a ajouté les paroles convenues et qui désignent un chef. Alors, au moment de s'éloigner, il m'a rappelé ; je suis revenu ; il a écrit une lettre sur un papier avec un crayon, et il me l'a remise en m'ordonnant de vous la porter sans retard. J'ai obéi.

— Bien, mon gars.

Le paysan se recula, tandis que le comte brisait le cachet ou plutôt déchirait une enveloppe collée avec de la mie de pain.

— Kérouët, dit-il en s'adressant à un homme qui tenait à la main une torche de résine enflammée, éclaire-moi.

Kérouët s'approcha vivement pour obéir à son chef. Quelques lignes étaient tracées sur le verso de l'enveloppe. Ces quelques lignes contenaient les mots suivants :

« Prière au comte de La Bourdonnaie de faire passer cette lettre par une main fidèle au capitaine Marcof, commandant le lougre le *Jean-Louis* en relâche à Penmarckh. »

— Marcof, dit le comte en tendant la lettre au marin, ceci est pour vous.

— Pour moi ?

— Voyez ce que l'on m'écrit.

Marcof prit la lettre et l'enveloppe. A peine eut-il jeté les yeux sur les lignes tracées au crayon qu'il tressaillit et qu'une joie immense illumina sa mâle figure. Il venait de reconnaître l'écriture du marquis de Loc-Ronan. Prenant la torche des mains de Kérouët et se retirant à l'écart, il lut avidement. Puis il revint vers le comte et son compagnon.

— Messieurs, dit-il, il faut que je vous parle. Éloignez tout le monde.

La Bourdonnaie donna l'ordre d'emmener les prisonniers et de veiller sur eux.

— Qu'y a-t-il ? demanda Boishardy lorsqu'ils furent seuls tous trois.

— Je suis autorisé à vous révéler un secret, répondit Marcof. Écoutez-moi attentivement. Le marquis de Loc-Ronan n'est pas mort.

— Philippe n'est pas mort ! s'écria Boishardy.

— Impossible ! fit le comte ; j'ai assisté à ses funérailles.

— Je vous le répète pourtant : le marquis de Loc-Ronan n'est pas mort.

— Impossible ! impossible !

— Cette lettre est de lui. Voyez sa signature. Elle est datée de ce soir même.

— C'est une bénédiction du ciel ! murmura M. de La

Bourdonnaie en regardant la lettre que lui présentait Marcof.

— C'est un bras et un cœur de plus dans nos rangs, ajouta Boishardy.

— Expliquez-nous ce mystère, Marcof!

— Je ne puis vous révéler les causes qui ont déterminé le marquis à se faire passer pour mort. Il faut même que vous gardiez le plus profond secret à cet égard. Toujours est-il qu'il est vivant. Il quitte la Bretagne cette nuit même, et voici ce qu'il m'écrit avec ordre de vous communiquer ses intentions.

— Nous écoutons.

Marcof commença la lecture de la lettre :

« Mon cher et aimé Marcof, écrivait le marquis, si tu m'as cru mort, je viens porter d'un seul coup et sans préparation aucune la joie dans ton âme, car je n'ignore pas les sentiments qui t'attachent à moi. Si le bruit de ma mort n'est pas encore arrivé jusqu'à toi, j'en bénirai le ciel qui t'aura ainsi évité une douleur profonde. Dans tous les cas, voici ce qu'il est important que tu saches : le soir même du jour où mes funérailles ont été célébrées dans le château de mes pères, je prenais la fuite avec Jocelyn.

« Je me suis retiré dans l'abbaye de Plogastel, près de mademoiselle de Château-Giron, qui avait continué à habiter le couvent. Je comptais attendre là ton retour et te donner les moyens de venir m'y joindre. Malheureusement, Dieu en a ordonné autrement. Des misérables m'ont poursuivi et ont découvert ma retraite. Je fuis donc; je passe en Angleterre.

« Communique cette lettre à nos principaux amis, afin qu'ils sachent ce que je vais faire et qu'ils connaissent nos moyens de correspondre. Je vais à Londres d'abord; là, franchement, car je jure Dieu que votre fils mourrait sans pitié !

— Interrogez donc !

— Où avez-vous laissé le chevalier ?

— A l'abbaye.

— Pourquoi ?

— Il était malade.

— Prenez garde !

— Je dis la vérité.

— Attention, Fleur-de-Chêne, attention, mon gars, et tire sur l'enfant à mon premier geste.

Hermosa tressaillit involontairement. Elle devinait où allait en venir son interrogateur.

— Le chevalier était empoisonné ! accentua fortement Marcof.

— Oui, répondit Hermosa sans hésiter, car elle comprenait que le moindre retard dans ses paroles coûterait la vie à Henrique.

Au milieu de ses vices, dans sa vie de criminelle débauche, cette femme avait conservé au fond de son cœur un amour effréné pour son enfant. Mais cet amour était celui de la louve pour ses louveteaux.

— Qui a empoisonné le chevalier ?

— Le comte de Fougueray.

— Son frère ! s'écria Marcof. Vous entendez, messieurs ?

— Qui a versé le poison ? demanda Boishardy.

— Moi !

— Qu'elle meure donc ! fit le comte de La Bourdonnaie. Cette misérable me fait horreur !

— Non ! dit vivement Marcof ; je lui promets la vie si elle dit la vérité sur ce que j'ai encore à lui demander.

— Faites, répondit Boishardy.

— Vous devez savoir que le chevalier de Tessy avait enlevé une jeune fille ? continua le marin.

— Je le sais.

— Elle se nomme Yvonne.

— Oui.

— L'avez-vous vue ?

— Oui.

— Quand cela ?

— Il y quelques heures à peine.

Keinec et Jahoua poussèrent un rugissement de joie et de colère. Marcof les arrêta de la main. Puis, revenant à Hermosa :

— Où était cette jeune fille ?

— A l'abbaye.

— Où est-elle ?

— Écoutez-moi, fit vivement la misérable, craignant qu'on ne prît pour hésitation de sa part l'ignorance où elle était effectivement de ce qu'était devenue Yvonne.

Elle raconta brièvement ce qu'elle savait. Elle dit comment Yvonne avait été atteinte par les crises nerveuses, comment le comte l'avait saignée, comment lui et le chevalier l'avaient enfermée dans la cellule de l'abbesse, et comment enfin elle, Hermosa, avait constaté le soir la disparition extraordinaire de la jeune fille. Il y avait un tel cachet de vérité à ses paroles, il était si naturel de supposer qu'Yvonne eût profité de la plus légère circonstance favorable pour fuir, que Marcof et ceux qui écoutaient Hermosa ne doutèrent pas qu'elle ne parlât sincèrement.

— La jeune fille est peut-être retournée à son village, dit le comte de La Bourdonnaie.

— C'est possible, répondit Boishardy.

— Non, dit Marcof ; elle devait être trop faible, et il y

je verrai Pitt, et je m'efforcerai d'obtenir des secours en armes et en argent. Je solliciterais l'appui d'une flotte anglaise, s'il ne me répugnait d'associer des étrangers à notre cause.

« S'il m'accorde les secours que je demande, le roi pourra l'en récompenser plus tard et rendre à l'Angleterre ce qu'elle nous aura prêté. D'Angleterre j'irai en Allemagne; je verrai Son Altesse Royale monseigneur le comte de Provence. Je prendrai ses ordres que je vous ferai passer.

« Tu pourras te mettre facilement en communication avec le pêcheur qui me conduit en Angleterre; il se nomme Salaün et habite Audierne. A son retour, il te remettra une nouvelle lettre de moi. »

— C'est là tout ce qui concerne notre cause, messieurs, dit Marcof en repliant la lettre.

— Je répondrai à Philippe, dit Boishardy, et je vous remettrai la lettre, Marcof.

— Serez-vous encore à Penmarckh dans quatre jours? demanda le comte de La Bourdonnaie.

— Oui; je ne mettrai à la voile qu'après avoir reçu la seconde lettre du marquis.

— Bien; nous irons vous trouver à bord de votre lougre dans quatre nuits.

— Je vous attendrai, messieurs.

Marcof prit les mains de ses deux interlocuteurs.

— Pas de honte entre nous, dit-il; avez-vous besoin d'argent?...

— Non, répondit le comte.

— Et vous, monsieur de Boishardy?

— J'avoue qu'il m'en faudrait pour augmenter l'entraînement général.

— Combien?

— Oh ! beaucoup.

— Dites toujours.

— Vingt-cinq mille écus environ.

— Vous les aurez.

— Quand cela ?

— Quand vous viendrez à mon bord.

— Ah çà ! mon cher ami, le Pactole coule donc sur le pont de votre lougre ? dit Boishardy en riant.

— Pas sur le pont, mais dans la cale.

— Quoi ! sérieusement, cet argent est à vous ? demanda La Bourdonnaie.

— J'ai trois cent mille livres à votre disposition, à bord du *Jean-Louis*, et cinq cent mille autres cachées dans un endroit connu de moi seul. Cet or est consacré au besoin de notre cause.

— Brave cœur ! s'écria Boishardy ; il donne plus que nous !

— J'ai toujours pensé que Marcof était un gentilhomme qui reniait son origine et se cachait sous les habits d'un matelot, ajouta M. de La Bourdonnaie en s'inclinant avec une gracieuse politesse.

— Ne vous occupez pas de cela, messieurs, répondit Marcof en souriant avec fierté. Sachez seulement que je puis vous recevoir et vous serrer la main sans que vous descendiez trop du rang où vous a placé chacun le nom de vos aïeux.

— Nous n'en doutons pas, fit Boishardy en tendant sa main ouverte au marin.

— Dans quatre nuits, n'est-ce pas ?

— C'est convenu.

— Et les prisonniers ?

— J'en réponds, dit encore Boishardy.

— Adieu donc !

Marcof quitta rapidement la clairière et prit la route de l'abbaye de Plogastel.

— Oh! se disait-il en se glissant dans les genêts.

— Pauvre Philippe! je sais maintenant tes secrets. Je connais la cause de ta fuite. Je devine celle qui te fait abandonner la Bretagne au moment du danger. Mais je suis là, frère, et je veille. Déjà deux des misérables qui ont torturé ta vie sont entre mes mains, et le troisième ne m'échappera pas? Mon Dieu! faites que je puisse rendre à celui que j'aime de toute la force de mon cœur cette tranquillité qu'il a perdue! Que je le voie heureux et que je meure après s'il le faut. Mais comment se fait-il que ce chevalier de Tessy soit le même homme que ce Raphaël que j'ai rencontré jadis dans les Abruzzes? Il y a là-dessous quelque horrible mystère que je saurai bien découvrir plus tard. Oh! que je trouve ce comte de Fougueray, que je le tienne en ma puissance comme j'y tiens sa sœur maudite, et je parviendrai à leur faire révéler la vérité! Va, Philippe, tu seras heureux peut-être, mais je te ferai libre, je le jure!

Marcof était arrivé devant l'abbaye. Il monta rapidement à la chambre où il avait laissé Raphaël. Le cadavre du malheureux était dans une décomposition complète. La force du poison était telle qu'en quelques heures il avait accompli l'œuvre que la mort met plusieurs jours à faire. L'air de la cellule était vicié par une odeur infecte et insoutenable. Marcof sortit vivement. Il appela Keinec et Jahoua. Aucun d'eux ne lui répondit. L'abbaye semblait déserte et abandonnée.

— Ils sont dans les souterrains, murmura Marcof; ils n'ont pas besoin de moi en ce moment. Je vais visiter encore la chambre qu'a habitée Yvonne et la sonder attentivement. La jeune fille n'a pu fuir que par une ouverture secrète qu'elle aura découverte.

Ce disant, le marin entra dans la cellule de l'abbesse. Il visita avec une profonde attention le plancher et les murailles; puis, ne découvrant rien et supposant que les meubles pouvaient cacher ce qu'il cherchait, il se mit en devoir de les enlever de la chambre. Il s'adressa d'abord au lit.

Le lit ne recouvrait aucun indice qui put mettre Marcof sur la voie qu'Yvonne avait dû prendre pour se sauver. Alors il voulut repousser le bahut d'ébène. Le meuble résista. On se rappelle qu'il était scellé à la muraille par l'un de ses angles.

Marcof employa inutilement ses forces. Saisissant sa hache, il attaqua les deux battants de la porte du bahut. Le bois craqua sous l'acier. Marcof arracha la porte qui céda, et sonda l'intérieur avec le manche de son arme.

Le fond, élevé sur quatre pieds, ne pouvait évidemment pas mériter un long examen. Il frappa sur le côté du meuble, qui devait être appuyé au mur. Le panneau rendit ce son sec du bois derrière lequel il y a vide. Marcof poussa un cri de joie et attaqua plus vigoureusement encore l'ébène, qui bientôt joncha le plancher de ses débris mutilés.

XXVI

DIÉGO ET MARCOF.

Une heure avant que Marcof ne franchit le seuil de l'abbaye un homme chevauchant sur un magnifique étalon anglais, galopait à fond de train sur la plage, dans la direction d'Audierne. Cet homme étant le comte de Fougueray. Arrivé dans la petite ville, et se jugeant à l'abri, il s'était arrêté pour réfléchir à sa situation et prendre un parti quelconque.

— J'avais tort d'accuser Hermosa, pensait-il tandis que son cheval reprenait haleine, et que la vapeur s'échappant de ses flancs enveloppait le cavalier dans un nuage de brouillard. Évidemment elle est tombée entre les mains des paysans. Pourquoi ne l'ai-je pas emmenée de suite à Audierne? Les drôles ont fait main basse sur l'or qui se trouvait dans le coffre! Je suis ruiné, complètement ruiné! mauvaise nuit! C'est ce Raphaël maudit qui est cause de tout cela avec sa manie d'enlever les jeunes filles! Que Satan torture ce bélître amoureux, et j'espère pardieu qu'il n'y manque pas à cette heure. Que dois-je faire? M'embarquer? A peine me reste-t-il dix louis! Ah! si j'avais eu le temps d'emporter cette argenterie massive que nous avons découverte dans l'abbaye! J'aurais dû la fondre en lingots; rien n'était plus facile.... Je réponds qu'il y en a bien pour vingt mille livres! Vingt mille livres! continua-t-il en soupirant. Joli denier pour un homme qui n'a pas le sou! Ah! si je pouvais... Pourquoi pas? fit-il tout à coup en se redressant sur sa selle. Les souterrains du château m'offrent un asile, et, en quelques heures, j'aurai terminé mon opération métallurgique. Excellente idée! Oui; mais ces damnés chouans gardent les alentours. Ah! bah! qui ne risque rien n'a rien! Risquons!

Et, rassemblant ses rênes, Diégo se remit en marche; mais cette fois au pas de son cheval. Au moment de s'engager de nouveau sur la route de l'abbaye, il s'arrêta encore.

— Je suis bien bon, murmura-t-il, de risquer à me faire prendre pour une cible par ces fusils bas-bretons!

N'ai-je pas, pour pénétrer dans l'abbaye, les entrées des souterrains qui donnent dans la campagne ! Réfléchissons un peu ! La galerie que nous avons explorée en premier donne dans la forêt de Plogastel. N'y songeons pas. La forêt doit servir de quartier général à ces royalistes endiablés. La seconde est sur la route de Penmarckh. Si Yvonne a fui c'est par là qu'elle ramènera du secours. Mais la troisième ?...

Et Diégo réfléchit profondément. Puis il reprit :

— La troisième, si j'ai bonne mémoire, aboutit près de Douarnenez, entre ce village et Pont-Croix, à quelque distance de la mer. Environ à une lieue d'ici. Vingt minutes de galop m'y conduiront, et, comme je suivrai la plage, je n'aurai pas la crainte de rencontrer les chouans qui n'occupent que le haut pays. En route !

Diégo revint sur ses pas, traversa de nouveau Audierne, et s'élança dans la direction indiquée. Diégo montait un excellent coursier. En un quart d'heure il eut atteint Pont-Croix. Rien n'était venu inquiéter sa marche. Là il s'orienta.

Lorsque, après avoir pris possession de l'abbaye quelques jours auparavant, il avait soigneusement visité les souterrains, il avait attentivement examiné les entrées qui y donnaient accès. Celle située sur le bord de la mer, à peu de distance des falaises, était cachée aux regards des passants par un travail admirable, œuvre d'une main habile. Elle donnait dans une petite grotte étroite et fort basse dans laquelle il fallait pénétrer en se glissant sur les genoux. Une porte, enduite d'une épaisse couche de granit, était pratiquée au fond de cette grotte, et, se mouvant par un ressort artistement dissimulé, s'ouvrait sur la galerie. Diégo avait découvert le ressort faisant céder la porte intérieurement. Donc, lorsqu'il eut dépassé Pont-

Croix, il mit pied à terre, et conduisant son cheval par la bride, il se dirigea vers la grotte qu'il atteignit bientôt.

Alors il attacha son cheval à un arbre voisin et se glissa dans l'intérieur. Diégo était un homme de précaution. Il avait sur lui une bougie et un briquet. Il fit du feu à l'aide de l'un, et, le feu fait, il alluma l'autre. Puis il pressa le ressort; la porte s'ouvrit et il pénétra dans la galerie.

Ce moment coïncidait précisément avec celui où Hermosa, Jasmin et Henrique étaient amenés devant le comte de La Bourdonnaie, M. de Boishardy et Marcof. Il y avait six heures environ que la pauvre Yvonne gisait à terre en proie à la fièvre et au délire.

Diégo, certain d'être seul, avança hardiment. Par mesure de précaution, il tenait un pistolet à la main. Diégo avait été doué par la nature prodigue d'une imagination des plus vives. Son esprit, continuellement éveillé, travaillait sans relâche. En traversant les souterrains, le projet d'Hermosa, relatif à la seconde marquise de Loc-Ronan, lui revint en tête. Il sourit.

— J'ai eu tort de me plaindre, murmura-t-il. Les chouans m'ont rendu grand service. Ils m'ont pris soixante-quinze mille livres, mais ils me mettent en possession de plus de deux millions. « Ils m'ont ruiné pour le moment, mais ils me font riche pour l'avenir et libre pour le présent. Ma foi ! j'avais assez d'Hermosa ! Elle est entre leurs mains, qu'elle y reste ! C'est le seul souhait que je forme. J'irai seul à Rennes. Je verrai Julie de Château-Giron, et je saurai bien la contraindre à m'abandonner sa fortune, lors même qu'elle aurait appris la mort du marquis. Elle ne voudra pas que l'on déshonore sa mémoire. L'argenterie de la mère abbesse me mettra à même de faire le voyage et d'attendre, s'il le faut, pour mieux réussir. Allons! saint Janvier le patron des lazzaroni, veille toujours sur moi! Grâce lui soient rendues! Ah! fit-il tout à coup en poussant un cri de surprise et en trébuchant. Il se retint à la muraille. Mais la bougie lui avait échappé et s'était éteinte en tombant. Diégo était brave. Cependant sa position était assez critique pour qu'il fût excusable de ressentir un mouvement de terreur.

Il était au milieu de souterrains inhabités depuis longtemps. Quelque bête fauve avait pu en avoir fait son repaire. Il avait heurté du pied un obstacle que l'on devait supposer être un corps étendu en travers de la galerie.

Aussi, s'appuyant à la muraille, son pistolet à la main, il s'efforça de sonder les ténèbres. Il s'attendait à voir des yeux flamboyants luire dans l'obscurité. Il n'en fut rien. Rassuré par le silence qui régnait, Diégo se baissa et chercha sa bougie. Bientôt il la retrouva et l'alluma promptement. Alors il regarda à ses pieds. Un corps inanimé gisait sur le sol humide, et c'était l'obstacle causé par ce corps qui avait fait trébucher l'Italien.

— Une femme! s'écria Diégo en s'approchant davantage et en se baissant pour mieux éclairer l'être privé de sentiment qui demeurait immobile à ses pieds. Une femme! répéta-t-il en posant la bougie sur la terre.

Ce corps, le lecteur l'a deviné, était celui de la malheureuse Yvonne. Lorsque les forces avaient manqué à la jeune fille, elle était tombée en avant la face contre terre. Depuis elle n'avait pas bougé. Diégo l'enleva dans ses bras.

— Yvonne!... dit-il en demeurant stupéfait. Yvonne!... morte peut-être! Non, continua-t-il, son cœur bat encore. Comment a-t-elle pu se traîner jusqu'ici? Oh! je devine! Elle aura découvert dans la cellule quelque ouverture secrète que j'ignorais. Ma foi! je lui ai rendu un grand ser-

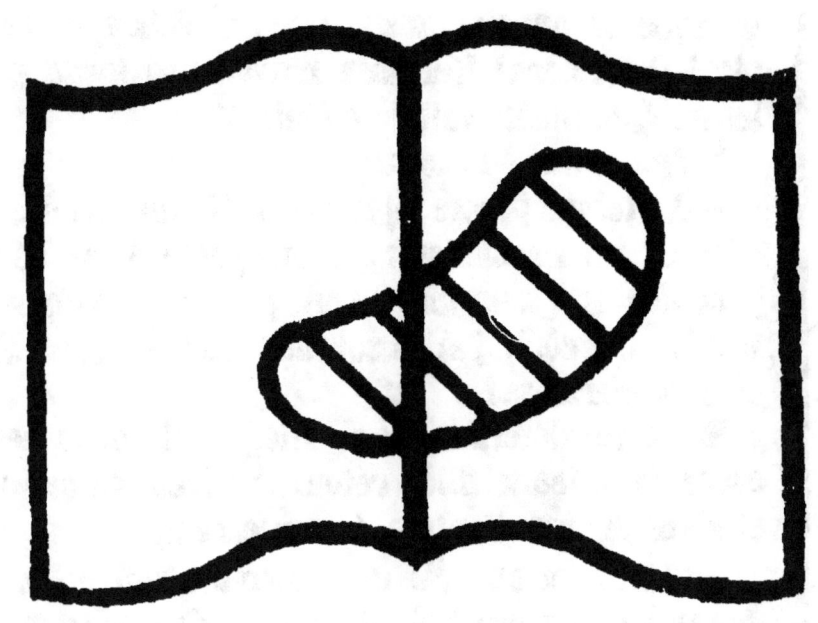

Illisibilité partielle

DE LA PAGE 403
A LA PAGE 408

rien en la débarrassant de Raphaël, et elle m'en devra quelque reconnaissance si elle en réchappe. Quelle jolie tête ! Per Bacco ! Hermosa n'avait pas tort d'en être jalouse. Que diable vais-je en faire ?

Diégo se mit à réfléchir.

— Le temps presse, ajouta-t-il. Il faut prendre un parti. Elle est sans connaissance, incapable de se défendre. Si je l'enlevais à mon tour ? Oui, mais elle m'embarrassera. D'un autre côté, j'ai la solitude en horreur ! Elle remplacera Hermosa !

Sur cette détermination, Diégo prit dans ses bras le corps de la jeune fille, retourna vivement sur ses pas et atteignit bientôt l'entrée du souterrain.

— Je la retrouverai ici, murmura-t-il en la déposant doucement à terre, près de la porte donnant dans la grotte. Maintenant faisons vite !

Et, pressant sa course, il revint vers l'abbaye. Il pénétra dans le corps de bâtiment, et gravit rapidement le premier étage de l'escalier. En poussant la porte de la chambre d'Hermosa, il recula.

— Raphaël ici ! s'écria-t-il à la vue du cadavre couché sur le divan. N'est-il pas mort encore ?

Il s'approcha vivement.

— Si fait, il est mort et bien mort ! continua-t-il. Mais alors quelqu'un est venu ici ! On l'a transporté dans cette pièce ! Oh ! pourvu que le misérable n'ait pas eu le temps de parler !

Diégo demeura immobile. Un bruit de pas retentit au dehors. Diégo bondit vers le corridor.

— Je suis perdu ! on pénètre dans l'étage supérieur.

Il jeta autour de lui un coup d'œil rapide. Une cellule était ouverte ; il s'y précipita. Là, il retint sa respiration ;

pour être à même de mieux entendre. Keinec, Jahoua et Fleur-de-chêne venaient d'entrer dans l'abbaye.

— Montons-nous ? demanda Fleur-de-Chêne.

— Oui, répondit Jahoua.

Diégo sentit une sueur froide inonder son visage. Le misérable craignait la mort, et il ne s'illusionnait pas sur sa position. Être pris était, pour lui, être tué.

Il ne doutait pas que les hommes qu'il entendait ne fussent des chouans, et lui, agent révolutionnaire, devait périr sans miséricorde. Fleur-de-Chêne s'était élancé sur l'escalier. Keinec le retint.

— Inutile, dit-il ; nous avons fouillé les étages supérieurs. Allons de suite aux souterrains.

— Soit !

Les trois hommes s'éloignèrent. Diégo sentit une joie suprême succéder à l'angoisse qui le torturait. Il n'était pas découvert, donc il y avait encore de l'espérance. Il entendit les pas résonner sur les dalles du corridor, puis s'éloigner rapidement. Alors Diégo sortit de la cellule. Il ne songeait plus à l'argenterie de l'abbesse.

Retenant sa respiration, se coulant le long des murailles, il descendit les marches avec des précautions infinies. Une fois au rez-de-chaussé, il écouta attentivement.

— Si je fuyais par la cour ? pensait-il.

Il fit quelques pas et s'arrêta.

— Non ! elle est sans doute gardée ; puis, je serais arrêté dans les genêts !

Il revint vers l'escalier conduisant aux souterrains.

— S'ils sont dans les deux autres galeries, je suis sauvé ! murmura-t-il.

Keinec, Jahoua et Fleur-de-Chêne étaient demeurés à l'entrée des trois galeries, se consultant sur celle qu'ils devaient explorer la première. Diégo pouvait entendre leurs paroles de l'endroit où il était.

Il sentait que des quelques minutes qui allaient suivre dépendait son existence. Il essaya de balbutier une prière, mais ses lèvres ne trouvaient que des blasphèmes.

Pâle et tremblant, il écoutait comme le criminel qui attend l'arrêt de ses juges. Enfin les trois hommes prirent une décision. Ils continuèrent leurs recherches en poussant en avant. Seulement Diégo ne put deviner tout d'abord, au bruit de leurs pas, la direction qu'ils avaient prise.

Il resta au sommet de l'escalier souterrain, n'osant avancer encore, lorsqu'un nouveau bruit retentit derrière lui. Quelqu'un pénétrait dans le couvent. Diégo se précipita en avant et descendit quelques marches sous l'empire d'une terreur folle.

C'étaient les pas de Marcof que l'Italien avaient entendus. Le marin, arrivant en dernier, avait voulu retourner à la cellule qu'avait probablement occupée Yvonne. Une fois de plus, Diégo voyait s'éloigner le péril.

Bientôt la marche de Marcof résonna au-dessus de la tête du misérable. Alors il continua à descendre. Les trois galeries s'offrirent à lui. Toutes les trois étaient sombres, et aucun rayon de lumière ne lui indiquait celle qu'avaient suivie ceux qui venaient d'y pénétrer. C'était la galerie de gauche qui conduisait à la grotte.

Diégo examina d'abord attentivement celle de droite. Il avança doucement; il ne vit rien. Alors il prit celle du milieu. Au bout de quelques pas, il aperçut au loin la lueur d'une torche.

— Sauvé! murmura-t-il avec joie.

La galerie de gauche était libre. Diégo n'avait pas de lumière. Dans la précipitation de sa fuite, il avait laissé la bougie allumée dans les souterrains près du cadavre de Raphaël. Il se précipita donc dans l'obscurité, s'appuyant sur la muraille qu'il suivait de la main. Cependant il avançait rapidement. Déjà il avait franchi plus d'un tiers de la distance qui le séparait encore de la grotte, lorsqu'une porte s'ouvrit brusquement derrière lui et qu'un homme s'élança à son tour dans la galerie. Cet homme tenait une torche à la main. C'était Marcof.

Le marin, après avoir brisé le bahut d'ébène, avait facilement découvert l'ouverture secrète donnant dans la cellule de l'abbesse, et espérant être sur les traces d'Yvonne, il était descendu. En pénétrant dans la galerie, il vit un homme bondir devant lui et s'éloigner.

Marcof appela, croyant avoir affaire à l'un de ses compagnons qu'il savait être dans les souterrains. Ne recevant pas de réponse, il poursuivit celui qui fuyait.

— Arrête! cria-t-il en tirant un pistolet de sa ceinture. Arrête!... ou je fais feu!

Diégo continua sa course en augmentant de vitesse; il était protégé par l'obscurité. Marcof fut donc obligé d'ajuster au hasard et de tirer au juger.

La balle effleura la tête de l'Italien et se perdit dans la voûte. Mais Marcof, sa torche d'une main, sa hache de l'autre, bondissait comme un lion en fureur à la poursuite de sa proie.

Diégo s'aperçut promptement qu'il ne pouvait lutter d'agilité; il se retourna. Ne voyant qu'un seul homme, il tint ferme. Le marin arriva sur lui. La torche qu'il portait le mettait en pleine lumière.

— Marcof! s'écria Diégo dont les dents grincèrent de rage. Marcof! je vais te payer la dette que je te dois!

Et levant son pistolet, il fit feu presque à bout portant. La balle atteignit le marin en pleine poitrine. Marcof poussa un cri rauque, tourna sur lui-même et tomba. En ce moment Keinec, Jahoua et Fleur-de-Chêne, attirés par le bruit de la première détonation, accouraient en toute hâte.

Diégo était à l'extrémité du souterrain. Il saisit Yvonne toujours étendue sans connaissance à l'endroit où il l'avait laissée, et faisant jouer le ressort, il s'élança dans la grotte en attirant vivement la porte à lui.

— Sauvé, vengé, j'emporte la jolie Bretonne! fit-il en souriant et en pressant Yvonne sur sa poitrine. C'est trop de bonheur! A moi maintenant le plaisir, la liberté et les millions de la marquise!

Puis il se glissa avec son fardeau par l'étroite ouverture, courut à son cheval, le détacha, plaça Yvonne sur l'encolure, sauta en selle, et disparut au galop dans la direction de Brest au moment où Keinec, après avoir arraché les gonds de la porte, bondissait sur la plage. Jahoua le suivait.

Tous deux avaient vu tomber Marcof et enlever celle qu'ils aimaient. L'expression de leur physionomie était effrayante. On y lisait, comme on eût lu dans un livre ouvert, les sentiments terribles de la colère, de la haine, de la rage, de la soif du sang. Leur impuissance présente ajoutait encore à l'horreur de leur situation morale, car ils ne pouvaient espérer, à pied, atteindre le ravisseur qui fuyait sur un bon cheval. Ils se regardèrent muets de douleur.

Puis, par un mouvement admirable qui décelait tout ce que ces deux jeunes et vaillants cœurs renfermaient de richesses, ils se précipitèrent dans les bras l'un de l'autre. Ces deux hommes, ennemis la veille, s'étreignirent en frères.

— Jahoua! s'écria Keinec, si tu sauves Yvonne je te

juré, par le Dieu vivant, que je ne m'opposerai pas à votre union.

— Je fais le même serment, Keinec! répondit le fermier.

— Alors, elle sera à celui qui l'aura sauvée!
— A celui qui l'aura sauvée! répéta Jahoua.

Pendant ce temps Fleur-de-Chêne essayait d'arrêter le sang qui coulait à flots de la poitrine de Marcof, et Diégo, longeant les falaises, disparaissait à l'horizon. La coiffe blanche d'Yvonne, dont la tête ballottée par le galop du cheval vacillait sur le bras du ravisseur, se distingua quelque temps encore, puis tout disparut dans un nuage de poussière.

Les deux jeunes gens devaient-ils tenir leur serment? Yvonne devait-elle demeurer la proie du bandit? Marcof devait-il mourir? Que ceux de mes lecteurs, que la longueur de ce volume n'aura pas lassés, veulent bien s'adresser au Marquis de Loc-Ronan et ils auront réponse aux précédentes questions.

FIN.

F. Aureau. — Imp. de Lagny

Original en couleur
NF Z 43-120-5

www.ingramcontent.com/pod-product-compliance
Lightning Source LLC
Chambersburg PA
CBHW052132230426
43671CB00009B/1219